D1687930

Moderne arabische Frauen
Modern Arab Women

Für Sophie-Elise,

für eine starke Frau — wie viel von Dir Volk gehört habe — starke Frauen an den Vereinigten Arabischen Emiraten...

Viel Freude beim Lesen!

[signature]

Wien, an 16. April 2022

Judith Hornok

Moderne arabische Frauen
Die neue Generation der Vereinigten Arabischen Emirate

Modern Arab Women
The New Generation of the United Arab Emirates

molden verlag

Ich widme dieses Buch allen Menschen, die jeder Kultur,
Tradition und Religion mit offenem Herzen und
ohne Vorurteile gegenübertreten.

I dedicate this book to people who welcome different
cultures, traditions and religions with an open heart and
without prejudice.

VORWORT

Es ist mir eine Freude, den Band *Moderne Arabische Frauen – Die Neue Generation der Vereinigten Arabischen Emirate* vorzustellen. Mit diesem Buch versucht die Autorin, Frau Judith Hornok, „eine Brücke des Vertrauens, der Harmonie und des Verständnisses" zwischen Völkern und Nationen zu schlagen. Ich zolle Frau Hornok Beifall für ihre harte Arbeit und ihr Engagement für einen guten Zweck: unsere gemeinsamen Grundwerte zu präsentieren und unsere Verbundenheit zu zeigen, die uns alle, aus den verschiedensten nationalen und kulturellen Traditionen kommend, vereint. Wir glauben fest daran, dass die ehrlichen Anstrengungen solch engagierter Einzelpersonen dazu beitragen, die Welt zu einem besseren, friedlicheren und glücklicheren Ort zu machen.

Diese wertvolle Publikation beschreibt und zeigt voll Stolz die Rollen, Ziele und Leistungen einiger der führenden Frauen aus den Vereinigten Arabischen Emiraten. Das Buch wird zweifellos dazu beitragen, unsere Sicht der Rolle von Frauen sowie ihre Verantwortung in Bezug auf den kulturellen, wirtschaftlichen und sozialen Fortschritt unseres Landes noch verständlicher zu machen.

Dieses Buch kommt für uns in den Vereinigten Arabischen Emiraten gerade zur richtigen Zeit. In unserem Streben nach wirtschaftlichen und sozialen Entwicklungen nehmen Frauen – unter dem Geleit und der Führung Seiner Hoheit, des Präsidenten, Scheich Khalifa bin Zayed Al Nahyan – effektiv am sozialen, wirtschaftlichen und kulturellen Leben unseres Landes teil. Wir sind fest davon überzeugt, dass eine erfolgreiche Entwicklung unserer Gesellschaft auch eines nachhaltigen Handelns aller bedarf: Alle Staatsangehörige, Männer wie Frauen, müssen sich am gesamten Spektrum der nationalen und lokalen wirtschaftlichen sowie sozialen Aktivitäten beteiligen. Sie müssen ihr Potenzial in vollen Zügen entfalten, sowohl ihr persönliches als auch jenes, das einen Beitrag zur Wirtschaft und Gesellschaft leisten soll.

Die Pionierinnen, die in diesem Buch vorgestellt werden, verdienen Respekt und Anerkennung. Kreativität, Leidenschaft sowie das Verlangen nach Führerschaft zeichnen diese Frauen aus und machen sie zu prominenten Persönlichkeiten in ihren Gemeinden und auf der „Bühne der Welt". Sie haben Barrieren in Wirtschaft, Kultur und Politik durchbrochen – auf dass andere folgen mögen, damit diese Bereiche auch von neuen Initiativen und Ideen profitieren können.

Die Veröffentlichung dieses Buches ist eine willkommene Ergänzung zur bestehenden Literatur. Und ich bin zuversichtlich, dass es in dieser Zeit des Wandels zu einem besseren Verständnis der Verantwortung von Frauen beiträgt. Und dass es helfen wird, die Rolle der Frauen in der nationalen Entwicklung zu fördern und auszubauen. Auch hoffe ich, dass dieses Buch dazu anregt, die falsche Vorstellung über die Stellung der Frauen in unserem Land und in der Region zu überdenken – und die Aufmerksamkeit auf ihre wesentliche Rolle in Bezug auf die Gesellschaftsentwicklung zu richten.

Ich möchte allen, die bei der Veröffentlichung dieses Buches mitgewirkt haben, meine aufrichtige Wertschätzung aussprechen. Ich bin überzeugt davon, dass Leser dieses Buch mit großem Interesse aufnehmen werden. Sie werden diese Gelegenheit schätzen, lebhafte und interessante Einblicke in das Leben dieser bemerkenswerten Frauen aus den Vereinigten Arabischen Emiraten zu bekommen.

Nahayan Mabarak Al-Nahayan,

Minister für Höhere Bildung, Wissenschaft und Forschung der Vereinigten Arabischen Emirate

FOREWORD

I am very pleased to introduce this volume, *Modern Arab Women – The New Generation of the United Arab Emirates*. Through this book, the author, Ms. Judith Hornok, seeks to build bridges of trust, harmony and understanding between peoples and nations. I applaud Ms. Hornok for her hard work and dedication to the very worthy cause of showcasing our common core values and celebrating the bonds that unite all of us who come from different national and cultural traditions. We believe strongly that honest, good faith efforts of such dedicated individuals can help make this a better, more peaceful and more prosperous world.

This valuable publication describes and celebrates the roles, aspirations, and achievements of some of the leading women in the United Arab Emirates. It will, no doubt, help advance our understanding of and vision for the roles and responsibilities of women in the cultural, economic, and social progress of our country.

The subject of the book is timely for us in the United Arab Emirates. In our drive for economic and social development under the leadership and guidance of His Highness the President, Sheikh Khalifa bin Zayed Al Nahyan, women are participating effectively in the social, economic, and cultural life of our country. We strongly believe that successful development of our society requires sustained action by everyone. All of our citizens, men and women alike, must participate in the full spectrum of national and local economic and social activities. They must develop their potential to the fullest, both their personal potential and their potential for contributing to the economy and society.

The women who are profiled in this book are pioneers who command our respect and our admiration. The creativity, passion, and yearning for leadership have distinguished these women to become prominent leaders in their communities and on the world stage. They have broken barriers in business, culture, and politics so that others may follow – and so that those fields might benefit from a whole new array of initiatives and ideas.

The publication of this book is a welcome addition to literature. I am hopeful this book will contribute to our understanding of women's responsibilities in these changing times and will help promote and expand the role of women in national development. I am also hopeful this book will challenge the misperceptions about the status of women in our country, and indeed in the region, and focus attention on their essential roles in the development of their societies.

I express my genuine appreciation to everyone who is associated with the publication of this book. I am confident that this book will be received with great interest by readers everywhere. Readers will enjoy this opportunity to get a lively and interesting glimpse into the lives of these remarkable women of the United Arab Emirates.

Nahayan Mabarak Al-Nahayan,
Minister of Higher Education and Scientific Research in the UAE

EINFÜHRUNG

Vor einigen Jahren hatte ich noch ein ganz anderes Bild von Arabien und seinen Menschen. Dieses Bild war vor allem von den Medien sehr einseitig geprägt: radikale, herrschsüchtige Männer, die Frauen unterdrücken und sie zwingen, sich zu verhüllen. Damals war ich als Journalistin weltweit unterwegs und hatte nicht das geringste Bedürfnis, diesen Ländern einen Besuch abzustatten. Heute weiß ich, dass ich damals einen großen Fehler begangen habe. Ich urteilte über etwas, das ich nie persönlich gesehen und erlebt hatte. Ich vertraute nur den Aussagen und Meinungen anderer. Ich war nicht kritisch genug.

Jahre später hatte das Schicksal eine Wende in meinem Leben vorgesehen. Ich setzte zum ersten Mal Fuß auf arabischen Boden – in den Vereinigten Arabischen Emiraten. Dort bot sich mir ein ganz anderes Bild, als ich erwartet hatte: Einheimische Männer behandelten Frauen mit größtem Respekt und hinter den Verschleierungen moslemischer Frauen begegnete ich faszinierenden Persönlichkeiten. Diese Frauen waren aus ganz anderem Holz geschnitzt – vor allem ihre Kompetenz, Selbstsicherheit und Zielorientiertheit begeisterte mich: Businessfrauen, die über Millionenbudgets entscheiden und internationale Großprojekte managen, Politikerinnen, Künstlerinnen mit Galerien und internationalen Kooperationen sowie Sportlerinnen. Ich war überrascht! War das nur eine kleine, privilegierte Minderheit der Bevölkerung, die ich da kennengelernt hatte? Ich recherchierte weiter, führte Gespräche. Die Namen und Telefonnummern häuften sich. Jeden Tag traf ich mehr Frauen, die beruflich ihre eigenen Wege gingen.

Damals gab ich mir selbst das Versprechen, meine persönlichen Momente mit der Welt zu teilen. Und da die Vereinigten Arabischen Emirate der erste Golfstaat war, der mir die Möglichkeit bot, einen besseren Einblick in die arabische Welt, Kultur, Tradition und ihre Art des Denkens zu bekommen, entschied ich mich, mein erstes Buch über die Frauen der Vereinigten Arabischen Emirate zu schreiben.

Eigentlich ist dieses Buch aber auch ein Buch über die neue Generation der Männer dieses Landes, denn ohne ihr Wohlwollen und ihre Unterstützung hätten sich diese Frauen niemals in dieser unglaublichen Dynamik weiterentwickeln können. Anstoß dazu gab sicherlich der verstorbene Scheich Zayed, der Gründer der Vereinigten Arabischen Emirate. Gerne wird er von den Einheimischen auch als „Papa Zayed" bezeichnet. Für ihn hatten Frauen und Männer immer den gleichen Stellenwert und er hatte erkannt, dass die beste Investition in sein Land die Aus- und Weiterbildung der einheimischen Frauen ist. Viele Männer des Landes sind von Scheich Zayeds Denkweise und Lebensphilosophie geprägt. Die Liste der Förderer der Frauen aus den VAE ist lang, einen davon möchte ich gerne nennen: Scheich Nahayan, Minister für Höhere Bildung, Wissenschaft und Forschung in den Vereinigten Arabischen Emiraten, der mir die Ehre erwies, das Vorwort zu diesem Buch zu schreiben und für den ich großen Respekt und Hochachtung empfinde. Scheich Nahayan hat es sich zur Aufgabe gemacht, die heranwachsenden Generationen an den Universitäten und Hochschulen mit dem Denken und den Kulturen anderer Länder vertraut zu machen – etwas, wovon wir weltweit profitieren werden. Denn oft sind es nur kleine Missverständnisse, die eine Freundschaft oder das Zustandekommen einer geschäftlichen Zusammenarbeit verhindern. Und was den einen ärgert oder beleidigt, bemerkt der andere manchmal überhaupt nicht – wie oft habe ich das in meinen Cross-Culture-Seminaren von Unternehmen gehört. Deshalb ist „den anderen besser kennenzulernen, besser zu verstehen" immer eine wertvolle Investition.

Ich hoffe, dass dieses Buch einen ersten Beitrag dazu leistet. Und darf Sie einladen, mich bei meinen Treffen mit *Frauen aus den Vereinigten Arabischen Emiraten*, zu begleiten.

Ihre Judith Hornok

INTRODUCTION

Years ago, I had a totally different picture in my mind about the Arab countries and their people. My perception was very one-sided and heavily biased by the media: radical, domineering men oppressing women and forcing them to cover themselves. At that time I was travelling the world as a journalist and didn't have the slightest wish to visit these countries. Today I know that I made a big mistake then. I judged something that I had never seen or experienced. I trusted the statements and opinions of others. I wasn't critical enough.

Years later, fate provided a turning point in my life. For the first time, I put my foot on Arab soil in the United Arab Emirates. And I was presented with a very different picture from that which I had expected: local men treated women with the greatest respect, and behind the veils of Muslim women I met fascinating personalities. These women were cut from a different cloth from the one I had anticipated.

I was amazed by their competence, confidence and goals – business women deciding on budgets in the millions and managing large international projects, politicians, artists with galleries and international collaborations, female athletes. I was surprised! Was that just a small, privileged minority of the population that I had met? I decided to research the subject further and started talking to the women. Every day, the names and telephone numbers increased and I met more women who went their separate ways professionally.

At that time, I promised myself to share my special moments with these women with the world. And since it was the United Arab Emirates, the first Gulf state that gave me a chance to get a better insight into the Arab world, their culture, traditions and their way of thinking, I decided to write my first book about the women of the United Arab Emirates.

Actually, this book is also a book about „the new generation of men" of this country, because without their good will and support, the development of these women would have never gained this incredible momentum. The impetus for this dynamism was given by the late Sheikh Zayed, the founder of the United Arab Emirates. Locals fondly call him „Papa Zayed." For him, women and men always had the same value, and he realized that the best investment in his country was to further the education and training of local women. Many men in the country were influenced by Sheikh Zayed's thinking and philosophy of life. The list of sponsors of women from the UAE is long, but I would like to mention one person in particular; Sheikh Nahayan, Minister of Higher Education and Scientific Research in the UAE, who has honored me by writing the foreword to this book and for whom I have the greatest respect.

Sheikh Nahayan has set himself the task of familiarizing the younger and growing generations in the universities and colleges of the UAE with the mindset and culture of other countries, something from which we will all benefit globally, as it is often just misunderstandings that prevent friendship or the conclusion of a business deal. I have often experienced this with participants in my Cross Culture seminars: what puzzles and annoys one is culture and tradition for the other. Therefore, „getting to know others better, to learn and to understand him or her better" is certainly one of the most valuable investments for every human being.

I hope that this book provides a contribution to this, and I would like to invite you to accompany me to my meetings and talks with *women from the United Arab Emirates*.

Yours,
Judith Hornok

INHALTSVERZEICHNIS/CONTENTS

Sheikha Lubna Khalid Sultan Al Qasimi
POLITICS   12   17

Sara Al Jarwan
WRITER   20   25

Muna Easa Al Gurg
BUSINESS   28   33

Nahla Al Rostamani
SPORTS   36   41

Amna Binhendi
BUSINESS   44   49

Nayla Al Khaja
FILM   52   57

Sheikha Dr. Hind bint Abdul Aziz Al Qassimi
BUSINESS   60   65

Sheikha Alyazia bin Nahyan Al Nahyan
FILM   68   73

Alyazia Ali Saleh Al Kuwaiti
BUSINESS   76   81

Lateefa Bint Maktoum
ARTS   84   89

Reem Al Hashimy POLITICS	92	97
Badria Al Mulla BUSINESS	100	105
Reem Ali Beljafla DESIGN	108	113
Huda Al Matroushi BUSINESS	116	121
Mawahib Shaibani SOCIETY	124	129
Muna bin Kalli BUSINESS	132	137
Sonia Al Hashimi SOCIETY	140	145
Sumayyah Al Suwaidi ARTS	148	153
Dr. Aysha Darwish Al Khamiri MEDICINE	156	161
Azza Al Qubaisi ARTS	164	169
Danksagung Acknowledgment	173	175

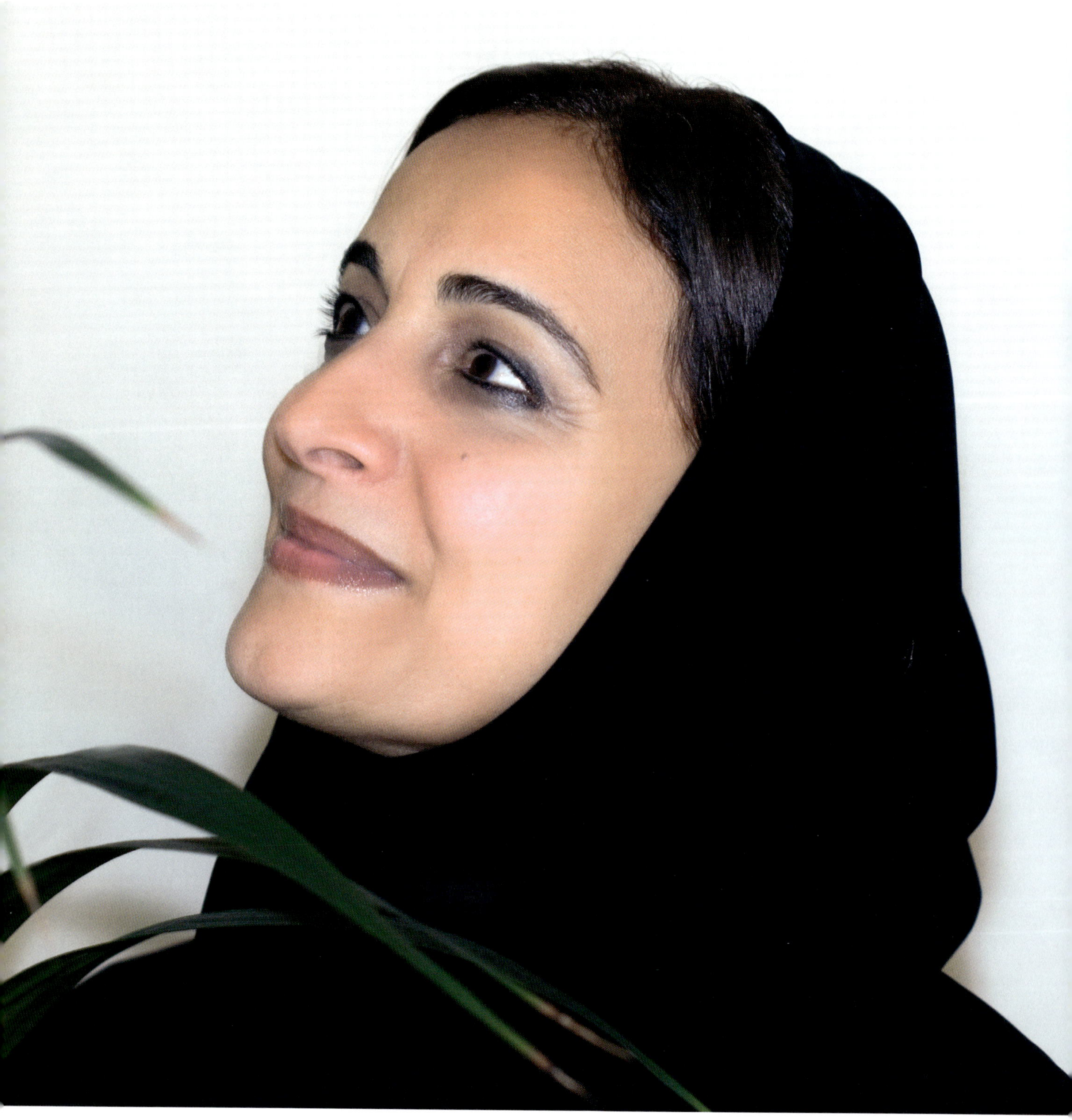

SHEIKHA LUBNA KHALID SULTAN AL QASIMI

Diese dynamische Frau überschritt nicht nur in der Geschäftswelt Grenzen: Sie leitete als CEO *Tejari*, den ersten Business-to-Business-Marktplatz im Mittleren Osten. Und sie wurde als erste Frau in den Vereinigten Arabischen Emiraten mit einem Ministerposten betraut. Heute ist Sheikha Lubna Khalid Sultan Al Qasimi Ministerin für Außenhandel: Sie zeigt uns, dass eine Verbindung zum Herzen glücklich macht. Und dass „Schönheit" in den einfachen, simplen Dingen des Lebens zu finden ist.

SHEIKHA LUBNA KHALID SULTAN AL QASIMI

Lubna: Wie geht's dir? Es ist eine Freude, dich zu sehen! Ich habe ein Geschenk für dich. (Geht zu ihrem Schreibtisch und übergibt mir eine weiße Blüte.) Kannst du das riechen ...

Judith: Sehr angenehm!

L: Das ist meine Lieblingsblume aus meinem Garten, eine Gardenie. Weißt du, wenn ich von der Arbeit nach Hause komme, in mein Haus in Abu Dhabi, gleichgültig wie spät es ist, der erste Weg führt mich immer in meinen Garten. Und manchmal stehe ich einfach nur so dort und atme die Luft ein, diesen wunderbaren Duft. Das ist so angenehm.

J: Mit Sheikha Lubna gibt es eine Menge über Business und Erfolge zu sprechen, darüber, wie sich die Wirtschaft der Region in den nächsten Jahren weiterentwickeln wird. Was aber besonders faszinierend ist, ist deine persönliche Karriere. Am 2. November 2004 wurdest du als erste Frau aus den VAE für einen Ministerposten engagiert. Kannst du dich noch erinnern, wer dich damals darüber informiert hat?

L: Nun, dazu gibt es eine lustige Geschichte: Ich war gerade in Tunesien und hatte für den E-Markt gearbeitet. Gegen elf, zwölf Uhr nachts bekam ich einen Anruf. Zu dieser Zeit muss es schon sehr spät in den VAE gewesen sein. Am Telefon war Scheich Abdullah bin Zayed, der jetzige Außenminister. Und er sagte: „Der Präsident des Landes und das Land möchten, dass du die neue Wirtschafts- und Planungsministerin der Vereinigten Arabischen Emirate wirst." Und dann hat er gefragt: „Was sagst du dazu?" Und meine Antwort war – du wirst es nicht glauben: „Ich muss erst meine Mutter fragen."

J: (lacht)

L: Und dann war Stille am anderen Ende der Leitung, ich denke er war schockiert.

J: Denn das hat er sich nun wirklich nicht erwartet. Aber ich denke, in diesem Moment hast du den wahren Charakter Sheikha Lubnas gezeigt. Wir konnten in dich hineinsehen und verstehen, wie wichtig dir deine Tradition ist.

L: Du hast recht, ich habe von Herzen gesprochen. Denn Ministerin zu sein, ist ein tougher Job. Zu dieser Zeit war ich gerade Technologin und arbeitete in der Privatwirtschaft. Einen Regierungsjob auszuführen ist eine komplette Veränderung, da wird dir viel abverlangt. Deshalb wollte ich auch meine Mutter fragen, ob sie meint, dass es eine gute Idee wäre. Und ich dachte, wenn ich sie anrufe, sagt sie vielleicht: „Nein! Das ist kein Job für dich! Das solltest du vielleicht nicht machen." Aber meine Mutter sagte: „Weißt du, Gott möchte, dass du diesen Job machst, also ist es dein Schicksal." Also sagte ich „ja".

J: Deine Mutter scheint eine weise Frau zu sein, sie brachte ihre Antwort in nur wenigen Worten auf den Punkt. Aber lass uns wieder über deine Arbeit als Ministerin sprechen. Auch du bist ja ein Mensch mit Gefühlen und ich bin mir sicher, es lastet sehr viel Druck auf deinen Schultern. Also was ist das Geheimnis, dass ich einem so strahlenden Gesicht gegenüber sitze? Warum wirkst du so gelassen und ausgeglichen?

L: Freunde. Schon mein ganzes Leben lang bin ich dafür bekannt, dass ich meine Freundschaften intensiv pflege. Und wenn du einmal Freunde hast, hast du sie ein Leben lang. Wann immer ich reise, manchmal auch in die USA, dann besuche ich meine Freunde dort. Ich habe großes Vertrauen in sie.

J: Aber was ist „Freundschaft" für dich? Ich erinnere mich an einen Kinofilm, den ich mit einer Freundin gesehen habe. Der Name war „I Love You, Man". Es ging um ein Pärchen, das heiraten wollte. Der zukünftige Ehemann benötigte einen Trauzeugen und üblicherweise ist das ja der beste Freund. Aber dieser Mann hatte noch nie einen Freund in seinem Leben gehabt. Also machte er sich auf die Suche, um einen Freund zu finden. Und das machte den Film so interessant, denn was ist Freundschaft? Das kannst du ja nicht so einfach kaufen. Du kannst nicht in ein Geschäft gehen und sagen: „Ich möchte einhundertfünfundfünfzig Gramm Freundschaft." So funktioniert das nicht. Für kein Geld der Welt.

L: Weißt du, ein Freund ist ein Teil von dir. Und mit Freunden ist man auf verschiedenen Ebenen verbunden, ob das intellektuell ist oder emotional. Ich sage immer: „Deine Familie kannst du dir nicht aussuchen, aber deine Freunde schon."

J: Das stimmt.

L: Aber so ist es, so ist das Leben. Freunde kannst du selbst für dein Leben auswählen. Aber wie wählst du sie aus? Manche denken, Freunde sind selbstverständlich, aber ich denke, man muss an einer Freundschaft hart arbeiten. Bei Paaren ist bekannt, dass man in eine Beziehung investieren muss. Und dass, wenn es manchmal zu einer schwierigen Situation kommt, man da herausfindet, wie man das Problem lösen kann. Mit Freunden ist das genau das Gleiche. Freunde zu haben ist ein Fulltime-Job und kann manchmal auch stressig sein. Man muss Energie investieren, um einen Freund zu haben. Also was ist ein Freund? Psychologen sagen, ein Freund ist ein Teil von dir, eine Art Spiegelbild. Es ist ein Mensch, auf den du dich verlässt. Und wenn mich jemand fragt: „Bist du reich?", antworte ich: „Ich bin der reichste Mensch dieser Welt, der Reichtum sind meine Freunde." Also wenn du drei, vier Menschen zu deinen Freunden zählen kannst, bist du reich. Es ist nicht Geld, es sind Freunde.

J: Woher nimmst du eigentlich all deine Energie? Bewundernswert! Wie war Sheikha Lubna, als sie zwanzig war? Noch energiegeladener?

Du machst diesen Job nicht, weil du dadurch berühmt werden willst. Du machst den Job, weil du daran glaubst, dass er getan werden muss!

L: (lächelt) Ich war schon immer ein sehr aktiver Mensch. Und auch dazu habe ich meine Philosophie: die Philosophie des Sich-Wohlfühlens. Es gibt negative und positive Energien. Und wenn du den Tag damit beginnst, dich mehr auf die positiven Energien zu konzentrieren, reduzierst du die negativen Energien. So bekommst du mehr Energie. Ich denke da recht simpel: Wenn man sich jeden Tag zehn bis fünfzehn Minuten Zeit nimmt und zu sich selbst sagt: „Oh mein Gott, ich habe heute ganze Arbeit geleistet." Oder: „Ich habe fünf Minuten mit einem Freund gesprochen." Oder: „Ich habe dich getroffen und mich dabei wohlgefühlt." Also für mich liegt der wahre Wert des Lebens in der Einfachheit. Aber einfach zu sein ist komplex, niemand kann es so leicht leben. (lacht)

J: Das Glück besteht aus Zufriedenheit.

L: Und du musst dich fragen: „Was ist für dich persönlich Zufriedenheit?" Wenn Zufriedenheit für dich Geld ist, wirst du nie glücklich sein. Denn jedes Mal, wenn du Geld verdienst, wirst du dir denken, dass es nicht genug ist. Und damit wirst du nie zufrieden sein.

J: Du bist heute ein Vorbild für viele der neuen Generation. Gibt es auch jemanden, der Sheikha Lubna geprägt hat?

L: Du meinst einen Mentor? Ja, ich habe einen Freund, der Forscher ist und in Boston/USA lebt. Sein Name ist Dr. Farouk El-Baz. Ich kann dir gerne den Namen aufschreiben, wenn du möchtest, dann kannst du ihn googeln. Er war einer der ersten Forscher, der mit der NASA zusammengearbeitet hat. Er war auch im Team der Leute, die Landeplätze für die

Apollo-Mission ausgewählt haben. Und er war nicht nur für die Landung zuständig, sondern auch dafür, dass die richtigen Steine mitgenommen wurden.

J: Ja, ich habe über ihn gelesen. Die Astronauten der Apollo-Mission nannten ihn „King". Dr. El-Baz ist eine sehr bekannte Persönlichkeit.
L: Er ist exzellent in der Wissenschaft, ausgezeichnet im technologischen Verständnis. Du hast recht, er ist sehr prominent in den USA. Ich kenne ihn nun schon seit vielen Jahren. Und was wirklich mein Herz berührt ist, dass er niemals „nein" sagen würde. Wenn jemand kommt und ihn fragt, ob er ein Foto von ihm machen kann, wird er „ja" sagen. Er wird warten und es dann auch tun. Er ist demütig und bescheiden. Sehr bescheiden. Da gibt es einen Satz, den Dr. Baz immer zu mir sagt: „Du machst diesen Job nicht, weil du dadurch berühmt werden willst. Du machst den Job, weil du daran glaubst, dass er getan werden muss!"

⚜ Etwas, das man bedenken sollte:

Sheikha Lubna ist eine Pionierin und Vorbild für die neue Generation der arabischen Frauen. Sie leitete das IT-Department von *DP World*, das weltweit zu den zehn größten Betreibern von Containerhafenanlagen zählt. 1999 baute sie die Online-Beschaffungs-Plattform *Tejari* von Null auf. Ihre Nominierung als erste Frau, die in den VAE einen Ministerposten innehatte, galt für viele junge Frauen als eine immense Inspiration. Viele Frauen glaubten zuvor nicht daran, selbst eine Business-Karriere haben zu können. Als arabische Frau hat Sheikha Lubna etwas erzielt, das nur wenige Frauen bisher erreicht haben. Es ist ihre spirituelle Ansicht über das Leben, ihr Pragmatismus, aber auch Perfektionismus, der wahrhaft inspiriert. Vor allem aber ihre Bescheidenheit und ihre Fähigkeit, sich mit Menschen aus allen Klassen und Bereichen zu vernetzen. Etwas, das sie absolut einmalig macht.

✦

SHEIKHA LUBNA KHALID SULTAN AL QASIMI

Appointed chief executive of Tejari, the first Middle Eastern business-to-business marketplace, and the first woman to hold a ministerial post in the UAE, this dynamic lady, Sheikha Lubna, broke boundaries. But not only in business. Today, as the UAE Minister of Foreign Trade, Sheikha Lubna shows us that happiness can be experienced when you are able to connect with the heart. And that beauty can be found in the simple, ordinary things in life.

Lubna: How are you doing? It's a pleasure meeting you. I have a present for you (she walks to the desk in her office and hands me a white blossom). Smell it ...
Judith: That's very nice!
L: That's from my garden, my favorite flower, the gardenia. You see, when I come home from my work (I have a house in Abu Dhabi), no matter what time it is, my first step, always, is to visit my garden. I often simply stand there and breathe in the air with its unbelievably lovely scents. It's very pleasing to me.

J: With Sheikha Lubna, there is a lot to talk about business and achievements: how the economy in the region will develop in the next years, and what we can expect from the region. But her personal career is much more fascinating. On 2nd November 2004 you were appointed as the first woman to hold a ministerial post in the UAE. Who informed you about this, do you remember?
L: Well, I have a funny story: I was in Tunisia, doing work for the E-Market place, and I got a call around 11 or 12 at night, so it must have been very late in the UAE. It was Sheikh Abdullah bin Zayed, who is now the Minister of Foreign Affairs, on the phone. And he said: 'The president of the country and the country want you to be the new Minister of Economy and Planning of the United Arab Emirates.' And then he asked: 'What do you have to say?' And my answer was, you wouldn't believe it: 'I have to ask my mother.'
J: (Laughs).
L: And there was silence on the other end of the phone. I think he was shocked.

J: Because he didn't expected this. But I think at this moment you presented the true character of Sheikha Lubna. We could look deep inside you and understand how aware of traditions you really are.
L: You are right, I really spoke from my heart. Because to be a minister is a really tough job. At that time, I was a technologist and a person from the private sector. Going into a government job is a complete transformation; it requires a lot from you, so I wanted to ask my mother whether she thought that this was ok. And I thought, when I call her she may say 'No, no, this is not the right job for you. Maybe you shouldn't do it.' But my mother said, 'You know, God wanted you to do this job; this is your faith.' So I said yes.

J: Your mother seems to be a wise woman. She gave you your answer in a few words. But let's return to your job as a minister. You are also human, you have your feelings, and I am sure there is a lot of pressure on your shoulder. So what is the secret that I can sit in front of such a bright face? Where do you find your calm and balance?
L: Friends. I have probably been known for networking very well with my friends all my life. Once you have friends, they are life-time friends. Whenever I travel, sometimes even to the US, I go and visit them. I have great confidence in them.

J: But what is friendship for you? I remember I once saw a movie in the cinema with a friend of mine; it was called 'I Love You, Man'. It was about a couple who got married and the future husband needed a best man which is usually the best friend. But he had never had a friend in his life before. So he sets out to find a friend. And that's what makes the film interesting, because what is friendship? It is not something you can simply go and buy. You can't just go to a shop and say: 'I'd like five ounces of friendship.' That doesn't work, for any money in the world.
L: Let me tell you this: A friend is a part of you, people know through your friends who you are connected with on different levels. Whether it's intellectual or emotional. I always say: with family, you have no choice, but you get to choose your friends.
J: That's right.
L: Truly, this is how it is in life. Friends are the only ones you choose on your own. So how do you choose them? Sometimes people take friends for granted, but I believe that you have to work very hard on friendship. People will tell you automatically that a couple has to work very hard on their relationship. And sometimes, when they are in situations that are maybe critical, they have to figure out how to resolve them, and with friends it is exactly the same. To have friends is a full-time job and sometimes might also be stressful. It really takes energy to accomplish that, to actually have a friend. So what is a friend? In the terms of a psychologist, a friend is an extension of you, almost a mirror of you. It's a person you rely on. And if someone asks me: Are you rich? I will answer 'I am the richest person on earth.' My riches are my friends. When you count your friends and you have three or four, you are rich. It's not money, it's true friends.

J: So where did you get all that energy from, it's admirable! What was Sheikha Lubna like when she was 20, even more energetic?
L: (Smiles) I have always been a very active person. Again I have a philosophy, a philosophy about 'well-being'. So you have negative energy and you have positive energy. And when you start your day pushing more on the positive energy and reducing the negative energy, that is how you get more energy. I am also a person who is very simple. So if you are happy, spending 10 or 15 minutes looking up and saying, 'Oh my God, I have done a great job,' or

'I spoke to friends for five minutes', or 'I met with you and felt good about it.' So for me, a simple life is the real wealth. But the simple life is the most complex. No-one can get it easily (laughs).

J: And happiness consists of contentment.
L: You have to ask yourself: What is contentment for you? If contentment for you is money, you will be never happy, because every time you make this much money you will think it is not enough. There is no satisfaction.

J: Today you are a role model for the new generation. Is there somebody who influenced Sheikha Lubna?
L: You mean a mentor? Yes, I have a friend who is a scientist in the USA, in Boston. His name is Dr. Farouk El Baz and I can write down his name for you if you want to Google him. He was one of the first scientists working with NASA. He was involved in the selection of landing sites for the Apollo missions, not only guiding them to land on this base, but also to collect the right rocks.

J: Yes, I read about him. The astronauts of the Apollo missions called him 'King'. He is a very prominent figure.
L: He is great in his science, technological

You don't do the job because you want to be famous through it. You do the job because you believe that's the job that should be done!

know-how and intelligence. And you're right, he is very prominent in the US. I have known him for so many years and what really touches my heart is that he will never say no when somebody comes and asks if they can take a photo with him. He will say yes; he'll wait and do it. It's his humility and modesty, he is very humble. And there is one sentence Dr. Al Baz used to say to me all the time: 'You don't do the job because you want to be famous through it. You do the job because you believe that's the job that should be done!'

Something to consider:

Sheikha Lubna is a pioneer and a guiding light for the new generation of Arab women. She headed the IT department for DP World, which is ranked amongst the 10 largest container port operators worldwide. In 1999, she built the online procurement platform Tejari from scratch, and her nomination as the first female minister in the United Arab Emirates gave immense inspiration to many young women who had never before thought they could have a business career. As an Arab woman she has achieved what only a few women to date have accomplished. It's not only Sheikha Lubna's spiritual outlook on life, her pragmatism and perfectionism that are truly inspiring! Her humility especially, and her ability to connect with people from all walks of life make her absolutely unique.

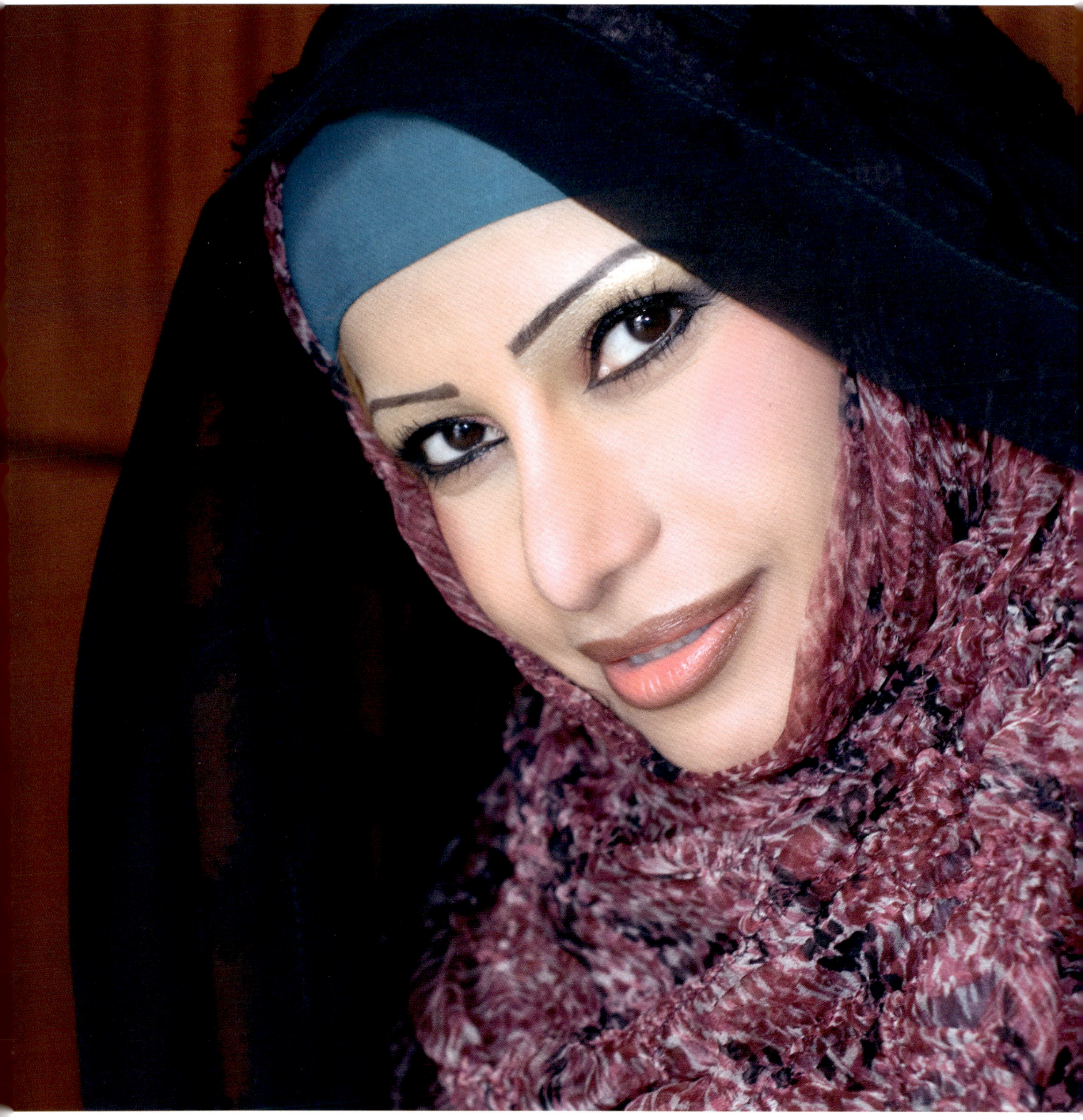

SARA AL JARWAN

Als eine Frau, die nie gelernt hatte, literarisch zu schreiben, aber von ihrer Umgebung dazu inspiriert wurde, folgte Sara Al Jarwan ihrer Bestimmung, die sie schlussendlich zu ihrer Wahrheit führte. Heute ist sie eine der gefragtesten Autorinnen in den Vereinigten Arabischen Emiraten. Ihre Bücher haben die Neugierde der Araber im Mittleren Osten und im Ausland geweckt. Mit *Turous' Ila Moulay Al-Sultan, Al-Kitab, Al-Awwal*, übersetzt: *Briefe an meinen Herrn, den Sultan*, schrieb Sara einen Bestseller. Und mit der Fertigstellung aller Bände dieser Novelle möchte sie ihrem Land eines Tages ein ganz spezielles Geschenk machen.

SARA AL JARWAN

Judith: Danke für deine Zeit! Unsere Begegnungen, liebe Sara, sind immer sehr speziell – wir konnten uns schon immer miteinander verständigen, ohne dabei Worte zu benützen. (lacht) Denn du sprichst nicht sehr gut Englisch und ich spreche kein Arabisch. Trotzdem hatten wir doch immer das Gefühl, dass wir einander verstehen. Da sieht man wieder einmal, dass Sympathie ein Kommunikationstool ist, das weltweit funktioniert. Ich möchte mich auch bei deiner Schwester Aysha bedanken, dass sie uns bei der Übersetzung geholfen hat. Danke Aysha! Also Sara, wie hast du denn begonnen zu schreiben?

Sara: Als ich mein Elternhaus verließ, wurde ich plötzlich mit einem ganz anderen Leben konfrontiert. Es war nicht mit jenem zu vergleichen, das ich im Haus meines Vaters gehabt hatte – ein Leben voller Liebe und Luxus. Mein Leben wurde also kompliziert und schwierig – und ich entschied, meine Tagebücher zu schreiben. Aber diese waren nicht für die Veröffentlichung gedacht. Es war einfach nur so, dass ich Stimmen hörte, und diese haben mir Geschichten erzählt. Es war, als wenn jemand ständig in mir sprechen würde. Ich war schockiert. Deshalb musste ich auch diese Geschichten niederschreiben. Denn wenn ich das nicht getan hätte – ich wäre eines Tages daran gestorben.

J: Aber wo hast du denn gelernt, so gut zu schreiben?
S: Ich habe zu schreiben begonnen, als ich sechzehn war. Ich schrieb eine wöchentliche Kolumne unter dem Titel *Top North* bei der *Al Ittihad*-Zeitung. 1997 habe ich begonnen und 2002 damit aufgehört.

J: Und wovon handelten die Artikel?
S: Ich habe über die Kultur der VAE geschrieben und wie man sie schützen sollte. Und mit dieser Kolumne kam dann die Idee für *Nachrichten für Sultan*. Es hat mit zwölf Briefen begonnen, die an einen abstrakten Sultan adressiert waren. Den Leuten hat's gefallen, aber die Debatte über die wahre Identität dieses Sultans wurde immer stärker. Und das hat letztendlich dann auch dazu geführt, dass ich bei der Zeitung aufgehört habe. Später habe ich diese Briefe als eine Sammlung von Kurzgeschichten veröffentlicht. (wirkt nachdenklich) Weißt du, Schreiben ist ein Zustand der Verklärtheit. Etwas zwischen dir, dem Universum und dem Schöpfer.

J: Wann genau hast du denn deine erste Novelle geschrieben?
S: Ungefähr zu dieser Zeit, ich war um die sechzehn. Mein erster Roman hieß: *Shajan, die Tochter eines traurigen Schicksals*. Ich hatte eigentlich nicht geplant, diesen Roman zu schreiben, aber ich wurde auf ein Werbeplakat eines lokalen Fernsehsenders aufmerksam, der einen Kurzgeschichten-Contest ankündigte. Und aus der Kurzgeschichte wurde dann schlussendlich ein Roman. Diesen habe ich eines Tages dann auch zu einem lokalen Verlagshaus gebracht. Aber nach kurzer Zeit habe ich meine Meinung geändert und ihn wieder zurückgenommen.

J: Warum?
S: Ich hatte das Gefühl, nicht reif genug zu sein, um meine Arbeit zu veröffentlichen. Aber zehn Jahre später fand ich heraus, dass meine Novelle genau von dem Verlag veröffentlicht worden war, dem ich meine Novelle gezeigt hatte – ich war empört. Sie hatten meinen Namen falsch geschrieben. Deshalb habe ich den Verleger getroffen und er musste das Buch vom Markt nehmen. Später habe ich bemerkt, dass das Buch nochmals im Geheimen veröffentlicht wurde.

J: Wirklich? Wie hast du darauf reagiert?
S: Weißt du Judith, schlussendlich hat es mir genutzt, denn die Medien haben sehr schnell gewusst, dass ich das Buch geschrieben habe. Und sie haben es zur ersten Novelle erklärt, die von einer weiblichen Emirati-Autorin geschrieben wurde. Ich werde diese Novelle sicherlich wieder neu auflegen lassen.

J: Das bestärkt meine Philosophie, dass einen das Leben genau dort hinbringt, wo man hingehört. Du hast mir auch erzählt, dass du die Khawlah bint Alazwar-Schule besucht hast – diese bereitet lokale Frauen darauf vor, Soldatinnen zu werden. Du warst ja bei den Streitkräften der VAE als du einundzwanzig warst.
S: Richtig, ich war eine der Ersten, die die Khawlah bint Alazwar-Schule besucht hat. Und ich habe auch während des Angriffs auf Kuwait bei den Streitkräften der VAE gedient. Die Erfahrungen, die ich beim Militär gemacht habe, sind Erfahrungen meines Lebens, die meine Festigkeit zerplatzen haben lassen und die mich von einem verträumten Mädchen, in etwas Powervolles verwandelten. Es hat mir geholfen, meine neue Struktur aufzubauen: solide und stark wie eine Löwin.

J: Ich erinnere mich, als wir uns 2009 getroffen haben, warst du noch komplett verschleiert – man konnte nur durch einen Sehschlitz deine Augen erkennen. Nun können wir in der westlichen Welt nicht wirklich verstehen, warum Frauen sich komplett verschleiern. Es macht uns Angst. Wie hat man denn auf deine komplette Verschleierung reagiert?
S: Als ich nach Europa reiste, hat mich das nicht gestört. Aber andererseits, als ich 2002 beschloss, die *Niqab* zu tragen, ärgerte mich die Reaktion der Einheimischen. Ich habe mich dann von der Öffentlichkeit abgesondert und mit dem Schreiben meiner Kolumne aufgehört. Ich nahm Abschied von meinen Lesern, denn ich ging in eine Phase der Meditation, schon eher wie Sufismus-Meditation, wo man mit sich alleine ist, den Heiligen Koran liest und ihn verehrt. Ich tat es nicht, weil ich durch eine schwere Zeit ging oder weil mich jemand dazu gezwungen hatte. Es war ein inneres Bedürfnis, das ich verspürte, nachdem ich am *Hajj (Pilgerfahrt nach Mekka)* teilgenommen hatte. Ich habe mich für sieben Jahre aus der Öffentlichkeit zurückgezogen – und diese Jahre waren die besten meines Lebens.

J: Um nochmals auf die Sufi-Meditation zurückzukommen – ich habe gehört, dass eine Gruppe von Muslimen sie ins Leben gerufen hat. (wirkt nachdenklich) Ich verstehe dich sehr gut, es ist wichtig, auf seine „innere Stimme" zu hören. Nur diese Stimme kann dir deine persönlichen Antworten geben. Aber sich sieben Jahre von der Öffentlichkeit fernzuhalten, ist schon eine sehr lange Zeit. Warum hast du dich denn entschieden, wieder zurückzukommen?

> Schreiben ist ein Zustand der Verklärtheit. Etwas zwischen dir, dem Universum und dem Schöpfer.

S: In der Zeit dieser Isolation habe ich geschrieben und meine Novelle *Die Briefe an meinen Herrn, den Sultan* vollendet. Ich habe die Isolation verlassen, nachdem ich in einem Traum eine Vision hatte. Ich hoffe, eines Tages, bevor ich sterbe, nochmals in eine solche Sufismus-Isolation zurückkehren zu können. (wirkt nachdenklich) Nachdem mein Buch veröffentlicht wurde, fragte man mich mitunter auch, ob ich TV- oder Zeitungsinterviews in den VAE und anderen Ländern geben möchte. Einige baten mich auch, meine *Niqab* abzunehmen, aber als freie Frau wollte ich nichts tun, was gegen meinen Willen war. Ich wollte zu nichts gezwungen werden. Und nachdem ich genau aus diesem Grund meine Arbeit kündigen musste, ging ich zu den heiligen Plätzen in Saudi-Arabien und verrichtete *Umrah*. Ich habe Gott gebeten, mich eine Entscheidung treffen zu lassen, die ihm gefallen würde.

J: Und wie konntest du seine Antwort erkennen?
S: Ich habe einmal an einer Konferenz teilgenommen und ging dann zu einem Abendessen, wo ich mit meinem Tisch niemandem gegenübersaß. Daher habe ich die *Niqab* abgenommen, um essen zu können – und genau in diesem Augenblick hat mich jemand gerufen. Es war eine Gruppe von Konferenz-Teilnehmern, die zu mir kamen, um mit mir zu sprechen. Ich konnte meine *Niqab* nicht wieder anziehen – sie hatten mein Gesicht bereits gesehen. Das war für mich ein Zeichen von Gott! Ich glaube, er wollte, dass ich meine Niqab abnehme, denn es ist passiert, ohne dass ich es geplant hatte.

J: Denkst du, wirst du eines Tages wieder deine Niqab tragen?
S: Ich habe die Niqab getragen, weil ich sie persönlich als sehr angenehm empfinde. Sie schützt meine Privatsphäre und stellt eine Barriere auf – zwischen mir und der Welt. Es ist ein Vorteil, dass Gott mich damit vor all dem beschützt, was mir schaden könnte. Ich denke, jede Frau, die eine *Niqab* trägt, hat ihren eigenen Grund. Und ich hoffe, dass ich eines Tages mein Gesicht wieder so sehr liebe und sie wieder tragen werde. Aber bis jetzt habe ich es noch nicht entschieden.

❦ Etwas, das man bedenken sollte:

Saras Geschichte zeigt uns ihre tiefe Verbundenheit zu ihrer Religion, dem Islam. Sie ist ein spiritueller Mensch und sucht ihre Orientierung bei Gott. In der arabischen Welt tragen viele Frauen aus den verschiedensten Gründen ein Kopftuch oder eine *Niqab*. Der *Hajj*, über den Sara berichtet, ist die Pilgerreise nach Mekka in Saudi-Arabien. Es ist eines der wichtigsten Ereignisse im Leben eines Moslems. Jeder volljährige Moslem, ob Mann oder Frau, sollte einmal in seinem Leben am *Hajj* teilnehmen, sofern er es sich leisten kann. Deshalb unterstützen auch viele Moslems Menschen finanziell, die sich den *Hajj* nicht leisten können. *Umrah* ist auch eine Pilgerfahrt nach Mekka und kann während des Jahres zu jeder Zeit durchgeführt werden.

SARA AL JARWAN

As a woman who never learned writing as an art form but who was inspired by realizing the essence of things that revolve around her, Sara Al Jarwan followed the secrets that led her to her truth. Today she is one of the most successful authors in the United Arab Emirates and her books have aroused the curiosity of Arabs in the Middle East and abroad. With "Turous' Ila Moulay Al-Sultan, Al-Kitab, Al-Awwal," translated as "Letters to My Lord, the Sultan," Sara wrote a bestseller. And with the completion of all the volumes of this novel she wants to give her country a special gift - one day.

Judith: Thank you for your time! Our encounters, dear Sara, have always been very special. We've always communicated without really using words (laughs). Because you don't speak English very well and I don't speak any Arabic. Nevertheless we've had the feeling that we understand each other. Here we see that sympathy is a worldwide communication tool. I'd also like to thank your sister Aysha for helping us with the translations. Thank you, Aysha! So how did you start writing, Sara?
Sara: When I was leaving the house of my family, I faced a different kind of life, not similar at all to the life of love and luxury I had at my father's house. So my life became complicated and hard and I decided to write my diaries. But they weren't ever meant for publishing. It was just that I heard voices talking and they were telling me stories. It was like someone within myself was permanently talking. I was shocked. And I had to write down these stories. If I had not done that, I'd have died from it.

J: But where did you learn to write so well?
S: I started writing when I was 16. And I wrote a weekly column entitled 'Top North' at Al Ittihad newspaper. It started in 1997 and stopped in 2002.

J: What were the articles about?
S: I was writing about UAE culture and how to preserve it. And with this column came the idea of 'Messages to Sultan.' It began as 12 letters directed to an abstract sultan. People liked it, but the debate about the identity of the sultan became stronger which made me end it right there at the newspaper and I published these letters later as a collection of short stories (seems thoughtful). You see, writing is a state of transfiguration within yourself, the universe, and the creator. It's a talent God gives to people with transparent hearts who can see things invisible to others and who can see flashes that inspire them to tell stories to other human beings.

J: So when exactly did you write your first novel?
S: Round about that time, I was about sixteen. My first novel was called 'Shajan, the Daughter of a Sad Fate.' I hadn't planned to write this novel, but I saw an advertisement on one of the local TV channels announcing a short story writing contest. So the short story turned into a novel, and one day I took it to one of the local publishing houses. However, after a short time I changed my mind and took it back.

J: Why?
S: I felt I wasn't mature enough to publish my work. But 10 years later I was shocked to find my novel published by the same publishing house to which I had presented my novel before. They had mis-spelled my name. So I met the publisher and he had to remove the book from the market, but I discovered later that the book was distributed again secretly.

J: Really, how did you react?
S: You see, Judith, after all, it was for my benefit because the media soon knew that this book was written by me. And they declared it the first novel by an Emirati female author. I will reprint this novel again, for sure.

J: That corroborates my philosophy again that life leads you exactly where you should be. You also told me that you joined the Khawlah bint Alazwar School, which was meant to prepare local ladies to become soldiers. You were with the UAE armed forces when you were 21.
S: Yes, I was among the first to join the Khawlah bint Alazwar School, and I joined the UAE armed forces during the Iraqi invasion of Kuwait. My experience in the armed forces is an experience of life that burst my strength to turn me from a dreamy girl into a powerful one. It helped me to build myself a new structure, solid and powerful, like a lioness.

J: I remember that the first time when I met you, in 2009, you were completely covered – there were only slits in the fabric for your eyes. Now, in the Western world we don't understand why women veil themselves completely. It scares us. What was the reaction to your complete covering?
S: When I travelled to Europe I wasn't bothered by that. On the other hand, I was annoyed by the local reaction when I decided to wear the niqab in 2002. I separated myself from the public and stopped writing my column. I said goodbye to my readers, because I went into a stage of meditation, more like Sufism meditation, by staying by myself and reading the Holy Quran and worshipping. I didn't do it because I was going through hardship or because somebody had forced me. It was an internal need that I had after performing Hajj (a pilgrimage to Mecca). I stayed away from the public for seven years, which were the best years of my life.

J: Speaking of Sufi meditation, I heard that a group of Muslims created it (seems thoughtful). I understand you quite well, it's important to listen to your inner voice. Only this voice can give you your personal answers. But staying away from public life for seven years is a very long time. Why did you decide to come back?
S: During that time of isolation I was writing, and I accomplished my novel 'Letters to My Lord, the Sultan.' I left that stage of isolation after a vision that came to me as a dream. I hope one day before I die I can go back to the stage of Sufism isolation again (seems thoughtful). So after my book was published, I was occasionally asked for a TV or a newspaper interview

in the UAE and other countries. Some of them asked me to take off my niqab, but as a free woman I didn't want to be pushed into do something against my will. And as I had to quit working because of the same reason, I went to holy places in Saudi Arabia and performed Umrah. And I asked God to let me take the decision that would please him.

J: So, how were you able to realize His answer?
S: Once I was attending a conference and went to dinner where my table wasn't facing any one. So I took my niqab down to eat. And exactly at that time somebody called me; it was a group of the conference guests who came to talk to me. And I couldn't put my niqab back again after they had already seen my face. For me, this was a sign from God! I believe he wanted me to take off my niqab, because it happened without planning.

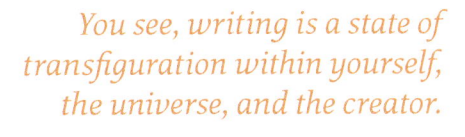

You see, writing is a state of transfiguration within yourself, the universe, and the creator.

J: Do you think you will wear the niqab again one day?
S: I wore the niqab because I found it very comfortable for me. It protects my privacy and puts a barrier between me and the rest of the world. It is an advantage that God protects me through it from whatever could harm me. I do believe that each woman who wears the niqab has her own reasons, and I wish I could go back to loving my face again and wear it, but I haven't decided it yet.

Something to consider:

Sara's story shows the deep connection to her religion, Islam. She is a spiritual person and seeks guidance in God. Many women in the Arab world take the veil, or niqab, and wear it for different reasons. The Hajj, the pilgrimage to which Sara refers is the pilgrimage to Mecca in Saudi Arabia. It is one of the most important events in a Muslim's life. Every Muslim who is of age, whether man or woman, should perform the Hajj once in their lifetime, if they can afford it. Hence many Muslims sponsor people who cannot pay to go for Hajj. Umrah is also a pilgrimage to Mecca, and can be performed at any time during the year.

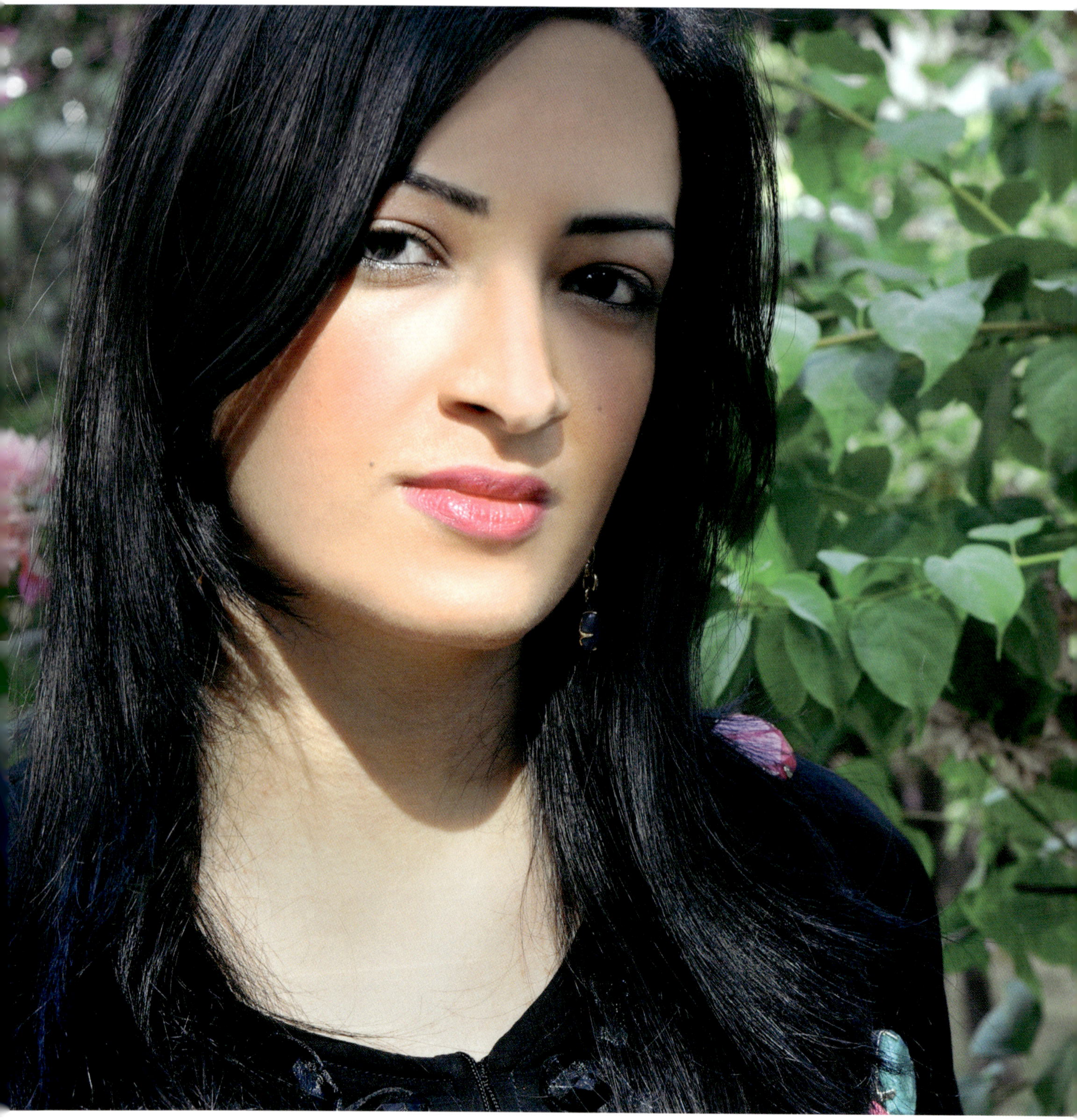

MUNA EASA AL GURG

Haben Sie jemals Muna Easa Al Gurg getroffen? Aufgewachsen in der erfolgreichen Al-Gurg-Geschäftsfamilie hat diese junge Frau schon sehr früh gelernt, in großem Stil zu denken. Heute ist Muna als Direktorin für den Einzelhandel des Familienkonzerns tätig, der dreiundzwanzig Unternehmen mit über hundertdreißig internationalen Marken repräsentiert – unter anderem *United Colors of Benetton, Siemens und Unilever*. Im Wohltätigkeitsbereich setzt sich Muna dafür ein, Projekte, die noch in einer frühen Phase sind, zu unterstützen. Sie möchte Bildung, Kunst und Kultur in den gesamten VAE verbreiten, um „die Köpfe der Jugend" mit Wissen zu füllen.

MUNA EASA AL GURG

Judith: Schön dich zu sehen, Muna! Wenn man in dein Büro kommt, hat man den Eindruck, in einer Fotogalerie zu sein – da gibt es so viele Bilder mit dir und berühmten Menschen, wie Seiner Königlichen Hoheit Willem-Alexander Prinz der Niederlande. Und das ist Luciano Benetton, richtig? Du bist ja wirklich sehr gut vernetzt.
Muna: Willkommen, Judith (ihre Augen strahlen)! Ja, das ist Luciano Benetton. Ich erinnere mich, Benetton war mein erstes Projekt, als ich als Marketing Manager für die *Al Gurg Group* tätig war. Das war 2003 und ich hatte seinen gesamten Besuch in Dubai abzuwickeln. Unser Unternehmen repräsentiert Benetton in den VAE schon seit 1990.

J: Benetton ist faszinierend – und im Westen für seine provokativen Werbekampagnen bekannt.
M: Daher konnte auch keine dieser umstrittenen Kampagnen hier im Mittleren Osten funktionieren. (lacht) Und wir konnten deshalb auch nur Fotos von den Produkten verwenden. Wir entwickelten spezielle PR-Kampagnen für seine Marke. Einmal stellte ich zum Beispiel richtige Models in die Schaufenster, live, und dort standen sie dann, ganz still, hatten Benetton-Kleidung an – und plötzlich bewegten sie sich. Das war in einem Einkaufszentrum, wo sich dann Menschenmengen drängten, um Fotos zu machen. Es war eine ausgezeichnete PR-Kampagne.

J: Wieder sitze ich einer sehr aufgeschlossenen Emirati-Frau gegenüber. Und meine Frage ist immer dieselbe: Woher hast du diese Einstellung zum Leben?
M: Ich denke, von meinen Eltern. Beide von ihnen waren sehr aufgeschlossen gegenüber dem Reisen und Auslandsaufenthalten. Mein Vater reiste während seiner Karriere und seines Lebens sehr viel, so wie meine Mutter. Sie ergänzten einander aufgrund ihrer Mentalität – denn er war mit einer Frau verheiratet, die ihn verstand und er benötigte jemanden, der ihn bei geschäftlichen Fragen ermutigte.

J: Da gibt es ein Sprichwort: Der Mann ist der Kopf und die Frau ist der Hals, der ihn bewegt. Beide brauchen einander, um zu leben.
M: Weißt du, meine Mutter blieb zu Hause. Genau genommen war sie das Rückgrat des Erfolges meines Vaters. Sie war diejenige, die sich immer um die Gäste kümmerte. Und wann immer er auch auf Reisen gehen musste – sie war an seiner Seite. Beide meiner Eltern lieben es zu lesen, so wie ich; ich weiß nicht, was ich ohne Bücher machen würde. Denn, weißt du, offenbar öffnet Lesen den Geist. Nun, mein Vater hat ein Buch geschrieben, ich denke, du solltest es lesen. Es ist ein sehr interessantes Buch: „The Wells of Memory".

J: Wovon handelt es?
M: „The Wells of Memory" erzählt von seiner Mutter, die eine bedeutende Rolle dabei gespielt hat, ihn dort hinzubringen, wo er heute ist. Und wiederum – obwohl seine Mutter eine Hausfrau war und sich vor allem auf diese Rolle und das Leben der Kinder konzentrierte – sie war die starke Persönlichkeit in der Familie. Und sie war es auch, die meinen Vater dahin gehend lenkte, indem sie zu ihm sagte: „Geh, tu es! Hör nicht auf die anderen – reise!" Und das in einer Zeit, als die Menschen nur sehr wenig Erfahrung im Reisen hatten, aber sie sagte trotzdem: „Mach es!" Sie wollte, dass er sich bildet und Menschen trifft.

J: Jetzt verstehe ich auch, woher euer „Reisefieber" kommt. Heutzutage sind Menschen aus den arabischen Ländern ständig auf Reisen. Und das bestätigt auch meine Theorie, dass am

Golf auch eure Großmütter einen entscheidenden Einfluss auf die Weitsichtigkeit eurer Väter hatten. Ich erinnere mich an eine Geschichte, die mir über den verstorbenen Scheich Zayed erzählt wurde – dem Gründer der VAE. Schon in jungen Jahren soll ihn seine Mutter gelehrt haben, mit seinen Brüdern und Schwestern gut auszukommen. Sie lehrte ihren Sohn, seine Schwester gleichwertig zu behandeln. Deshalb hat Scheich Zayed auch immer die Frauen der VAE respektiert – und sie auch gefördert.

M: Du hast recht, starke Persönlichkeiten, starke Frauen sind daraus entstanden. Auch heute bezeichnet mein Vater meine Großmutter als „die Frau hinter seinem Erfolg". Aber weißt du, heutzutage müssen sich auch Frauen in der arabischen Welt viel mehr unter Beweis stellen. Die Dinge ändern sich.

J: Ihr entwickelt also langsam westliche Verhältnisse. Und für die emiratischen Männer ist es zunehmend normal, dass Frauen in führenden Positionen sind.

M: Heutzutage gibt es eine Menge Konkurrenz. Aber ich spüre noch immer, dass uns Frauen in der arabischen Welt eine Menge Respekt entgegengebracht wird.

J: Nun, du übst ja schon viele Jahre deinen Job aus. Und du bist sehr bekannt in deinem Fach. Aber wie war es denn am Anfang? Wie haben die Menschen reagiert, vor allem die Männer? Haben sie dich als gleichwertige Geschäftspartnerin angesehen?

M: Vielleicht dachten sie anfangs, dass ich zu jung für meine Position wäre. Aber es kommt immer auf die einzelne Person an. Ich denke, wenn Menschen sich beweisen, werden sie auch ernst genommen.

J: Du hast recht. Geschäftspartner werden so ernst genommen, wie er oder sie sich präsentieren.

M: Und wenn eine Frau als intelligent

> *Ich habe großes Vertrauen in unsere Jugend. Sie ist der Faden, der die Vergangenheit, Gegenwart und Zukunft miteinander verbindet.*

gesehen wird – vor allem in den VAE – dann denke ich, dass sie entsprechend große Unterstützung bekommt. Ich selbst habe mein MBA an der London Business School abgeschlossen. Das war sicherlich eine wertvolle Erfahrung für mich. Und es hat mich auch inspiriert, noch mehr zu tun.

J: Heute repräsentiert die Al Gurg Group viele westliche Unternehmen in den VAE. Also kennst du ihre Art des Denkens, vor allem die der Europäer. Gibt es trotzdem noch Situationen, wo es zu kulturellen Missverständnissen kommt?

M: Ja, das ist interessant. Auch heute noch, wenn ich mit unterschiedlichen Kulturen zusammenarbeite, kann es manchmal passieren, dass wir „aneinanderprallen". (lacht) Es ist eigenartig und fremd, denn der Westen ist anders aufgewachsen. Manchmal bin ich über die direkte Art überrascht. Aber dann sage ich mir: „Denk daran, auf diese Weise machen diese Menschen ihre Art zu denken deutlich."

J: Ja, „Direktheit" bedeutet für uns in Europa, dass wir unser Gegenüber über unsere Art des Denkens in der kürzestmöglichen Zeit informieren. Und es ist auch die Art zu zeigen, dass wir ehrlich sind.

M: Auch meine Mutter hat mich gelehrt: „Sei von Anfang an ehrlich. Vergeude keine Zeit und sei auch nicht zu liebenswert." Denn das ist manchmal meine Natur und im Laufe der Jahre habe ich dann auch gelernt, so zu sein.

J: (Schaut auf ein weiteres Bild an der Wand.) Da ist auch ein Foto mit dir und Prinzessin Haya, oder? Die Frau des Staatsoberhauptes von Dubai. Mir gefällt ihr Gesicht, sie hat ein so mitfühlendes Lächeln.
M: Ja, das ist sie. Neben meinem Job bei der Al Gurg Group arbeite ich an einer Menge Non-Profit-Projekte. Eines dieser Projekte, das mir sehr am Herzen liegt, ist *The Dubai Community Theatre and Arts Centre*. Ich habe schon vor der Eröffnung im Vorstand gearbeitet, als wir uns um die Beschaffung der Geldmittel kümmerten – das war 2004. Prinzessin Haya hat diesen Ort dann 2006 eröffnet. Heute bietet er für alle etwas – für Araber, Menschen, die Englisch sprechen, Inder und Iraner ... Es gibt eine Kunstgalerie mit Ausstellungen aus der ganzen Welt, aber auch Theater-, Schauspiel- und Kunstkurse. Ich bin auch Vorsitzende der *Young Arab Leaders*. Dort arbeite ich an Initiativen für Bildung und Unternehmertum. Es gibt also vieles, in das ich involviert bin.

J: Ich habe es schon immer bewundert, wie Araber gleichzeitig so viele Unternehmen leiten können. Das Talent des Multitasking scheint euch ja im Blut zu liegen. Aber warum lädst du dir soviel Arbeit auf? Niemand verlangt das von dir. (lacht)
M: Meine Leidenschaft ist Kunst und Kultur – und die Arbeit mit der Jugend Arabiens. Ich habe großes Vertrauen in unsere Jugend. Sie ist der Faden, der die Vergangenheit, Gegenwart und Zukunft miteinander verbindet. Meine Mission ist es, Möglichkeiten, wie etwa Stipendien und Jobs für junge Leute, zu schaffen. Denn es ist unsere Verantwortung, sie zu unterstützen – damit sie die Möglichkeit haben, eine solide Zukunft aufzubauen.

⚜ Etwas, das man bedenken sollte:

Muna ist eine Geschäftsfrau der neuen Generation, die das Leben in einem moslemischen Land sehr erfolgreich meistert, sie ist ein anerkanntes Mitglied der Gesellschaft. Ihre Familie veranschaulicht, dass Frauen schon immer einen bedeutenden Einfluss auf die erfolgreichen männlichen Familienmitglieder hatten: Was die Großmutter sagt, dem wird große Beachtung geschenkt. Und es zeigt, dass Mütter ihre Verantwortung sehr ernst nehmen. Muna und ihre Familie verkörpern auch den unternehmerischen Geist des Mittleren Ostens, da sie mit der gesamten Welt Handel betreiben und auch neue Geschäftsideen entwickeln.

MUNA EASA AL GURG

Have you ever met Muna Easa Al Gurg? Growing up surrounded by the successful Al Gurg business family, this young woman has appreciated „thinking big" from a young age. Today she is the director of retail in the family's group, which represents 23 companies with over 130 global brands, such as United Colors of Benetton, Siemens and Unilever. On the philanthropic side, Muna takes great interest in supporting early stage community projects in spreading education, art and culture throughout the UAE - feeding the minds of its youth.

Judith: Nice to see you Muna! Entering your office is almost like coming into a photo-gallery – there are so many shots with you and famous people, like His Royal Highness Prince Willem-Alexander of the Netherlands. And this is Luciano Benetton, right? You are really well connected ...
Muna: Welcome Judith! (her eyes are beaming) Yes, that's Luciano Benetton. I remember Benetton was my first project when I was a marketing executive at the Al Gurg Group. That was 2003, and I had to handle his entire visit to Dubai. Our company has been representing Benetton in the UAE since 1990.

J: Benetton is fascinating and also known in the West for its provocative advertisement campaigns.
M: That's why none of these controversial ads could work here in the Middle East (laughs). So we could use only images of the products. And we created special PR campaigns around his brand. For example, I came up with an idea of having live models in the shop window. They were standing still, wearing Benetton clothes and suddenly they would move. This was in a mall and people had been standing in a crowd to take pictures. It was an excellent PR campaign.

J: Once again, I am sitting in front of a very open-minded Emirati woman. And my question is always the same: Where does this attitude to life come from?
M: I think from my parents. Both of them were very much exposed to traveling and being abroad. My father traveled a lot in his career, in his life time. And my mother, too. They complement each other in terms of their mentality because he was married to a woman who understood him and he needed somebody who would encourage him with his business.

J: There is a saying: The man is the head and the woman is the neck that moves it. Both need each other to live.
M: You see, my mother stayed at home and was actually the 'backbone' of my father's success. She was the one who would always entertain guests. Whenever he needed to travel, she was by his side. And both of my parents love to read, like me. Without a book, I don't know what to do. And you know, obviously reading opens up your mind. Well, my father has written a book and I think you have to go through it. A very interesting book, 'The Wells of Memory.'

J: What is it about?
M: The 'Wells of Memory' speaks about how his mother played a very important role in getting him where he is now. And again, although his mother was a housewife, focused on certain roles in her and her children's life, she was the strong person in the family. And she was the one who guided my father by telling him 'Go and do it! Don't listen to anybody. Travel!' Even at a time when people only had very little experience in traveling. She said 'Do it!' She wanted to get him educated and to meet people.

J: Now I understand where your 'travel virus' comes from. Today people from Arab countries are permanently traveling. And it confirms my theory that in the Gulf, your grandmothers, too, had significant influence over the foresight of your fathers. I remember a story which I was told about the late Sheikh Zayed, the founder of the UAE. Already at an early age, his mother is said to have taught him to get on well with his brothers, as well as with his sisters. She taught her son to treat his sister as an equal. That is why Sheikh Zayed always respected UAE women whom he also encouraged a lot.
M: You're right. Strong personalities, strong women have been emerging from that. Even today my father quotes my grandmother as 'the woman behind his success.' But you know, women, also in the Arab world, have to prove themselves a little bit more today, because things are changing.

J: So you're slowly getting Western conditions. For the Emirati men, it becomes increasingly normal that women are in leading business positions.
M: Today there's a lot of competition. But I still feel a lot of respect towards us women in the Arab world.

J: You've been in your job for many years and you're very well known in your trade. But what was it like in the beginning? How did the people, particularly the men, react? Did they consider you an equal business partner?
M: Maybe at the beginning they thought that I was too young for my position, but it's about the individual. I think if people prove themselves, they are taken seriously.

J: You're right, a business partner is taken as seriously as he or she presents him- or herself.
M: And if a woman is seen as an intelligent person, especially in the UAE, I think they consequently receive a great deal of encouragement. I completed my MBA at the London Business School, and this has certainly been a valuable experience for me, inspiring me to do more.

J: *Today you and the Al Gurg Group represent many Western companies in the UAE. So you know their way of thinking, especially the Europeans. But are there still sometimes situations today when it comes to cultural misunderstandings?*
M: Yes, it's interesting. Even today when I work with different cultures sometimes we clash (laughs). It's strange and different because the West has been brought up another way. Sometimes I'm surprised by the directness, but then I say to myself 'Think about it, that's the way people explain their way of thinking.'

J: *Yes 'directness' for us in Europe means to inform the person in front of us about our way of thinking within the shortest possible time. It's also our way of showing honesty.*
M: My mother taught me this, too: Be frank from the beginning. Don't waste time and don't be too kind, because sometimes my nature is like that. So over the years I trained myself to be like that.

J: *(Looks at another photo on the wall). There is also a photo with you and Princess Haya, right? The wife of the ruler of Dubai. I like her face; she really has a compassionate smile.*

> *I have great confidence in our youth; they are the unified thread that connects the past, present and future.*

M: Yes, that's her. Besides my job at the Al Gurg Group I work on a lot of non-profit-projects. So one of the projects that is dear to my heart is the Dubai Community Theatre and Arts Centre. I served on the board even before it was up and running and during its fundraising days in 2004. Finally, Princess Haya opened this place in 2006. Today it caters to all people in the community; we have Arabs, English, Indians and Iranians. There is an art gallery with exhibitions from all over the world here, as well as theater classes, drama classes and art classes. I am also the chairwoman of the Young Arab Leaders where I work on education and entrepreneurial initiatives. So there are many different things that I get involved in.

J: *I've always admired how Arabs can conduct so many different businesses at the same time. The talent of 'multi-tasking' seems to be in your blood. But why do you burden yourself with so much work? Nobody demands this of you (laughs).*
M: My passion is art and culture and working with Arab youth. I have great confidence in our youth; they are the unified thread that connects the past, present and future. My mission is to create opportunities such as scholarships and jobs for our youth. It is our responsibility to help empower them to start a solid future.

Something to consider:

Muna is a businesswoman of the new generation who masters life in an Islamic country very successfully and is a well respected member of society. Her family demonstrates that women have always had a great influence on the successful male members of the family. What a grandmother says is heeded well, which demonstrates that mothers takes their responsibilities very seriously. Muna and her family also embody the entrepreneurial spirit of the Middle East, as they trade with the rest of the world and come up with new business ideas.

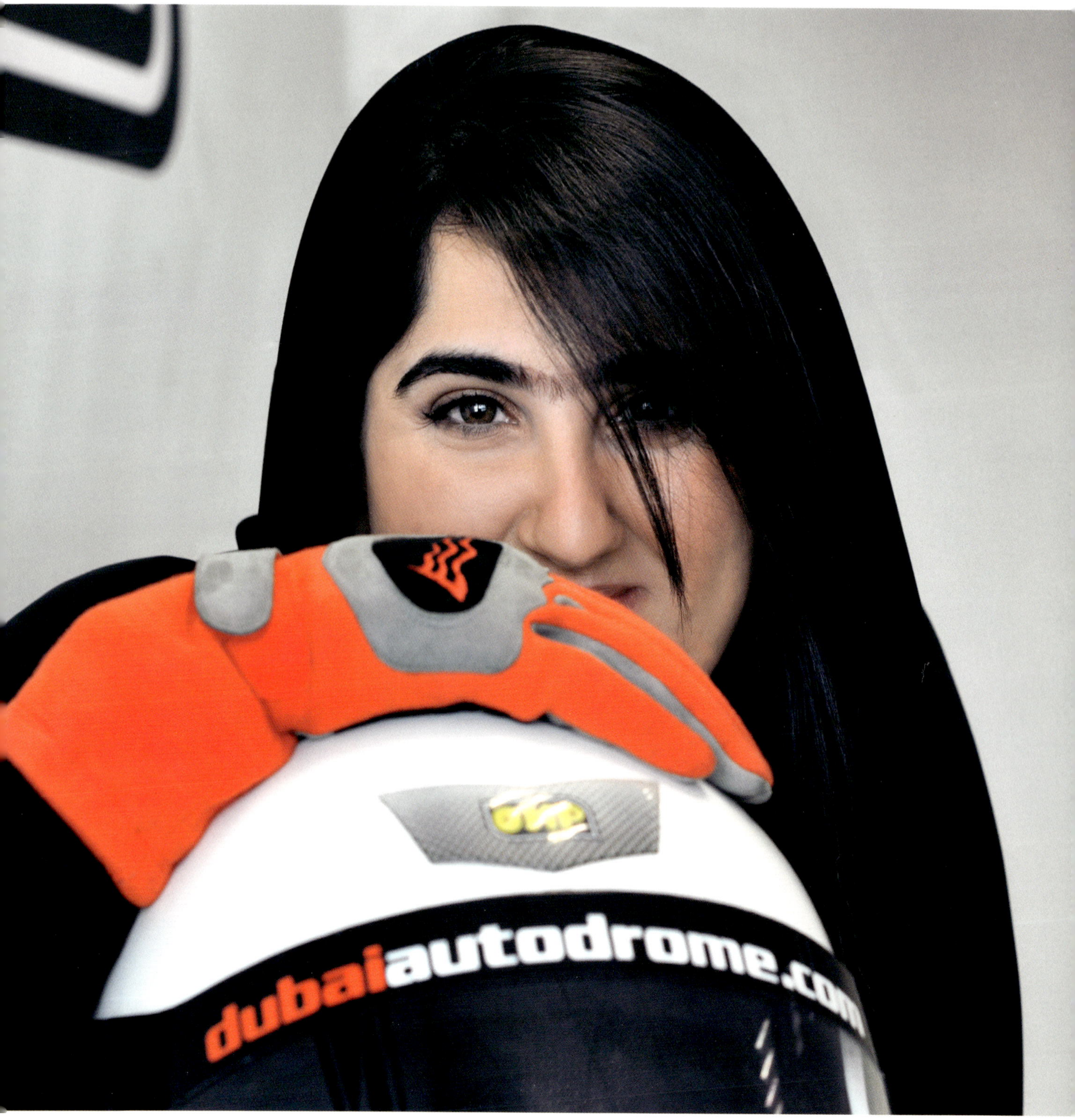
dubaiautodrome.com

NAHLA AL ROSTAMANI

„Es ist dieses Gefühl des Windes in meinen Haaren, das durch nichts ersetzt werden kann!", sagt Nahla Al Rostamani. Als erste Rennfahrerin der Vereinigten Arabischen Emirate ist es ihr ein Bedürfnis, ihr Land im Motorsport bekannt zu machen. Und da gibt es noch eine Mission, die sich die „Speed-Frau" in den Kopf gesetzt hat: Sie möchte einheimische Mädchen und Burschen dafür begeistern, auf dem Dubai Autodrome und der Yas-Marina-Strecke Rennen zu fahren. Nahla möchte damit auch Leben retten. Als *Team Relation Manager* der ersten Formel-1-Strecke in den VAE scheint sie damit zur richtigen Zeit am richtigen Ort zu sein.

NAHLA AL ROSTAMANI

Judith: Woher kommt eigentlich deine Leidenschaft für den Rennsport, von welchem Familienstamm? (lacht) Ist dein Vater auch ein „Speed-Mann"?
Nahla: Ja, du hast recht, mein Vater ist wirklich ein Speed-Mann. (lacht) Schon in jungen Jahren, als ich zwölf, dreizehn Jahre alt war, bin ich damit in Berührung gekommen. Aber damals war es mein Onkel, der mir das Fahren beigebracht hat.

J: Deine Familie hat dich also unterstützt – du stammst von einer großen Geschäftsfamilie ab.
N: Ja, von der Rostamani-Familie. Vielleicht hast du ja schon von ihnen gehört. Sie kommen aus Dubai. Wir haben zum Beispiel das Geldwechselunternehmen *Thomas Cook Al Rostamani*. Und wir sind die exklusive Generalvertretung für Nissan, Infiniti, Renault und Suzuki. Bis zum heutigen Tag ist die Familie meines Vaters im Automobilgeschäft tätig. Aber um ehrlich zu sein – in unserer Familie bin ich die einzige Frau, die verrückt nach Autos ist. (lacht) Schon als kleines Mädchen hatte ich diese Leidenschaft in mir und sie ist automatisch weiter gewachsen. Ich war schon immer unglaublich an Mechanik, Automodellen und all diesen Dingen interessiert. Und ich habe zu mir selbst gesagt: „Okay, ich muss in diesem Bereich tätig werden!" Ich wusste nicht wie, ich wollte es einfach nur. Und als ich achtzehn Jahre alt war, machte ich meinen Führerschein. Ich wollte noch mehr im Motorsport involviert sein. Deshalb nahm ich Unterricht im Renn- und Fahr-Zentrum am Autodrome – diese Ausbildung habe ich dann auch erfolgreich abgeschlossen. Danach wurde ich ausgewählt, um in Bahrain in einem Einsitzer *(Formel Ford)* zu trainieren. Nach drei Tagen intensiven Trainings habe ich diesen Kurs geschafft und meine nationale C-Lizenz bekommen.

J: Moment mal, lass mich das alles nochmals zusammenfassen: Du bist eine Einheimische, du lebst in einem moslemischen Land, du bist eine Frau und professionelle Rennfahrerin! Das muss ja für eine Menge Reaktionen in deiner Umgebung gesorgt haben. Ich meine, sogar bei uns in der westlichen Welt ist es etwas Besonderes, wenn eine Frau es schafft, im Cockpit eines Rennautos zu sitzen.
N: Du hast recht, damals gab es da niemand anderen. Und sagen wir einmal, ich habe die Chance ergriffen. Um ehrlich zu sein, natürlich gab es viele Leute, die über mich gesprochen haben, einige waren auch wirklich gegen mich. Sie sind zu meinem Vater und meiner Mutter gegangen und haben andauernd gefragt: „Warum lasst ihr sie fahren? Ist das wirklich in Ordnung für euch?" Meine Mutter hat dann gelächelt und gesagt: „Warum? Sie macht doch nichts falsch. Es ist Sport, ihre Leidenschaft und ihr Traum!" Und ich habe ihnen bewiesen: „Wir sind zwar Frauen, aber wir können auch Rennfahrerinnen sein!"

J: Menschen urteilen gerne über andere, das ist weltweit eine schlechte Angewohnheit. Auch ich muss da immer wieder mit mir selbst kritisch sein. (lächelt) Allerdings muss man Mut beweisen, um seine eigene Identität leben zu können.
N: Weißt du, da gibt es noch einen Grund. (lächelt) Viele Burschen können es einfach nicht ertragen, gegen Mädchen zu verlieren. Das war auch schon am Dubai Autodrome so. Wenn die Jungs erkannt haben, dass ich eine gute Kart-Fahrerin bin und dass ich sie schlagen könnte, dann wollten sie im Rennen einfach nicht mehr gegen mich antreten. Dann sagten sie: „Eine Frau sollte zu Hause bleiben. Es ist nicht gut, unter Männern zu sein. Motorport ist eine Männerwelt", du weißt schon, all diese Dinge.

J: Wie hast du darauf reagiert?
N: Ich habe diese Menschen einfach ignoriert, alle dieses Gerede hat mich nicht berührt.

Denn weißt du, es kommt einfach darauf an, wie Menschen denken. Und was auch immer du machst, ob es nun richtig ist oder falsch – diese Menschen werden auch weiterhin reden. Deshalb macht das alles auch keinen Sinn. Meiner Meinung nach habe ich auch nie etwas Falsches gemacht. Ich sitze vollkommen bekleidet in einem Auto – und ich beleidige auch nicht unsere Tradition.

J: Du bist mental einfach sehr stark, das habe ich schon am Anfang unseres Gespräches bemerkt. Nun, das musst du ja auch sein, wenn du mit dreihundert Stundenkilometern fährst! Der kleinste Fehler kann bereits ein Risiko für dein Leben darstellen. Du konzentrierst dich einfach auf dein Ziel und nicht auf den Weg dorthin. Und du machst dir nicht schon im Vorhinein Gedanken darüber, ob da vielleicht besonders gefährliche Kurven auf dich zukommen. Der Trainer eines bekannten Sportteams hat mir einmal erklärt, dass sich Athleten in ihren Gedanken immer nur auf ein Bild konzentrieren: ihr Spiel und ihren Sieg! Und er hat mir verständlich gemacht, dass wenn du schon im Vorhinein daran denkst, wie schwierig und vielleicht auch schmerzvoll es werden könnte – dann hast du bereits verloren. Man muss also immer schön fokussiert bleiben.

N: Richtig! Ich hatte schon immer einen Gedanken in meinem Kopf: „Ich möchte Rennen fahren!" Und weißt du, heute ist ja schon jeder berufstätig. Also worin liegt der Unterschied? Ich arbeite in diesem Bereich und ein anderes Mädchen arbeitet in einer Bank, gemeinsam mit Männern – es ist dasselbe. Also was ist falsch daran, die Perspektiven der Menschen und ihre Art des Denkens zu verändern?

J: Stimmt. Vor allem der Sport hat ja schon immer Menschen aus den verschiedensten Ländern und Kulturen weltweit vereint. Schlussendlich zählt ja auch immer nur das, was herauskommt und was du erreichen kannst. Da ist es dann auch vollkommen gleichgültig, welche Hautfarbe du hast, zu welcher Kultur du gehörst oder ob du ein Mann oder eine Frau bist.

Macht weiter! Übernehmt Verantwortung für euer eigenes Leben!

N: Heutzutage wird es ja auch schon von jedem akzeptiert. Das ist für uns Frauen das Positive daran! Und glaube mir: Wenn ein Mädchen gut fährt und gegen Burschen im Rennen antritt, dann kann sie diese auch schlagen. (lächelt)

J: Du hast mir erzählt, dass du manchmal auch deinen Vater herumkutschierst.
N: Ja! Er möchte mit keiner meiner Schwestern fahren. Nur ich darf ihn chauffieren.
J: Herzliche Gratulation! Wenn du sogar deinen Vater als einen deiner Fans gewinnen konntest, hast du es geschafft! (lacht) Bist du eigentlich verheiratet?
N: Nein! Und ich habe es auch nicht vor – nur wenn er Rennfahrer ist und die gleichen Wünsche und Träume hat wie ich.

J: Das sagen immer alle am Beginn meines Interviews und dann kann ich die ganze Geschichte wieder umschreiben. (lacht) Das war auch bei Amna Binhendi so – aber okay, sie hat mich dann schlussendlich auch zu ihrer Hochzeit eingeladen. (zwinkert)
N: Also bei mir bist du da auf der sicheren Seite.

J: Aber was sagt denn deine Familie dazu?
N: Sie überlassen es mir, es ist meine Entscheidung. Und das ist das Gute daran. Meine Mutter und mein Vater würden mich niemals zwingen, etwas zu tun, wenn ich es nicht

möchte. Sie würden mich niemals meine Träume aufgeben lassen – auch wenn diese Träume riskant sind – sie würden mich nicht davon abhalten. Sie wissen mehr über das Leben als ich. Und vielleicht wissen sie auch, dass wenn ich meiner Leidenschaft nicht folge, würde ich das eines Tages sehr bereuen! Weißt du, was ich meine? Das ist einfach die Einstellung meiner gesamten Familie, sie sind aufgeschlossen.

J: Aber wie würdest du denn „Aufgeschlossenheit" definieren?
N: Schau, meine Eltern haben mich nie von irgendetwas abgehalten, wenn ich es tun wollte. Im Gegenteil! Sie haben uns immer ermutigt: „Macht weiter! Übernehmt Verantwortung für euer eigenes Leben!"

J: Und das macht ja auch das Leben viel lebenswerter! So kannst du auch niemand anderen beschuldigen, dass er für dein „Unglücklichsein" verantwortlich ist. Nun, du bist ja Team Relation Officer am Yas Marina Circuit, der ersten Formel-1-Rennstrecke in den VAE. Wo werden wir denn Nahla Al Rostamani in den nächsten Jahren sehen?
N: Ich weiß nicht, ich habe so viele Träume. Vielleicht besitze ich eine eigene Rennstrecke (lächelt) oder ich eröffne eine Autowerkstatt. Oder ich habe ein eigenes Team, ein VAE-Team. Ich möchte, dass Menschen darauf aufmerksam werden, dass es da eine Frau gibt, die verrückt nach Autos ist. Und ich möchte eines Tages unbedingt einen bekannten Namen im Motorsport haben, so wie Bernie Ecclestone, der Mann, der die Formel 1 so erfolgreich gemacht hat. Das ist sehr, sehr wichtig für mich! In jedem Fall wird es etwas mit Motorsport zu tun haben. Aber weißt du, ich habe eine Vision im Kopf, das ist klar: Ich versuche, einheimische Mädchen und Burschen dafür zu interessieren, Rennen zu fahren. Und ich sage ihnen immer, dass sie es besser auf der Rennstrecke tun sollten und nicht auf den Straßen – denn hier ist es weniger gefährlich. Ich versuche sie von der Straße wegzuholen und möchte damit Leben retten!

⚜ Etwas, das man bedenken sollte:

Nahla ist eine weitere Pionierin. Sie hat es geschafft, mit ihrer Leidenschaft für schnelle Autos in einer männerdominierten Welt zu bestehen. Glücklicherweise hat sie die Unterstützung ihrer Eltern. Vor allem in der arabischen Welt ist für Frauen, die sich abseits der Norm weiterentwickeln, die ältere Generation von großer Bedeutung. Die Gesellschaft spielt bis zum heutigen Tag im Mittleren Osten eine sehr wichtige Rolle, vor allem, wenn „neue Ideen" angenommen werden sollen. Nahla hat schon in ihrer frühen Kindheit gelernt, „geduldig zu sein". Geduld ist eine Voraussetzung, wenn man sein Ziel erreichen möchte. Über die Jahre hinweg hat Nahla ihr Ziel verfolgt. Sie wusste bereits als kleines Mädchen genau, wo sie hin wollte, und informierte die Mitglieder ihrer Familie darüber. Dies waren bedachte Schritte, die ihr letztendlich den Erfolg brachten – und die Anerkennung in ihrem eigenen Land.

NAHLA AL ROSTAMANI

"Nothing beats the feeling of the wind in your hair!" Nahla Al Rostamani tells us. As the first female Emirati racing driver, she wants to put the UAE on the motorsport map. But there is another important mission the speed woman has in her mind: to attract the local girls and boys to race at the Dubai Autodrome and - at Yas Marina Circuit - to save lives. Working as the team relations officer at the UAE's first Formula 1 race track, it looks like Nahla is in the right place at the right time.

Judith: Where does this passion for racing come from? From which tribe (laughs)? Is your father also a 'speed man'?
Nahla: Yes, you are right, my dad is really a speed man (laughs). And I came in touch with this when I was very small, 12 or 13 years old. But at that age it was my uncle who taught me how to drive.

J: So your family was quite supportive. You come from a large business-family.
N: Yes, the Al Rostamani family, maybe you've heard of them. They come from Dubai, and for example we have the Thomas Cook Al Rostamani exchanges and we own the exclusive agencies for Nissan, Infinity, Renault and Suzuki. So, until today, my father's family has been in the car business. But to be honest, in my family I am the only female who is crazy about cars (smiles). This passion about cars has automatically grown within me since I've was a little girl. I was totally interested in mechanics, car models and all these things. And I said to myself, 'Okay, I have to be in this field. I don't know how, I just wanted to do it.' So when I was 18 years old, I got my license. I wanted to be more involved in motorsports, so I took classes at the Race and Drive Center based at the autodrome, which I completed and did well in and then got nominated to go to Bahrain to train on the Single Seater (Formula Ford). After three days of heavy training, I passed the course and got my National C license (smiles).

J: Just a second, let me sum this up once again: You are a local, you live in a Muslim country, you are a woman and a professional racing driver! That must have caused several reactions in your environment. I mean, even with us in the Western world, it is something special if a woman takes to the cockpit of a race car.
N: You're right, there was nobody else at that time. So let's say, I took the chance. And to be honest, for sure there were many people who talked about me and some who were really against me. They went to my dad and my mom and kept saying: 'Why do you let her drive? Is that okay for you?' And my mom smiled and said: 'Why? She isn't doing anything wrong. It's a sport, it's a passion and it's her dream!' So I showed them: 'We are ladies, but we can also be racing drivers!'

N: And you know, there is another reason (smiles). A lot of boys can't handle losing against a girl. Like at the Dubai Autodrome, when the guys realized that I drive karts really well and they thought I could beat them at driving, they refused to race against me. They said, 'The lady should stay at home, it's not nice to be amongst guys. Motorsport is a man's world.' You know, all these kinds of things.

J: How did you react?
N: I just ignored these people; all these words didn't affect me. Because, you know, it's all about the way people think. Whatever you do – right or wrong – people will talk. So there's no use. In my opinion, I don't do anything wrong. I am fully dressed, sitting in the car. And I'm not insulting tradition.

J: You're mentally very strong. I noticed that from the beginning of our conversation. And, of course, you need to be when you're going 300 km/hour! Every small mistake could be a risk to your life. You concentrate on the final goal, not on the path to get there. And you don't think in advance about whether there are some extremely dangerous curves. The trainer of a top sports team once explained to me that the athletes always concentrate on one picture in their minds: their match and their victory! And he explained to me that if you think in advance about the training and how exhausting and maybe also painful it could be, you've already lost! Because you will be scared and that means you have the potential to lose. So you always stay focused.
N: Yes, I always had one sentence in my mind: 'I want to race!' And you see, today, everybody works. So what's the difference between me working in this field and a girl working in a bank with guys. It's the same. So what's wrong in changing the people's perspectives, the way they think?

J: You're right. Sports in particular have always united people from different countries and cultures worldwide. And what counts ultimately is mainly the performance – what you can achieve. And it doesn't matter what skin color you have, which culture you belong to or whether you're a man or a woman.
N: Today everybody accepts that. That's a good thing for us ladies! And, trust me, if you get a girl who drives really well, just to race against other guys, she could beat them (smiles).

J: You told me that you sometimes drive your father around a little bit.
N: Yes! He doesn't want to go with any of my sisters. He only wants me to give him a ride (smiles).

J: Congratulations! If even your own father is one of your fans, then you've really made it (laughs). Are you married?
N: No, no, and I'm not planning to. Only if he is a racing driver with similar thoughts and dreams.

J: That's what they all say at the beginning of my interviews and then I have to rewrite the story (laughs), as was the case with Amna Binhendi. But, O.K., she did invite me to her wedding (with a twinkle in her eyes).
N: No, with me you are on the safe side.

J: What does your family say to this?
N: They let me; it's my choice. And that's the good thing, because my mom and my dad

will never force me to do anything I don't want. They will never let me give up my dreams. Even if these dreams are risky, they won't stop me. They know more about life than me. And maybe they also know that if I didn't continue with my passion, I would regret it very much one day! You know what I mean? But that's how my whole family thinks; they are open-minded.

J: But how would you define 'being open-minded?'
N: You see, my parents have never stopped me from doing anything I wanted to do. It's just the opposite. They always encouraged us. 'Go ahead, do it! Take responsibility for your life!'

Go ahead, do it! Take responsibility for your life!

J: And that makes life even more worth living! That way you can never blame anybody else for being responsible for your own unhappiness. Well, you're the team relations officer at the Yas Marina Circuit, the UAE's first Formula 1 race track. But where will we see Nahla Al Rostamani in the next few years?
N: I don't know, I have so many dreams. Maybe to own a circuit (smiles), open a garage, or build up a team, a UAE team. I want people to recognize that there is a female who is crazy about cars. And I really, really want to have a big name in motorsport one day, like Bernie Ecclestone, the man who made F1 so successful. So, for sure, it will have something to do with motorsport. You see, I have a clear mission in my mind: I'm trying to attract the local girls and local boys to come and race. I always tell them, instead of racing on the streets, you are safer here! I want them to get away from the streets, and save lives!

Something to consider:

Nahla is another pioneer who ventures into a very male-dominated world with her passion for fast cars. Luckily she has the support of her family. In the Arab world the older generation is very important when women break out of the norm. Society in the Middle East up to today plays a very important role, and support is extremely important, especially when it comes to new ideas and their acceptance. Patience is something that Nahla has been taught since her early childhood days. Patience is a must if you want to achieve your objectives. Nahla pursued her goal over the years. Since being a young girl she knew her destination and prepared the members of her family with her ideas. All of them well planned steps, which have ultimately brought her success and recognition in her own country.

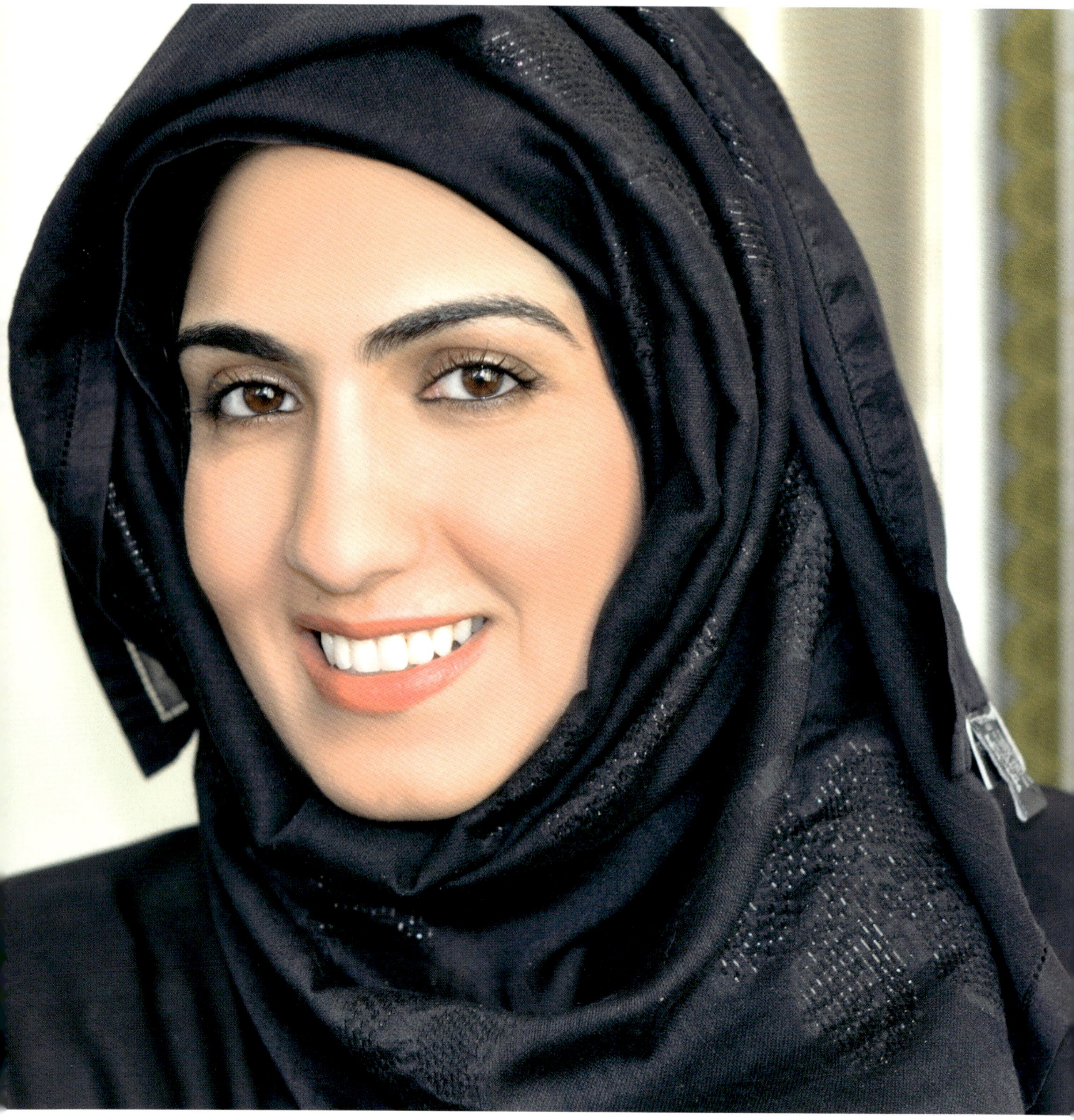

AMNA BINHENDI

BinHendi Enterprises muss man heutzutage in den Vereinigten Arabischen Emiraten niemandem erklären. Mit mehr als sechzig renommierten internationalen Marken ist diese Gruppe ein Imperium, das sich vor allem im Lebensmittelbereich, Design und in der Modeindustrie einen internationalen Ruf erworben hat. An der Spitze der Unternehmensgruppe steht eine Frau, Amna Binhendi, sie ist CEO. Ich treffe sie in ihrem Büro, das im Westen Dubais liegt. Sie begrüßt mich am Eingang.

AMNA BINHENDI

Amna: Wie geht's dir? Schön, dich zu sehen! Du kommst aus Österreich?

Judith: Ja, aus Wien, der Hauptstadt!

Vor dreißig Jahren hat dein Vater, Mohi-Din Binhendi, in Deira das erste internationale Mode-Outlet der Vereinigten Arabischen Emirate eröffnet. Damit säte er etwas, das in der Zwischenzeit zu einem wahren Business-Imperium geworden ist. Seit 2007 bist du nun CEO dieses Imperiums. Wie ist es dazu gekommen?

A: Glaub mir, es war nicht einfach und es geschah sicherlich auch nicht deshalb, weil ich seine Tochter bin. Mein Vater glaubte an mich und gab mir die Möglichkeit, mich zu beweisen, nachdem er mich ständig bei verschiedenen Tätigkeiten und Herausforderungen beobachtet hatte – die ich dann auch gemeistert habe. Das ist der Grund, wieso ich heute hier bin.

J: Du hast deinen akademischen Abschluss in Betriebswirtschaft und Informationstechnologie gemacht und nach einem dreimonatigen Praktikum im E-Government (die Internet-Plattform der Regierung) von Dubai bist du schlussendlich in das Familien-Business eingetreten.

A: Ja, ich dachte: „Warum sollte ich für jemand anderen arbeiten, wenn Mr. Binhendi ein riesiges Imperium hat und er meine Unterstützung benötigt?" Ich habe mich dann entschieden, dass die Zeit reif ist, mich dem Familienunternehmen anzuschließen. Meine ersten Monate verbrachte ich damit, wochenlang in jeder einzelnen Abteilung zu arbeiten. Das hat mir auch geholfen zu verstehen, wie die unterschiedlichen Bereiche dazu beitragen, dass das Unternehmen funktioniert. Da *Human Resources* (HR) das Herz eines jeden Unternehmens sind und man dort auch jemanden als „Speerspitze" benötigte, wurde ich zur Chefin der HR ernannt. Ich erkannte, dass nicht jeder in der richtigen Position war. Und glaube mir, es war eine große Herausforderung, alles um einhundertein Prozent zu verändern. (lacht)

J: Du bist also eine Frau mit Prinzipien.

A: Ich fing an, Gespräche mit jedem einzelnen Mitarbeiter zu führen – ich habe mit allen persönlich gesprochen. Dabei habe ich erkannt, wer für die jeweiligen Positionen am besten geeignet wäre. Ich betrieb auch *Headhunting* bei Leuten, bei denen ich Potenzial erkannte. Denn der Schlüssel zum Erfolg eines jeden Unternehmens ist es, gute Leute um sich zu haben.

J: Du bist im Schatten deines Vaters aufgewachsen und es scheint, als hätte deine Persönlichkeit viele Parallelen zu der deines Vaters.

A: Nicht nur was unser Aussehen betrifft, sondern auch, wie wir denken. Manchmal haben wir sogar die gleichen Ideen. Er ist großzügig, sehr international und aufgeschlossen in seinen Ansichten. Einmal hat er mir auch einen wichtigen Rat gegeben: „Hör zu! Wenn du neu in einem Bereich bist, solltest du immer erst zuhören, bevor du dein Urteil abgibst!" Das war auch das Einzige, was ich über viele Wochen hinweg, während meiner Anfangszeit, tat: Ich saß einfach nur da, mit einem Stift und Papier, und machte mir Notizen. Ich habe von den Experten gelernt. Erst später fing ich an, mitzudiskutieren und ihnen meine Meinung zu den betreffenden Themen zu sagen.

J: Dir war also klar, dass es nicht ausreichen würde, „die Tochter des Chefs" zu sein. Du wolltest einen soliden Hintergrund haben, um vom gesamten Team respektiert und akzeptiert zu werden.

A: Ja, denn viele sagten meinem Vater, dass er mich nur zum CEO gemacht hätte, weil ich seine Tochter bin. Aber er behauptete immer, dass das nicht der Fall sei. Er war überzeugt davon, dass ich mich nach all den Aufgaben und Herausforderungen, die er mir gegeben hatte, bewährt hätte. Und dass ich tatsächlich dazu imstande und fähig wäre, gute Entscheidungen zu treffen und in dieser Position zu bestehen. Das ist der Grund, warum ich heute hier bin.

J: Was hast du sonst noch für Prinzipien?
A: Ich habe ein klares Konzept, wenn es um die Arbeit geht. Alle, die eine gute Leistung erbringen, haben die Möglichkeit, in unserer Firma aufzusteigen – solange sie sich bewähren. Ich habe nie nach Persönlichkeit beurteilt, sondern danach, wie sie arbeiten und wie ihre Einstellung dazu ist.

J: Du möchtest also fair sein.
A: Sogar, wenn es sich dabei um meine Freunde handelt. Ich habe viele Freunde und viele davon arbeiten in der Firma. Einmal ist eine Freundin mit mir im Büro gesessen und wir haben geplaudert. Plötzlich ist der Manager, der für die Gehälter zuständig ist, gekommen und hat zu ihr gesagt: „Du bist bis jetzt nicht im Büro aufgetaucht." Sie schaute mich an und wartete auf meine Reaktion. Sie erwartete, dass ich sie unterstützen würde. Aber ich sagte: „Tut mir leid, Arbeit ist Arbeit! Und Freundschaft beginnt nach 16 Uhr 30, bitte respektiere das bei der Arbeit."

Hör zu! Wenn du neu in einem Bereich bist, solltest du immer erst zuhören, bevor du dein Urteil abgibst!

J: Wie hat deine Freundin darauf reagiert. War sie böse?
A: Nein, sie hat das schon verstanden. Weißt du, so bekommst du Respekt von deinen Kollegen. Wenn du zu allem „ja" sagst, wirst du den Kürzeren ziehen.

J: Das erinnert mich an ein Bestseller-Buch mit dem Titel: „The Power of a Positive No: How to Say No and Still get to Yes" (deutscher Titel: „Nein sagen und trotzdem erfolgreich verhandeln").
A: Ich erzähl' dir eine Geschichte: Einmal kam eine Frau in mein Büro und bat mich um etwas, das nicht den Richtlinien unserer Firma entsprach. Sie begann zu weinen und auch ich wurde emotional, also gab ich nach. Ich sagte: „Okay, ich mach' das für dich." Am nächsten Tag saßen mir zehn Menschen gegenüber, die mich um genau das Gleiche baten. Und ich dachte: „Wenn du weiterhin ‚ja' sagst, schlitterst du in eine schlechte Situation, und dann musst du auch weiterhin zu jedem ‚ja' sagen."

J: Du hast also deine Lektion gelernt. (lacht)
A: Das stimmt! Am nächsten Tag habe ich dann begonnen, die gesamten Richtlinien der Firma schwarz auf weiß niederzuschreiben. Ich entwarf einen Aushang, um alle Regeln darzustellen, von A bis Z. Wenn heute jemand zu mir in mein Büro kommt, bin ich vorbereitet. (lacht) Dann sage ihnen: „Lest das! Das sind die Regeln der Firma und wir können sie nicht ändern."

J: Gilt deine Bestimmtheit sogar für deinen Vater? (lacht nochmals)
A: Mr. Binhendi, so nenne ich ihn im Büro, ist manchmal so herzensgut, dass ich ihn sanft erinnern muss: „Wenn du einer Person etwas gibst, dann musst du es auch allen anderen geben." Dann lächelt er zustimmend.

J: Ich bin wirklich beeindruckt. Was ist das nur für eine Generation von Vätern, die akzeptiert, dass ihnen eine Frau sagt, wie sie etwas besser machen könnten? Diese Männer müssen ein starkes Selbstbewusstsein haben, um zu wissen, dass ihnen keine Frau ernsthaft ihre Position streitig machen wird.

A: Weißt du, ich hatte nie Probleme mit meinem Vater. Er hat mich nie zu irgendetwas gezwungen oder mir gesagt, dass ich in der Firma arbeiten muss. Er hat es offen gelassen. Dann, 2007, ist es passiert. Nach vielen Jahren Arbeit und mit einer ganzen Menge Erfahrung wurde mir die Position des CEO der *BinHendi Group* ordnungsgemäß übertragen.

⚜ Etwas, das man bedenken sollte:

Respekt ist ein Wesenszug der arabischen Gesellschaft und sehr wichtig im Geschäft, wie auch im Familienleben. Hat man „nein" zu sagen, sollte das in einer Art und Weise geschehen, die es dem Gegenüber ermöglicht, das Gesicht zu wahren. Die Wahrung des Gesichtes von Kollegen, Freunden, aber auch das eigene, ist eine der goldenen Regeln in der arabischen Kultur. Amna, eine junge und hart arbeitende Geschäftsfrau, hat sich den Respekt ihres Vaters verdient. Von ihm hat sie auch die „Kunst der Diplomatie" erlernt. Seine Lehre ist ein Teil ihres heutigen Erfolges als CEO. Ihre Geschichte zeigt, wie Diplomatie funktioniert. Diplomatie wurde im Osten kreiert und hat sich dort zu einer hohen Kunst weiterentwickelt. Die Rhetorik der Araber ist faszinierend, da die arabische Sprache eine erstaunliche Vielfalt an Wörtern besitzt. Erinnern wir uns nur an die Geschichten aus *Tausendundeiner Nacht* und wir werden verstehen.

✦

AMNA BINHENDI

Today, nobody in the UAE needs an explanation for BinHendi Enterprises. With more than 60 prestigious international brands, this group is a business empire that has developed an international reputation, particularly in the food, design and fashion industry. On top of that enterprise stands a woman, Amna Binhendi, the CEO. I meet her in her office, located in western Dubai. She greets me at the entrance.

Amna: How are you doing? Good to see you! You've come from Austria?
  Judith: Yes from the capital, Vienna!
Over 30 years ago, your father Mohi-Din Binhendi opened the Emirate's first international fashion outlet – Pierre Cardin in Deira – and sowed the first seeds of what has become a business empire in the meantime. Since 2007, you've been the CEO of this empire. How did that work?
A: Believe me, it did not come easy and it's definitely not because I'm his daughter. My father believes that he gave me the opportunity to prove myself after he constantly monitored me whilst I was given different tasks and challenges, which I got through. That's the reason I am where I am today.

  J: You graduated in Business Administration and Information Technology, and after a three months' work placement in Dubai's e-Government (internet platform of a government), you finally joined the family business.
A: Yes, I thought for a second, why should I work for someone when Mr. Binhendi has a huge empire, and he needed my support. I then decided it was time I joined the family business. I spent my initial months working with each and every division, spending a couple of weeks in each. This helped me understand how the different support systems helped the company function. As HR (Human Resources) is the heart of any company and it needed someone to spearhead the division, I was appointed head of HR. I realized that not everyone was in the right position and, believe me, it was very challenging, though, when I changed it 101 percent (laughs).

J: So you are a woman of principles.
A: I started to have meetings with each employee and spoke to them personally. It made me realize who would be best for the respective positions. I also head-hunted for new people when I recognized potential, because that's the key to success in a company – having good people around you.

J: Growing up in the shadow of Mr. Binhendi, it seems your personality is in many ways similar to your father's.
A: Not only in the way we look, but also in the way we think. Sometimes we even come up with the same ideas. And he is generous, very international in his ways, and open-minded. And there was an important piece of advice he gave me: 'Be a listener! Being new in a field you should always listen before you pass any judgments!' And that was the only thing I did for a couple of weeks when I first joined. I just sat there with pen and paper making notes about the work and learning from the experts. And only later, I started discussing and giving them my opinion on the issues.

J: So it was clear for you that being the daughter of 'the boss' was not enough. You wanted to have an absolutely solid background in order to be respected and accepted by the whole team.
A: Yes, because people told my father that he chosen me to be the CEO simply because I am his daughter, but he always says that is not the case. He believes that I have proven myself after all the tasks and challenges that he presented me with and that I am indeed capable of good decision-making to be able to handle this position, and that is the reason I'm where I am today.

J: What other principles do you follow?
A: When it comes to work, I have a clear concept. Anyone who performs well has the potential to grow in our company, as long as they prove themselves. I never judge anyone's personality, but how he works and his attitude.

J: So you want to be fair.
A: Even when it comes to my friends. I have many friends. I have many friends who work in the company and at one time, one of them had been sitting with me in the office chatting and suddenly the payroll manager came in and said to her, 'You haven't shown up in your office until now.' She looked at me and waited for my reaction in support of her. But I said, 'Excuse me – work is work! Friendship is after 4:30 p.m. And when it comes to work, please respect this.'

J: And how did your friend react? Was she angry?
A: No, she understood. You see, that's how you get respect from your colleagues. If you say yes to everything, you'll lose it!

J: That reminds me of a best-seller book, with the title 'The Power of a Positive No: How to Say No and Still Get to Yes.'
A: I'll tell you a story: A woman came to my office and asked me for something that was not our company policy. She started to cry and I became emotional as well, so I gave in to her and said 'OK, I'll do it for you'. But the next day I had ten people sitting in front of me asking

for the same thing and I thought when you keep saying yes, you slide into a bad situation and you have to keep saying yes to everybody.

J: So you learned your lesson (laughs).
A: That's right! The next day I started to write down the whole company policy in black and white and created a poster to display all the rules from A to Z. And today, when somebody comes to my office, I'm prepared (smiles) and I say to them: Read this! These are our company rules and we cannot change them.

J: Does your consistency even extend to your father (laughs again)?
A: Mr. Binhendi, that's the way I address him in the office, is often so good-hearted that I have to remind him gently, 'When you give this to one person, you'll have to give it to everybody.' Then he smiles in agreement.

Be a listener! Being new in a field you should always listen before you pass any judgments!

J: I am really impressed. Who is the generation of fathers that accepts being told by a woman how to do things better? These men must have a strong self-esteem to know that no woman will seriously challenge their position.
A: You see, I never had any problems with my father. He never pushed me or told me I had to join the company. He left it open. Then in 2007 it happened: with several years working and a whole lot of experience later, I was duly given the position of the CEO of the Binhendi Group.

Something to consider:

Respect is a trait in Arab society that is extremely important in business as well as in family life. If one has to say no it needs to be expressed in way as not to make your opposite lose face. Saving the face of your colleague or friend as well as your own is the golden rule in Arab culture. Amna, a young and hard working businesswoman, has earned the respect of her father and learned the art of diplomacy from him. His teachings are part of her success as a CEO today. Her story demonstrates how diplomacy works. Diplomacy was created in the East and has grown to a fine art there. The rhetoric of the Arabs will have you astonished, as the Arabic language shows such a variety of words. Just remember the stories of 1001 Nights, and you'll know.

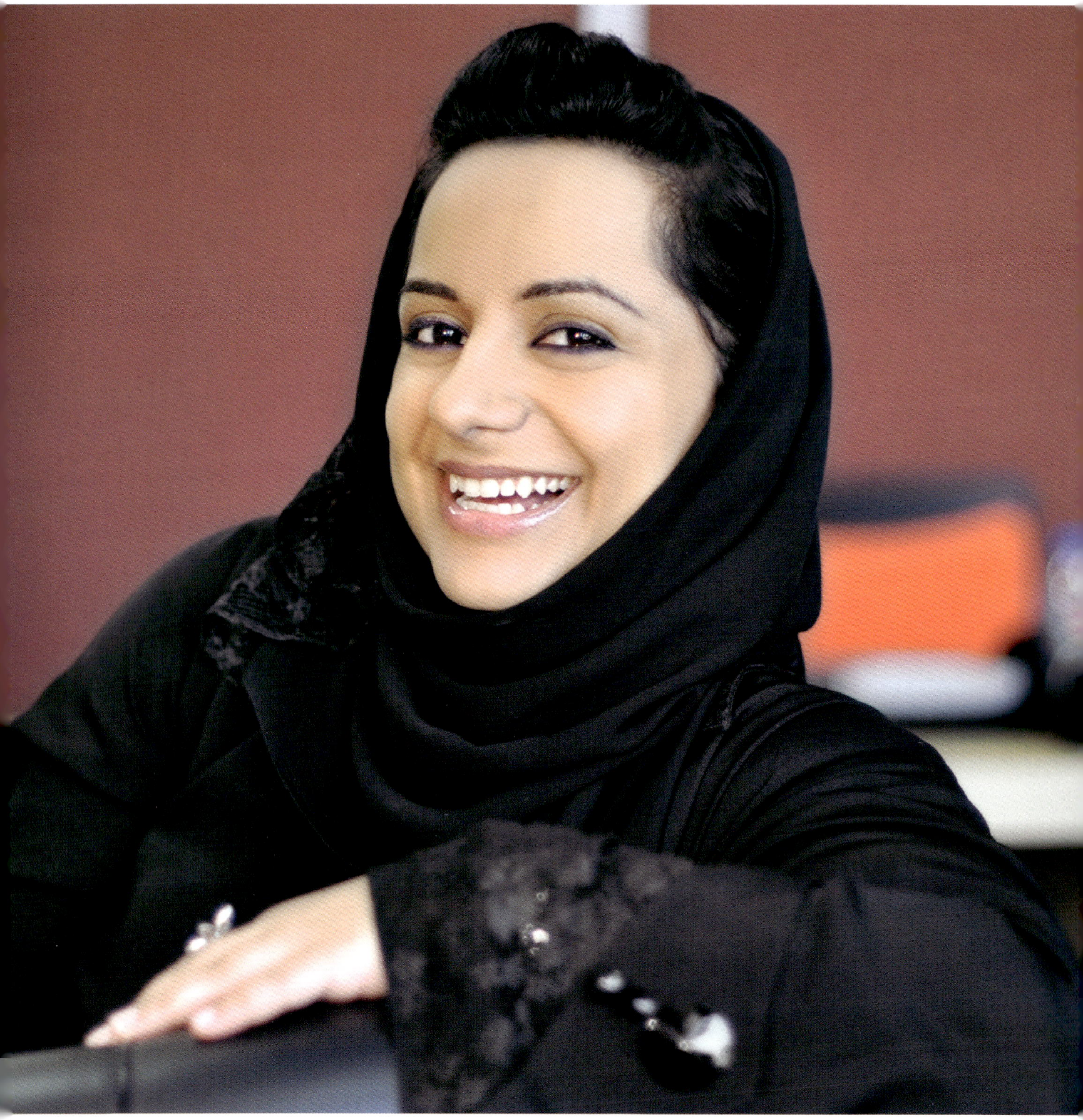

NAYLA AL KHAJA

„Nayla war schon in der Schule ein Feuerball", beschreiben ihre Freundinnen die dynamische Filmerin. Auch wenn die Dubai-Geborene nun schon ein paar Jahre älter geworden ist, ihre Charaktereigenschaften haben sich bis heute nicht verändert. Noch immer möchte sie starre Regeln brechen und neue Sichtweisen geben. Nayla Al Khaja emotionalisiert die Menschen mit ihrem Blick durch die optische Linse. Sie ermutigt die arabische Seele, mehr zu beobachten, zu reflektieren. So auch in ihrem Film über Pädophilie. Ihr Land unterstützte sie bei dieser Produktion mit allen erforderlichen Genehmigungen – und ihre Arbeit wurde mit einem Preis ausgezeichnet.

NAYLA AL KHAJA

Judith: Beide deiner Eltern sind in Dubai geboren – dein Vater ist als Geschäftsmann in der Medizinindustrie tätig, deine Mutter ist Eigentümerin einer Schule und einer Boutique. Hast du diese Offenheit von deinen Eltern vererbt bekommen?
Nayla: Beide meiner Eltern haben eine sehr konservative Einstellung zu Tradition und zum Leben, da sie aus einer anderen Generation stammen. Du musst verstehen, der Golf war früher viel mehr „in sich gekehrt", als es heute der Fall ist. Und es ist schwer, heute ein Teil der ursprünglichen Wertvorstellungen zu sein. Als ich geboren wurde, war meine Mutter sechsundzwanzig und mein Vater neunundzwanzig – und aufgrund des Altersunterschiedes zwischen uns hatten wir schon früh unterschiedliche Ansichten über das Leben. Meine Eltern sind sehr religiös – und natürlich würde ich mir wünschen, dass meine Eltern noch aufgeschlossener sind. Wie auch immer, am Ende des Tages sind sie doch die besten Eltern, die du dir nur wünschen kannst.

J: Deine Freundinnen haben mir erzählt, dass du schon in der Schule ein „Feuerball" warst. Was haben sie damit gemeint?
N: Ich erinnere mich daran, als ich siebzehn Jahre alt war, habe ich mir eines Tages einen Kurzhaarschnitt gemacht – und so bin ich nach Hause gekommen. Meine Eltern waren geschockt und meine Mutter war sehr unglücklich. Sie hatte sich sogar schon überlegt, meinen Namen in einen Bubennamen umzuändern.

J: Du hast mit deinen verrückten Ideen deine Eltern also immer schön auf Trab gehalten. (lacht)
N: Ja, du hast recht. Ich erinnere mich, als mir einmal meine Eltern verboten haben, alleine in die Schweiz zu fahren. Du weißt, der Islam sagt, dass eine Frau von einem Mann, den sie nicht heiraten kann, auf ihrer Reise begleitet werden muss – also von ihrem Vater, Bruder oder Onkel. Manche Familien praktizieren diese islamische Regel, andere tun es nicht. Aber meine Eltern waren in dieser Zeit strikt. Deshalb habe ich einfach meinen Reisepass genommen und bin von zu Hause weggelaufen. Als ich in der Schweiz angekommen bin, habe ich meine Eltern angerufen. Sie haben mir gesagt, dass ich in großen Schwierigkeiten stecken würde. Ich antwortete, dass ich mich darum kümmern würde, wenn ich wieder zurück bin. Und dass ich gerade auf dem Weg zu einer Konferenz sei.

J: Wie haben deine Eltern reagiert?
N: Als ich aus der Schweiz zurückkam, war die einzige Bestrafung meiner Eltern, dass sie nicht mehr mit mir gesprochen haben. Sie haben mich lange einfach ignoriert. Aber danach war alles wieder in Ordnung.

J: Deine armen Eltern, die hatten ja wirklich hart mit dir zu kämpfen. Und deine Erziehung muss eine richtige Herausforderung für sie gewesen sein. Aber sie waren klug und hatten verstanden, dass man einen „Feuerball" nicht einfach stoppen kann, indem man Öl dazugibt. Eine bessere Taktik ist wohl gewisse Grenzen zu setzen und dann Schritt für Schritt das Feuer ausbrennen zu lassen. Vor allem, wenn man bedenkt, dass verbrannte Erde besonders fruchtbar ist; vielleicht haben deine Eltern, indem sie keinen Druck auf dich ausübten, unbewusst deine Kreativität gefördert. Was meinst du?
N: Sie waren für die damalige Zeit sehr aufgeschlossen. (Aus dem Ton ihrer Stimme erkennt man einen gewissen Stolz) Weißt du, meine Eltern haben beide noch einmal geheiratet. Mein Vater trennte sich von meiner Mutter und heiratete eine andere Frau. Und

meine Mutter heiratete ebenfalls nochmals. So hatte ich eine Stiefmutter, einen Stiefvater und Stiefschwestern – und ich habe sie alle sehr gern.

J: Wenn wir nun die „Puzzlesteine" deines Lebens zusammensetzen – vielleicht hat dir ja deine komplexe Familiensituation dabei geholfen, andere Menschen noch besser in ihrem Verhalten zu verstehen. Und vielleicht hat dich dieses Verständnis auch für deine Filme inspiriert. Denn wenn ich mir deine Filme ansehe habe ich immer das Gefühl, dass du vor allem das „Unausgesprochene" ansprichst. Trotzdem wahrst du den Respekt gegenüber den Menschen.
N: Du hast recht. Das war auch so bei meinem Film „Dating". Die Gespräche darin zeigen der westlichen Welt, wie sich eine Araberin in einer solchen Situation fühlen könnte: Im Westen ist es üblich, dass man das Haus verlässt und zu einem Treffen mit einem Mann geht. Hier kannst du das nicht tun. Du musst planen wann, wo und wie. Und du musst dich verhüllen. Es ist ein umstrittener Film, aber ich zeige ihn in einer sehr einfühlsamen Art. Du kannst nichts sehen – kein Küssen oder wie sich das Pärchen an der Hand hält. Ich interpretiere nur – und das ist eine viel größere Herausforderung!

J: Wie also ist das Gesamtkunstwerk „Nayla Al Khaja" entstanden?

Wenn Menschen an das glauben, was sie tun, und eine langfristige Vision haben, kann sie niemand aufhalten.

N: Es ist eine Zusammensetzung aus Emotionen und Erfahrungen, die mich geformt haben. Und ich war schon immer selbst für meine eigenen Fragen und mein eigenes Durcheinander verantwortlich. Schon als kleines Mädchen war ich sehr wissbegierig und das hat sich bis zum heutigen Tag nicht geändert. Nehmen wir das Beispiel Atomphysik, das war immer eine große Leidenschaft von mir – ich liebe die Forschungsarbeiten in der Astronomie. Ich denke, unsere Gedanken und das Universum sind einzigartig und wir sind ein Teil davon. (Ihre Augen strahlen Zufriedenheit aus.) Das ist auch der Grund, warum ich so gerne etwas über andere Religionen dazulerne. Es ist mir gleichgültig, ob es Christen sind oder Juden, ich frage sie dann immer dies und das. Ich habe immer alles hinterfragt, bereits in meiner Kindheit. Und seit einigen Jahren sage ich auch noch immer, dass mein Alter neunundzwanzig Jahre ist. Denn „Zeit" wurde von Menschen kreiert und „Alter" hat keine Bedeutung für mich. Vielleicht bin ich ja auf einem anderen Planeten erst fünf. (lacht) Solange ich meine Ziele erreiche, bin ich glücklich.

J: Wirklich interessant – ich erinnere mich an Gespräche mit anderen Arabern. Auch für sie hatte das Alter nicht die Bedeutung, die es für uns Europäer hat.
N: Denn unsere Jahre zu zählen erzeugt einfach Stress. Es erinnert uns an unser Ablaufdatum. Und das Leben ist schon stressig genug, warum müssen wir uns auch noch mit einer Altersgrenze belasten?

J: Kreativität scheint ja ein Teil der gesamten Al-Khaja-Familie zu sein. Auch deine zwei Schwestern treten in deine Spuren.
N: Ja, eine studiert Mode und die andere möchte Autorin werden. Meine Mutter sagt immer: „Oh Gott, nicht schon wieder! Ich hätte nicht gedacht, dass ich das alles noch einmal mitmachen muss!" (lacht)

J: Denn deine Mutter hatte ja schon bei deiner Erziehung sehr traditionelle Vorstellungen. Und dass du Filmproduzentin werden wolltest, traf nur auf wenig Begeisterung bei ihr. Vor

allem, da früher in den arabischen Ländern Berufe wie Model, Schauspielerin oder Filmregisseurin nicht sehr angesehen waren.
N: Weißt du, es ist immer der erste Schritt, der die entscheidende Veränderung schafft. Im Moment gibt es nur männliche Filmproduzenten in den VAE. Also kann ich meiner Mutter nicht sagen, dass auch andere Frauen meinen Job machen. Meine Mutter hätte auch mehr Verständnis dafür, wenn schon fünf, zehn oder zwanzig Frauen in diesem Job tätig wären. Ich verstehe ihre Angst auch und warum sie mich manchmal fast schon übertrieben beschützen möchte: Meine Mutter hat ihre Schule aus dem Nichts aufgebaut, in einem kleinen Haus. Alle haben geglaubt, sie sei verrückt. Sie musste für ihren Erfolg sehr hart arbeiten.

J: Je mehr du von deiner Mutter erzählst, umso klarer wird mir, dass du doch deinen Eltern sehr ähnlich bist.
N: Es liegt sicherlich in meinen Genen. Weißt du, die Schwestern meiner Mutter sind mit Millionären verheiratet oder mit Stars, die in großen Palästen leben. Aber meine Mutter hat sich alles selbst aufgebaut. Sie war die einzige „Revoluzzerin" in der Familie. Sie hat sich in einen Mann von auswärts verliebt, einen Syrer, und diesen geheiratet. Ich bin sehr stolz auf sie, dass sie ihren eigenen Weg gegangen ist. Und wenn meine Mutter heute zu mir kommt und mich fragt, warum ich Filmproduzentin werden musste, habe ich immer ein schlagkräftiges Argument parat. Dann sage ich zu ihr: „Weißt du Mama, du hast damals selbst auf dein Herz gehört und bist der Liebe gefolgt und das gleiche gilt für mich –für meine Karriere und meine Filme. Ich konzentriere mich auf meinen Weg – Filme zu produzieren und den Einstieg in Hollywood zu schaffen!"

J: Was für eine kluge Strategie! Es ist schwer, dieser Argumentation etwas entgegenzusetzen.
N: Wenn Menschen an das glauben, was sie tun, und eine langfristige Vision haben, kann sie niemand aufhalten. Auch wenn du keine Hilfe bekommst, mach es! Eines Tages wirst du verstehen, warum du es getan hast.

⚜ Etwas, das man bedenken sollte:

Nayla zeigt uns, dass Frauen in den VAE vieles tun können, solange sie allgemein gültige Regeln beachten und nicht die Wertanschauung anderer attackieren. „Die Wahrung des Ansehens und des Respekts gegenüber dem Nächsten" ist eine Grundhaltung des Islam – nicht nur in der Religion, sondern auch im täglichen Leben. Wenn diese Balance gehalten wird, ist alles möglich. Dann gibt es keine Grenzen für das, was man erreichen will. Ein gutes Beispiel ist Naylas Film *Dating*. Er zeigt, mit welchen Herausforderungen die neue Generation der Frauen und Männer konfrontiert ist. Nayla schafft es in diesem Film, das Thema anzusprechen und trotzdem die Regeln des Anstandes zu wahren – etwas, das in der arabischen Welt große Bedeutung hat. Ihr Wissen über Religion, Kultur und Tradition lässt Menschen aus anderen Ländern die arabische Art und Weise des Lebens verstehen und überbrückt die kulturelle Kluft zum Westen.

NAYLA AL KHAJA

„Nayla was already a fireball in school", say her friends, who describe her as the dynamic filmmaker. And although the Dubai-born woman has grown a few years older, her personality has not changed. She still wants to weaken rigid principles and find new ways of seeing things. Nayla Al Khaja still emotionalizes people today, only this time using an optical lens. She encourages the Arab soul to observe and reflect more – as she demonstrates in her film on pedophilia. Her country supported her in making this film, providing all necessary authorizations, and her work was rewarded with a prize.

Judith: Both your parents were born in Dubai – your father is a businessman in the medical industry and your mother owns a school and a boutique. Do you think you inherited your open-mindedness from your parents?
Nayla: Both of them have very conservative ideas about tradition and life as they're from the older generation. You see, the Gulf used to be much more secluded than today. So it's difficult for either to part with their original values. And when I was born, my mother was 26 and my father 29. Already the age gap between me and them entails a different attitude towards life. They are very religious, and of course I would love them to be more open. However, at the end of the day, they are the best parents you could have!

J: Your friends told me that you already were a 'fireball' in school. What did they mean by that?
N: I remember when I was 17, I once came home with a butch haircut. My parents were shocked, and my mother was very upset, threatening to change my name to a boy's name.

J: So you always kept your family on the go and you never ran out of 'crazy' ideas (laughs)?
N: Yes, you are right. I remember, one day, after my parents told me that I was not allowed to travel to Switzerland by myself. You know in Islam, a woman has to take a male whom they can't marry, like a father, brother, or uncle ... And some families practice Islamic law and others don't. But my parents were strict at that time – so I simply took my passport and ran away from home. And when I arrived in Switzerland, I called my parents on the phone and they told me that I was in a lot of trouble. And I told them that I would deal with them when I was back as I was on my way to a conference.

J: How did they react?
N: When I returned home from Switzerland the only punishment was that my parents didn't speak to me. They ignored me for a long time. After that everything was fine.

J: Your poor parents, they had to suffer a lot and raising you must have been quite a challenge for them. But they were clever, having understood that you cannot stop a fireball by adding fuel to the fire. The better tactic is to set certain limits and then, step by step, let the fire cool off. After all, scorched earth is particularly fertile. Maybe your parents indirectly foresaw that they would foster your creativity by not using any pressure. What do you think?
N: They were very open considering those days (the tone of her voice expresses her pride). You see, both of my parents remarried. My father separated from my mom and married another woman and my mother also got married again. So, I have a step-mother, a step-father and step-siblings. And I like all of them very much.

J: So putting your 'life puzzle' together – maybe this quite complex family situation has helped you to understand other people and their behavior better. It might have inspired you to add this understanding in your films, because, watching your films, I always feel that you like to bring up unexpressed things while you still maintain the respect for the people.
N: You're right. Like in my dating film, these conversations show Westerners how an Arab woman probably feels about the situation. In the West it's normal to leave the house to go for a date. Here you can't. You have to plan when, where and how you have to cover up. It's a controversial film but I show it in a sensitive way, you don't see anything. There is no kissing, no holding hands. I only interpret things, which is much more challenging anyway!

J: So, how did this piece of art 'Nayla Al Khaja' come into being?
N: It is the accumulation of emotions and experiences that shape you as well. You see, I have always come up with my own questions and my own confusion. Even when I was a child, I was very curious, and that hasn't changed, even today. For instance, I was always passionate about atomic physics. And I love the science of astronomy. Our mind and the universe are the most wonderful cases we are in. (Her eyes beam with contentment). That's why my passion is learning a lot about religion. I don't mind if they are Christian or Jewish, I ask them all why they did this or that. I was always questioning things, even when I was a child. And for the last few years I've been saying that my age is still 29, because time is man-created, age isn't relevant. Maybe on a different planet, my age is five (laughs). As long as I accomplish my targets, I am happy.

J: That's interesting. Recalling conversations with other Arabs, I remember that age never really mattered to them, as opposed to Europeans.

N: And counting years gives us a lot of stress, as it tags us with an expiry date. Life is already stressful enough, so why add to it with an age limit?

J: Creativity seems to be a part of the whole Al Khaja family. Your two sisters are following your footsteps, too.
N: Yes, one studied fashion and the other one wants to be a writer. And my mother says: 'Oh my God, I didn't think I'd have to do this all again (laughs).'

J: So your mother had very traditional ideas about the rules under which you would be raised. Your desire to become a filmmaker found only a little enthusiasm with her. Particularly as professions like being a model, an actress or a film-director used to be regarded dishonorable as in Arab countries.
N: You know, your first move actually changes the most. Right now there are only male producers in the UAE, so I can't tell my mother some other woman is doing the same. If there were five, ten or twenty like me, it would be a lot easier for my mother to accept. But I understand my mother's anxiety and why she sometimes wants to overprotect me. Because when she started her school from scratch, in a tiny house, everybody thought she was crazy. She worked very hard for her achievements.

J: The more you tell me about your mother, the clearer it becomes that you are the true reflection of your parents!
N: I am sure it's in my genes. You know, all my mother's sisters have been married to millionaires, to stars or have lived in big palaces. But my mom worked her way up from nothing. She was the only one who revolted in her family. She married a foreign man, a Syrian she fell in love with. I was so pleased that she went her own way. So whenever my mother asks me why I've become a filmmaker, I always have a tough argument at hand. I tell her: 'You see, mom, you believed in your heart and followed the love.' And it's the same with my career and my movies. Because I have always concentrated on my way – access to movies and access to Hollywood (smiles)!

J: What a clever strategy! It is rather difficult to counter such an argument.
N: If people believe in their way and have long-term vision, nothing should be able to stop them. Even if you lack support, do it! One day you will understand why you did it.

> *If people believe in their way and have long-term vision, nothing should be able to stop them.*

Something to consider:

Nayla show us that women can do many things in the Arab world as long as one observes common rules and doesn't attack people's integrity. Reputation and respect towards others is founded in Islam, which is not only a religion but also a way of life. If one masters that balance, then there are no limits to the things one wants to achieve. A good example is Nayla's film "Dating" in which she describes the challenges between the sexes of the new generation. In the film, Nayla manages to convey the topic without breaching the rules of decency that prevail in the Arab world. Her knowledge of religion, culture and tradition lets foreigners understand the way of life in the Arab world and bridges the cultural gap with the West.

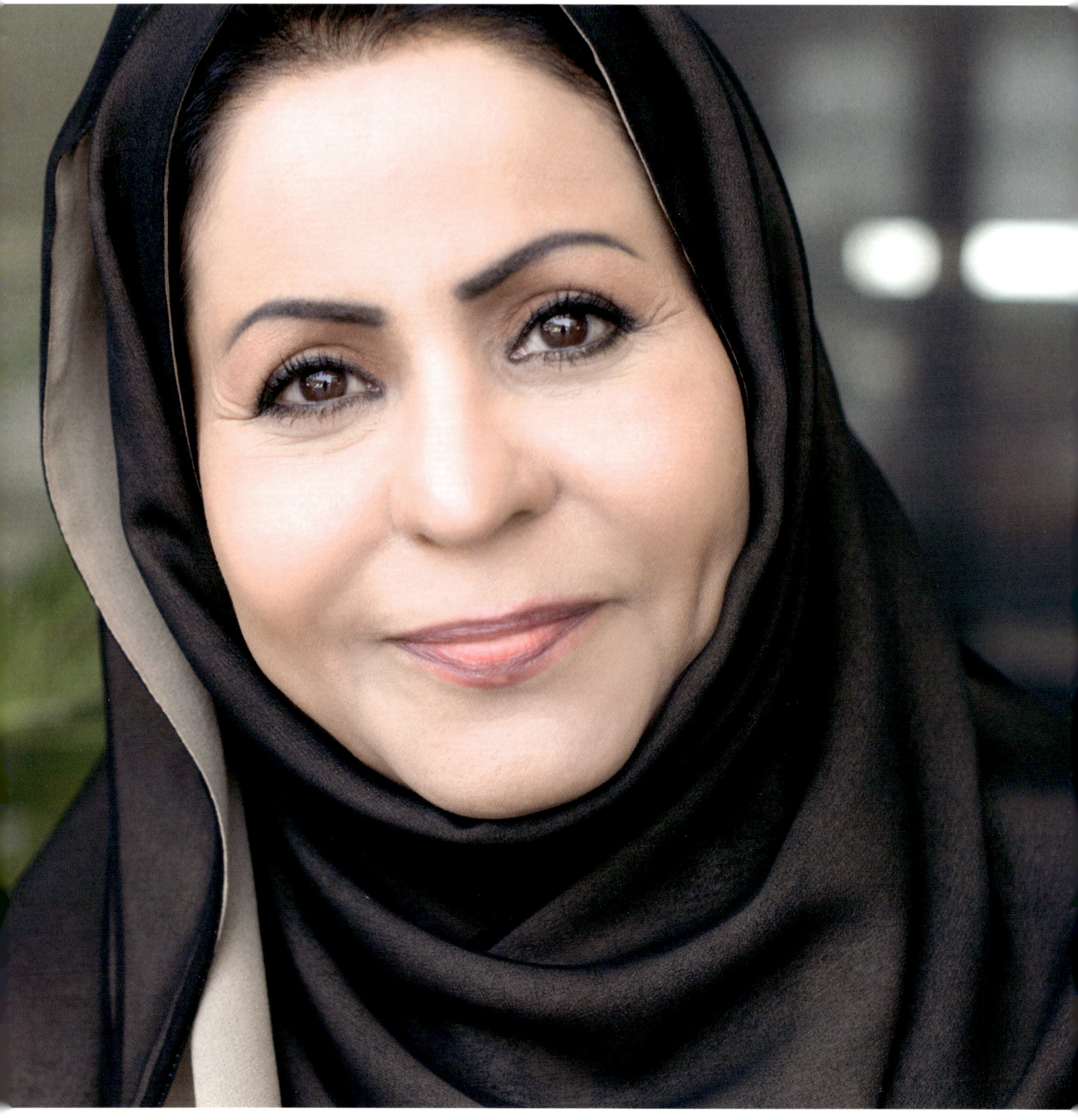

SHEIKHA DR. HIND BINT ABDUL AZIZ AL QASSIMI

Durch ihre Forschungsarbeiten über Frauen hat sich Sheikha Dr. Hind bint Abdul Aziz Al Qassimi einen guten Ruf in der arabischen Welt erworben. Die Vereinigten Arabischen Emirate bleiben aber ihr Lieblingsthema. 2009 wählte das *UAE Business Women Council* Dr. Hind zur Vorstandsvorsitzenden und sorgte dafür, dass ein weiterer geistreicher Kopf die Gruppe inspiriert. Denn das ist es, woran Dr. Hind glaubt: „Indem wir zusammenarbeiten, Ideen austauschen und durch herausragende Leistungen können wir unsere eigene Geschichte gestalten!"

SHEIKHA DR. HIND BINT ABDUL AZIZ AL QASSIMI

Judith: Es ist eine Freude, dich zu sehen, Dr. Hind! Wir teilen ja die gleiche Leidenschaft – über Frauen aus den VAE zu schreiben. Du hast mir gesagt, dass du auf Businessfrauen spezialisiert bist. Wie ist diese Idee denn entstanden?
Hind: Schön, dass du hier bist, Judith! Weißt du, vor einiger Zeit sind wir in den Libanon gefahren, da habe ich ein Buch über libanesische Geschäftsfrauen gesehen. Und ich dachte mir: Das ist eine gute Idee! Warum macht man nicht auch ein Buch, das sich auf „Business in den VAE" konzentriert?

J: Du hast recht, denn es gibt ja auch keine „neuen Ideen". Alles ist schon einmal gemacht worden. Wenn wir das einmal verstanden haben, wird es auch viel leichter für uns. (lächelt) Schließlich ist jeder von uns eine eigene Persönlichkeit mit eigenem Stil – es ist also genug Platz in dieser Welt, für jeden von uns!
H: Ich gebe dir recht. Und warum sollte man denn nicht auch von anderen lernen, wie man ein Geschäft startet. Ich habe jetzt zum ersten Mal mein eigenes Business angefangen, für Investments in der Landwirtschaft und auch in der Industrie. Wir möchten Investoren nach Abu Dhabi bringen. Für mich persönlich sollte ein Buch über Business dieser und auch der nächsten Generation helfen zu verstehen, wie man Geschäfte noch besser machen kann. Als Beispiel: Nachdem ich vom etablierten *Business Women Council*, von den Gesetzen und Einrichtungen im Business sowie von den möglichen Problemlösungen erfahren hatte, wurde die ganze Situation viel leichter für mich.

J: Du hast also, indem du Menschen interviewst und porträtierst, gelernt, wie man Business macht?
H: Es war nicht nur durch meine Interviews mit den Frauen. Weißt du, die Forschungsarbeiten über Frauen in der arabischen Welt waren schon immer ein wichtiger Teil meines Lebens. Ich habe schon eine Menge Recherchen gemacht, seit ich an der Universität von Al Shams in Ägypten studiert habe, um mein Ph.D. über *(VAE) Frauen und ihre Kultur* zu erhalten. Es war die erste Studie, die jemals über Frauen gemacht wurde. Und es war eine sehr große Studie. Ich verglich drei Generationen von Frauen miteinander – jene von 1950, 1970 und 1990. Und ich erklärte auch, was sich für diese Frauen speziell geändert hat.

J: Das ist interessant! Also was hat sich denn deiner Ansicht nach für diese Frauen insbesondere geändert?
H: Sie haben sich in den verschiedensten Positionen verändert, wie z. B. in ihrem wirtschaftlichen Status, in ihrem Ausbildungsniveau und in ihrer Teilnahme an der Politik. Bis vor zehn Jahren machten Frauen vorwiegend Geschäfte in den Bereichen Schneiderei und Frisiersalons. Und heute findest du sie in allen Positionen. Aber weißt du, ich bin nicht aus dieser ersten Generation von Frauen, die diese wichtigen Schritte und Meilensteine gesetzt hat. Da gab es schon viele Frauen zuvor, die in Kuwait studierten und dann arbeiten gingen, so wie meine Tante. Aber ich denke, ich bin aus der ersten Generation, die nun wirklich Geschäfte macht, denn – wir sind organisiert. Das ist der entscheidende Punkt. Zum Beispiel arbeiten wir mit dem *Business Women Council der VAE* zusammen und wir halten Meetings mit anderen Frauen ab, wie mit Noora Suwaidi von der *General Women's Union*, wir tauschen Ideen aus. Und ich denke, das macht den Erfolg aus – für alle von uns.

J: Ja, ich denke, genau darum geht es. Hier zitiere ich David Kelley, Professor an der Stanford Universität und Gründer von IDEO, einer weltweiten Beratungsfirma. Kelley ist einer der

Erfinder der Methode des „Design Thinking", die ihn weltweit berühmt gemacht hat und die auch von Unternehmen und Privatpersonen eingesetzt wird, um für die komplexen Herausforderungen, mit denen man heutzutage in der Wirtschaft, Politik und auf dem sozialen Sektor konfrontiert ist, neue bahnbrechende Ideen zu liefern. Herr Kelley sagt: „Es ist die Gruppe, die etwas bewegt – eine Person baut auf der Idee des anderen auf und zusammen kommt man auf etwas, das weltweit eine Neuheit ist. Innovationen, die tatsächlich von Bedeutung sind."
H: Ich stimme mit einem solchen Ansatz vollkommen überein – so etwas schafft Solidarität, es fördert die Zusammenarbeit und ermutigt Menschen, noch produktiver zu sein.

J: Wie ist also deine Geschichte, Dr. Hind, wie bist du aufgewachsen?
H: Weißt du, als ich ein kleines Mädchen war, ging ich Rad fahren. Etwas, das damals niemand tat – ich lief und sprang herum, ich war sehr aktiv, vor allem im Sport.

J: Aber in welchen Bereichen im Sport, vielleicht im Frauenfußball? (lächelt)
H: Nein, zu der damaligen Zeit gab es noch kein Fußball für Frauen. (lächelt)

Ich versichere dir, dass ein Lächeln wichtig ist, um Spannungen abzubauen und um eine starke Beziehung zu anderen zu haben!

Aber hätte es das damals gegeben, ich bin mir sicher, ich hätte daran teilgenommen. Diese Zeit war anders als die heutige – wir sprechen von 1987, die Gesellschaft kümmerte sich damals viel mehr um die Männer. Und als zu dieser Zeit einer meiner Brüder studieren wollte, wurde das in der Familie sehr willkommen geheißen. Aber das galt nicht für uns Mädchen. Deshalb habe ich mich damals immer gefragt: Warum haben Männer mehr Möglichkeiten als wir Frauen? Was ist der Grund dafür? Und was bedeutet das für die Gesellschaft?

J: Jetzt verstehe ich auch, warum du dich bei deinen Forschungsarbeiten immer auf das Thema Frauen konzentriert hast.
H: Ein weiterer Grund für meine Recherchen war, dass ich auch wollte, dass die Generationen unseres Landes mehr über uns und unsere Geschichte wissen und unsere Identität kennen.

J: Aber was bedeutet denn „unsere Identität" für die heutige Zeit, Dr. Hind? Wäre es nicht vielleicht besser, wenn die Familien in den VAE ihre alten Traditionen bewahren, aber gleichzeitig flexibel sind, um ihre Traditionen an das moderne Leben anzupassen?
H: Das ist genau das, was im Moment in unserer Gesellschaft passiert. Wir meistern die Modernisierung, die Globalisierung, aber wir erhalten unsere Identität und beleben unsere Traditionen. Und mit großen Errungenschaften können wir unsere eigene Geschichte gestalten.

J: Dr. Hind, du bist, wie heutzutage viele der VAE-Frauen, im Business sehr aktiv, aber du hast auch ein Privatleben. Und du hast Kinder.
H: Ja, ich habe zwei Kinder und ich habe auch noch ein Mädchen adoptiert. Sie ist aus den Emiraten, aber sie hat keinen Vater und keine Mutter. Als ich sie nach Hause gebracht habe, war sie erst fünf Jahre alt. Weißt du, es ist wirklich ein Geschenk, sie an meiner Seite zu haben. Diese kleine Seele gibt mir Entspannung, vor allem, wenn ich ihr Lächeln sehe und wenn ich in ihrem Gesicht sehe, dass sie mich liebt.

J: Und ich denke, diese kleine Seele hatte ja auch Glück, dass sie jemanden gefunden hat.
H: Nun, das Glück ist auf beiden Seiten. Denn, bevor sie in meinem Leben war, fühlte ich mich nach dem Aufwachen immer sehr müde. Aber jetzt, seit sie hier ist, wache ich immer mit einem Lächeln im Gesicht auf.

J: Es ist faszinierend, was das Lächeln eines Menschen tun kann! Vor allem Kinder und Babys haben diese Gabe! Sie lächeln dich an und du spürst, dass es von Herzen kommt. Sie sind sehr ehrlich, sie erwarten nichts von dir – sie möchten dir einfach nur ihr Lächeln geben. Es gibt auch die Möglichkeit, das Lächeln zu trainieren, wirklich! Du kannst es täglich trainieren, so wie man seine Zähne putzt. Und ich spreche da nicht von einem Grinsen, sondern von einem liebevollen Lächeln, das von Herzen kommt. Es beginnt damit, dass man sich das Lächeln visualisiert – du siehst dich selbst lächeln. Und ganz automatisch wird dieses visualisierte Lächeln auf deinem Gesicht sichtbar. Wir tragen also ein Geschenk in uns, unser Lächeln – und oft bringt es uns auch wieder ein Lächeln zurück.
H: Ich schätze diese Worte sehr! Und ich versichere dir, dass ein Lächeln wichtig ist, um Spannungen abzubauen und um eine starke Beziehung zu anderen zu haben!

❦ Etwas, das man bedenken sollte:

Dr. Hind und ihre Generation präsentieren die Entwicklung der Geschäftsfrauen in den VAE sehr deutlich. Vor der Vereinigung der VAE waren Frauen nicht vollkommen in die Arbeitswelt eingebunden, viele Frauen waren vollkommen abhängig von ihrem männlichen Vormund. Es war nicht so, dass sie nicht arbeiten wollten, aber sie hatten keine Ausbildung und auch keine soziale Unterstützung, um dies zu tun. Die finanzielle Unabhängigkeit der Frauen in den VAE ist stark mit der Bildung verbunden. In den frühen Sechzigerjahren leisteten der heute verstorbene Scheich Zayed bin Sultan Al Nahyan und Scheich Rashid Al Maktoum mit ihrer Idee der Würde und Gleichstellung von Frauen in der Gesellschaft der VAE Pionierarbeit. Um 1970 begann in den VAE eine junge, gebildete Generation heranzuwachsen, die auch nach und nach ihr eigenes Einkommen generierte. Heute sind die Frauen in den Golfstaaten aktive Unternehmerinnen – ein Trend, der sich stetig fortsetzt.

✦

SHEIKHA DR. HIND BINT ABDUL AZIZ AL QASSIMI

Today, Sheikha Dr. Hind bint Abdul Aziz Al Qassimi has gained a reputation in the Arab world for her research on women, but her favourite topic is the United Arab Emirates. In 2009, the UAE Business Women's Council elected her chairman of the board of directors and made sure that another powerful mind inspires the group. Because that is what Dr. Hind believes: "By working together, exchanging ideas and great achievements we can make our own history!"

Judith: It's a pleasure meeting you, Dr. Hind! We share the same passion, writing about women from the UAE. You told me you are specialized in 'business women,' how did this idea develop?
Hind: Good to have you here, Judith! You know, some time ago we went to Lebanon and I saw that they did a book about business ladies from Lebanon. And I said to myself, that's a very good idea. Why not also do a book and focus on business in the UAE?

J: You're right, there are no new ideas. Everything has already been done before. Once one has understood that, it gets a lot easier for us (smiles). After all, each of us is a personality of her own and has her own style. So there is enough space in this world for all of us!
H: I agree. And why not learn how to start a business from others? For the first time, I started my own business, for investment in agriculture and also in industry. We want to bring investors to Abu Dhabi. So, personally for me, a book about business should help this and the following generations to understand the way of making business much better. For example, after I had heard from the established businesswomen's council about the laws and the facilities in business and the solutions suggested for the problems could arise, the whole situation started to get much easier for me.

J: So you learned to do business by interviewing the people you are portraying?
H: It was not only by interviewing the women. You see, research about the women in the Arab world has always been an important part of my life. I did a lot of research, since I studied at the University of Ain Shams, in Egypt to get my Ph.D. in (UAE) women and their culture. It was the first study on women ever done. And it was a very big study. I compared three generations of women from 1950, 1970 and 1990. I also explained what had particularly changed for these women.

J: That's interesting! So, what has – in your view – particularly changed for these women?
H: They changed in various positions, like in their economic status, in the educational levels and in political participation. Until 10 years ago, women did business predominantly in fields like tailoring and hairdressing. And today you find them in all positions. But you see, I'm not a part of the first generation of women who set these important steps and milestones a long time ago. There had been many ladies before, who studied in Kuwait and then went working, like my aunt. But I think I am from the first generation who are now really doing business, because we are organized, that's the important point. With the UAE Business Women's Council, for example, we work together with all the chambers of commerce of the UAE, and we hold meetings with other ladies, like Noora Suwaidi from the General Women's Union, we exchange ideas. And I think that makes the success, for all of us.

J: Yes, I think this is precisely the point of the matter. Here I quote David Kelley, Stanford University Professor and founder of IDEO, a global consultancy. Kelley is one of the originators of the methodology of 'Design Thinking' which brought him worldwide fame and is being used by corporations and individuals to address the complex challenges facing business, government and the social sector today and to deliver new breakthrough ideas. Mr. Kelley says: 'It's the group that does it, where one person builds on another one's idea and together you come up with something new to the world, new innovations that have real impact.'
H: I fully agree with such an approach. It creates solidarity; it generates cooperation and encourages individuals to produce more.

J: So what is your history, Dr. Hind? How did you grow up?
H: When I was a little girl, I used to ride a bicycle, which nobody did at that time. And I used to run and jump. I was very active, especially in sports.

J: But in which fields of sport. Maybe football for ladies (smiles)?
H: No, at that time there wasn't any football for ladies around (smiles). But if there had been something like that, I am sure I would have joined. That time was different from today, we're talking about 1987. Society used to care much more about the man. So when one of my brothers wanted to study at that time, it was very welcome in the family, but not for us girls. So I asked myself all the time: Why do men have more possibilities than us women? What is the reason? And what does that mean for society?

J: Now I understand why in your research you've been focusing on the topic of women all the time.
H: Another reason why I am doing this research is that I also wanted our generations to know about us, our history, to know our identity.

J: But what is our identity today, Dr. Hind? Is it maybe not better that the UAE families keep their original traditions and that they are flexible to adjust according to the modern life?
H: That is exactly what happened in our society: we are coping with modernization, globalization, but we keep our identity and revive our traditions. And, with great achievements we can make our own history.

J: You are, Dr. Hind, like a lot of UAE women today, very active. Not only in business, but also in your private life. You also have children.

H: Yes, I have two children and I adopted another girl. She is from the Emirates but has no father and no mother. And when I brought her to my house she was only five days old. And you know it's a gift to have her on my side, really. That little soul gives me relaxation, especially when I see her smile. And I can see in her face that she loves me.

J: And I think the little soul was lucky to find someone.
H: But you see, the luck is on both sides. Because, before she was on my side, I woke up and I always felt very tired. But now, since she is here I always wake up with a smile on my face!

J: It is fascinating what the smile of a person can do! Especially kids and babies have this gift! They smile at you and you can feel that it comes from their heart, they are very honest. They don't expect anything from you; they only want to give you their smile. And there is also a way to exercise the smile, really! You can train a smile daily, like brushing your teeth. And I'm not talking about a grin, but about a tender smile which comes from the heart. It starts by imagining or visualizing the smile – you see yourself smile. And automatically this visualized smile reflects on your face. So our gift is ourselves, our smile! And often it brings a smile back to us.
H: I really like these words! And I assure you, a smile is important to reduce tension and to have a strong relationship with others!

> *I assure you, a smile is important to reduce tension and to have a strong relationship with others!*

Something to consider:

Dr. Hind and her generation present the development of business women in the UAE very well. Before the creation of the UAE, women did not engage fully in the workforce and most women were completely dependent on their male guardians. It was not that they did not want to work, but they had no education or social support to do so. Financial independence for women in the UAE is strongly linked to education and, in the early 1960s, it was definitely the late Sheikh Zayed bin Sultan Al Nahyan and Sheikh Rashid Al Maktoum who pioneered advancing the idea of women's dignity and equality in UAE's society. Around 1970, the UAE began to have a young educated generation, which began to generate its own income. Today the women are active business owners in the Gulf – a trend that is growing steadily.

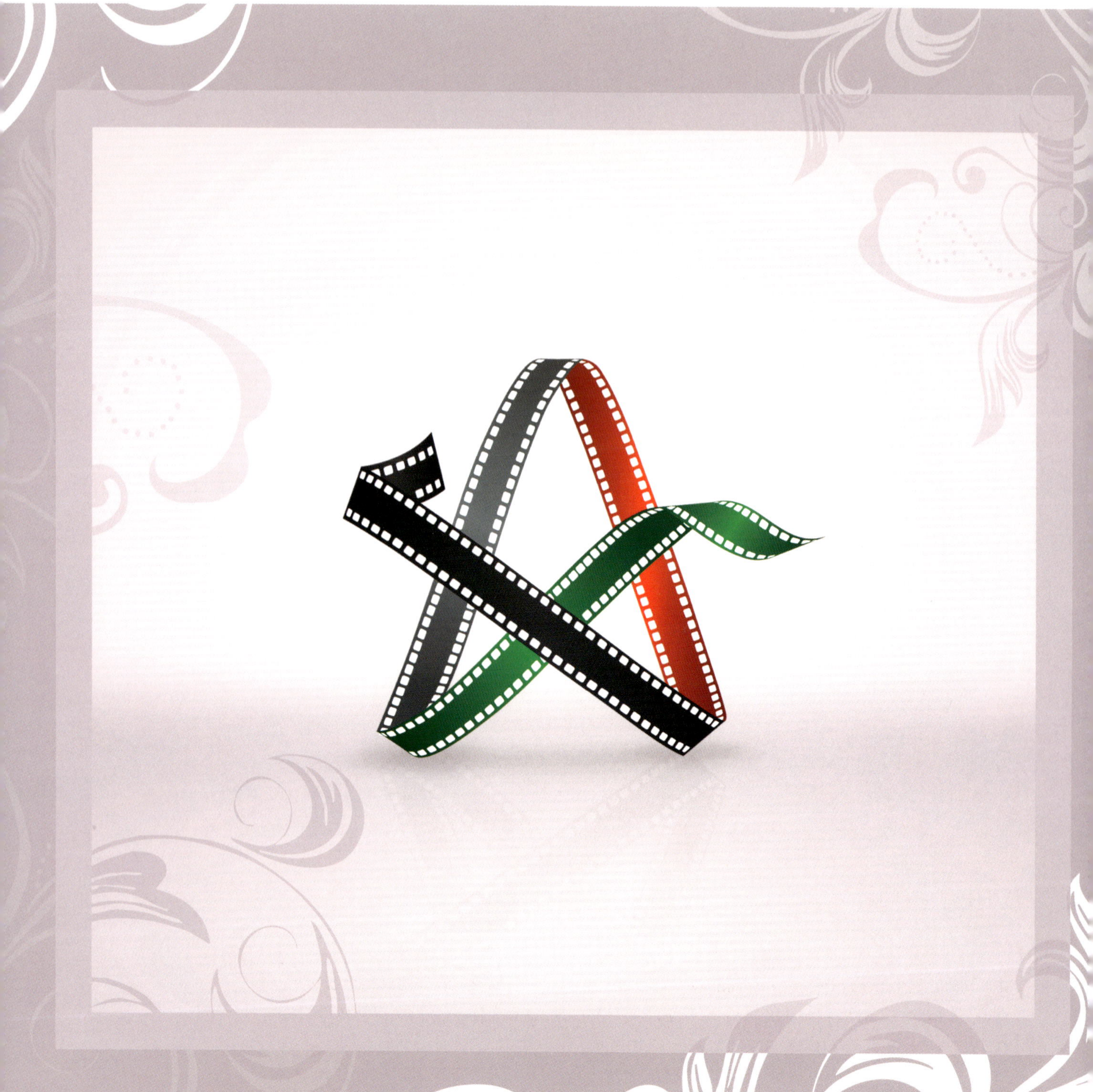

SHEIKHA ALYAZIA BIN NAHYAN AL NAHYAN

Ihr Bemühen, das Wissen um die Geschichte der VAE zu verbreiten, war für Sheikha Alyazia einer der Gründe, die Produktionsfirma *Anasy* ins Leben zu rufen. *Anasy* ist das erste Medienunternehmen der VAE, das sich auf die Produktion von Dokumentarfilmen spezialisiert. Ich treffe Alyazia, die älteste Tochter von Scheich Nahayan bin Mabarak Al-Nahayan, einem Mitglied der regierenden Familie von Abu Dhabi und Minister für Höhere Ausbildung und Forschung, im Haus ihrer Mutter. Im Wohnzimmer.

SHEIKHA ALYAZIA BIN NAHYAN AL NAHYAN

Judith: Ich bin froh, dass du dir die Zeit nimmst, mich zu treffen, Alyazia.
Alyazia: Marhaba (Willkommen) Judith! Willkommen zu Hause!

J: Mit all den Sofas und Sesseln ist das hier eine sehr gemütliche Atmosphäre. Aber ist es immer noch üblich, dass lokale Frauen deines Landes sich getrennt von den Männern treffen?
A: Ja, sogar dann, wenn internationale Gäste zu uns auf Besuch kommen. Das ist unsere Kultur, unser Lifestyle. Und so fühlen wir uns auch wohl.

J: Als die älteste Tochter von Scheich Nahayan zeigst du großes Verantwortungsgefühl, nicht nur deinen Kindern, deiner Familie und deinem Land gegenüber – du hast mir erzählt, deine Mission sei es, „die Welt zusammenzubringen". Was meinst du damit?
A: Ich habe von meinem Vater gelernt, für andere zu arbeiten, ihnen zu helfen und sie zu unterstützen, aber niemals über andere zu urteilen. Jeder sollte den anderen akzeptieren, gleichgültig, woher er auch kommt.

J: Du trittst also in die Fußstapfen deines Vaters.
A: Ich bin froh, von ihm lernen zu können und ich folge ihm. Eine Veränderung muss nicht immer groß angelegt sein. Weißt du, jede Kleinigkeit, die du deinem Land gibst, ist entscheidend!

J: Ist das einer der Gründe, warum du und deine Produktionsfirma Anasy 2007, gemeinsam mit der TV-Station Sama Dubai, den „Anasy Documentary Award" (Anasy-Dokumentations-Preis) gegründet habt?
A: Richtig. Menschen mit guten Dokumentationen zu beeindrucken soll dabei helfen, denn du bekommst von zahlreichen Personen Informationen zum gleichen Thema. Es ist so wie Recherche aus vielen Büchern, aber alles in einem.

J: Der Anasy Documentary Award findet jedes zweite Jahr statt. Ungefähr zweihundertfünfzig Filmemacher aus über vierzig Ländern konkurrieren in den verschiedensten Kategorien um Preise. Die Gewinner bekommen Bargeld, aber auch Unterstützung für Produktionen. Die größte Auszeichnung beträgt um die fünfhunderttausend Dirham (ca. 100.000 Euro oder über 140.000 Dollar). Das ist ein schöner Preis!
A: Für uns ist wichtig, dass wir versuchen, den Kreativen zu helfen, mehr zu produzieren. Es geht darum, das Niveau der Jugend, der jungen Generation, zu steigern. Und Profis anzuspornen, ihre Standards und ihre eigene Qualität in der Dokumentarindustrie anzuheben. Das ist das Ziel. Und natürlich sind wir auch immer offen für neue Menschen und neue Ideen!

J: Dein Unternehmen Anasy produziert auch eigene Filme. 2010 habt ihr zum Beispiel „History of the Future" herausgebracht.
A: Ja, in diesem Film geht es um die Geschichte der VAE. 1959 lud Scheich Zayed Archäologen ein, für die Suche nach archäologischen Ausgrabungen in die VAE zu kommen. Der Film *History of the Future* zeigt, dass die Region der VAE eine um die einhundertfünfzigtausend Jahre alte Geschichte hat. Da gab es Handel mit Babylon und dem Römischen Reich. Und man fand Münzen des Römischen Reiches in Sharja. Heute ist Sharja eines der sieben Emirate. Scheich Zayed sagte immer: „Eine Nation ohne Vergangenheit wird auch keine Zukunft haben." Und er hat recht. Für mich ist es so, dass dir Geschichte und Kultur

in deinem eigenen Leben helfen. Sie sind eine große Unterstützung und du wirst getrost weitergehen. Du wirst genau die Richtung kennen und nicht verloren gehen.

J: Um über das Verlorengehen zu sprechen: Oft frage ich mich, was wir Westler für unsere Länder erreichen wollen und ob uns die Medien, die wir tagtäglich konsumieren, in unseren Bemühungen unterstützen. Fühlen sie sich für die Zukunft der Länder verantwortlich? Und unterstützen sie unseren Stolz, unsere Hoffnung und unseren Optimismus?
A: Welcher Religion gehörst du an?
J: Ich bin ein bisschen ein Mix. Ich glaube, dass es da einen Gott gibt. Und ich weiß nicht, ob sein Name Allah oder Jesus ist, aber ich glaube, dass es da jemanden gibt.
A: In unserem Glauben ist das genau das Gleiche. Der Islam ist eine Mischung aus allen Religionen. Also kann man sagen, dass wir alle den selben Glauben haben.

J: Der Name deiner Firma „Anasy" kommt aus den Versen des Heiligen Korans und bedeutet „meine Leute". Wovon handelte denn dein erster Dokumentarfilm?
A: Er war über Ihre Hoheit Sheikha Fatima bint Mubarak. Sie ist der Grund, warum die Frauen in deinem Buch heute so erfolgreich sind. Denn Sheikha Fatima gab ihnen die Unterstützung, den Anstoß, die Möglichkeiten. Sie und Scheich Zayed.

Jede Kleinigkeit, die du deinem Land gibst, ist entscheidend.

J: Aber warum hat sie das getan?
A: Das ist eine Frage der Vernunft. Sheikha Fatima sagte, dass Frauen die Hälfte der Gesellschaft ausmachen. Warum also sollten sie nicht arbeiten und so aktiv wie Männer sein? Sie gab ihnen alle Möglichkeiten.

J: Ich bin wirklich beeindruckt – wenn du überlegst, in welcher Zeit das stattgefunden hat! Woher hatte diese Frau ihr Wissen und ihre Fähigkeit? Und was noch viel wichtiger ist, sie hatte diesen unglaublich vorausschauenden Ehemann an ihrer Seite, der sie in ihren Vorhaben unterstützte und stolz auf sie war. Ein wahrhaftes Staatsoberhaupt mit einer Vision, dem ich meine tiefste Hochachtung ausspreche. Immerhin, wollen wir einmal ehrlich sein, hätte er seine Frau nicht unterstützt, sie hätte keine Chance gehabt, ihre Pläne zu verwirklichen.
A: Da gibt es noch ein interessantes Thema, auf das ich mich konzentriere: Es geht dabei auch um Frauen. Und um die *Hijab (ein Tuch, das Kopf und Nacken bedeckt)* im Allgemeinen. Wir möchten, dass Menschen außerhalb der VAE sich besser vorstellen können, wie die *Hijab* schon in vorislamischer Zeit eine Art des Kleidens war. Wir möchten die Bedeutung der *Hijab* in den verschiedenen Gesellschaften zeigen.

J: Ich denke, das ist eine großartige Idee, da das moslemische Gewand, das Menschen verdeckt, noch immer vielen Leuten in unserer Gesellschaft Angst macht. Üblicherweise sind ihre Fragen: Warum können Musliminnen nicht ihre Hijab abnehmen, wenn sie in unserem Land sind? Warum können sie nicht unsere Kultur akzeptieren? Möchten sie uns provozieren oder uns erklären, dass wir ihrer Religion folgen müssen? Oder sind sie von den Männern gezwungen worden, diese Kleidung zu tragen? Diese armen Frauen!
A: Ich verstehe, aber wir werden nicht gezwungen. Es ist unsere eigene Entscheidung, die *Hijab* zu tragen. Für uns Frauen ist es die Kleidung der Muslime. Und du musst verstehen, dass wir unsere Religion überall hin mitnehmen, nicht nur in die Moschee oder nach Hause. Das ist unsere Art zu Leben.

J: Das ist ein wirklich sensibles Thema. Ich kann mich noch heute an ein Mittagessen mit Frauen aus Abu Dhabi erinnern. Es fand in einer sehr traditionellen Weise statt, wir saßen am Boden. Und die Frauen sagten, dass sie nicht vorgeschrieben bekommen möchten, was sie zu tragen haben: „Es ist unsere Religion, die wir auch im Ausland leben und atmen", meinten sie, „und eure Frauen in der schwarzen Kleidung sind mit Gott verheiratet, aber können nicht einmal jemand anderen heiraten oder Kinder bekommen." (Hört für einen Moment zu sprechen auf.) Es hat etwas Zeit gebraucht, bis ich verstand, was damit gemeint war. Aber ihr Vergleich mit dem asketischen Leben unserer Nonnen schien so passend, dass ich mich bis heute daran erinnern kann.

A: Auch wenn für uns arabische Frauen eure Kommentare über unsere schwarze Verschleierung schwer zu verstehen sind – wir versuchen es, einfach zu halten: Es ist nur eine *Hijab* und es ist immer eine Frage der Entscheidung der jeweiligen Frauen. Einige Frauen in unserem Land sind nicht bedeckt, es ist ihre persönliche Entscheidung. Es ist immer eine persönliche Entscheidung. Die eines jeden Menschen.

J: Du hast recht. Selbst uns Westlern ist es in den VAE gestattet zu tragen, was wir wollen. Ist es eigentlich auch deine persönliche Entscheidung, dass dein Foto in dieser Geschichte nicht gezeigt wird?

A: Ja.

J: Übrigens, warum tragen denn die Männer nicht ihre traditionelle weiße Kleidung, wenn sie in den Westen reisen?

A: Für die Männer hat das nichts mit unserer Religion zu tun. Es hat etwas mit unserer Kultur zu tun. Vielleicht haben sie auch deshalb aufgehört, in der *Kandoora* umherzugehen, da es für zu viel Aufmerksamkeit sorgt.

J: Könnte sein. Diese Kleidung ist für uns nicht üblich, wir sind es nicht gewohnt. Was sind also deine Pläne für die Zukunft, liebe Alyazia? Mehr Filme über eure Geschichte zu produzieren?

A: Das ist ein Anfang. Aber ich bin nicht darauf beschränkt. Ich bin an der Geschichte interessiert, weil es uns alle verbindet. Die Geschichte zeigt, dass wir alle zusammengehören!

⚜ Etwas, das man bedenken sollte:

Alyazia empfindet einen tiefen Respekt vor Sheikha Fatima. Diese faszinierende Frau war die engste Wegbegleiterin von Scheich Zayed bin Sultan Al Nahyan, der in seiner Amtszeit das Staatsoberhaupt von Abu Dhabi, und ab 1971 Präsident der Vereinigten Arabischen Emirate war. Sheikha Fatima machte es möglich, dass Frauen heutzutage in viel größerem Ausmaß die Chance haben, ihr eigenes Leben zu gestalten. Mit ihrer Hilfe konnten viele Frauen ihre Träume verwirklichen. Die Mutter der Nation, ein Titel, der ihr 2005 verliehen wurde, nahm ihre Position sehr ernst. Deshalb wird sie auch von vielen Frauen in den VAE verehrt, Alyazia eingeschlossen.

✦

SHEIKHA ALYAZIA BIN NAHYAN AL NAHYAN

Trying to spread knowledge about the UAE's history was one of the reasons why Sheikha Alyazia established the production company Anasy, the first media company in the UAE that specializes in producing documentary films. I meet Alyazia, the eldest daughter of Sheikh Nahayan bin Mabarak Al-Nahayan, a member of the ruling family of Abu Dhabi and the Federal Minister of Higher Education and Scientific Research, in the living room of her mother's house.

Judith: I am honored that you're taking the time to see me, Alyazia.
Alyazia: Marhaba (English: "Welcome"), Judith! Welcome home!

J: With all these sofas and chairs, it's a very cozy atmosphere here. But is this still the way local women meet in your country, separately from men?
A: Yes, it is, even when international guests come to visit us. This is our culture, our lifestyle and this is how we feel comfortable.

J: As the eldest daughter of Sheikh Nahayan, you show a great sense of responsibility – not only towards your children, your family and your country. You told me your mission is to try bringing the world together. What do you mean by this?
A: I learned from my father to work for, to help, to encourage, but never to judge other people. Everybody should accept everybody else, no matter where they come from.

J: So you're following in your father's footsteps.
A: I am very lucky to learn from him and follow him. Change does not always have to happen on a large scale. You see, any small thing you give to your country is important!

J: Is that one of the reasons why you and your production company, Anasy, which you founded in 2007, created the Anasy Documentary Award together with the TV station Sama Dubai?
A: Right. Impressing people with good documentaries should help, because you get information from numerous people on the same matter – it's like the research of many books, all in one.

J: The Anasy Documentary Award takes place every other year. Around 250 filmmakers from over 40 countries compete in different award categories. The winners get cash prizes but also production support. The largest of the awards is worth around Dirhams 500,000 (approximately 100,000 euros or over 140,000 dollars). That's a nice prize!
A: For us, the important thing is that we try to help the creative people to produce more. It is to raise the standard of the youth, of the young generation. Professionals should be encouraged to raise their standards and their own quality in the documentary industry. That's our goal, and of course we are always open to new people and new ideas!

J: Your company Anasy also produces its own films. In 2010, for example, you released 'History of the Future.'
A: Yes, this film is about the history of the UAE. In 1959, Sheikh Zayed invited archaeologists to come to the sites of the UAE for surveys and archaeological digs. So the film 'History of the Future' proves that the UAE region has a history that goes back 150,000 years. There was trade with Babylon and the Roman Empire. They found coins from the Roman Empire in Sharjah, now one of the seven Emirates. Sheikh Zayed always said: 'A nation without a past will not have a future.' And he is right. For me, history and culture support you in your own life. It's a big boost for you and you will walk confidently, you will exactly know the direction and you won't get lost.

J: Speaking of getting lost – I often ask myself what we in the West want to achieve for our countries, and whether the media we consume on a daily basis supports us in our efforts? Do they actually feel responsible for the future of the countries and do they support our pride, our hopes and our optimism?
A: What religion do you belong to?

J: I am a little bit of a mix. I believe there is a God and I don't know if his name is Allah or Jesus, but I believe there is somebody.
A: So, in our belief this is the same. Islam is a mix of all religions, so you can say, everybody has the same belief.

J: The name of your company, 'Anasy', comes from a verse in the Holy Quran, which means 'my people.' What was your first documentary about?
A: It was about Her Highness Sheikha Fatima bint Mubarak. She is the reason why the women in your book are so successful today. Because Sheikha Fatima gave them the encouragement, the push, the opportunities - she and Sheikh Zayed.

J: But why did she do that?
A: Because it's common sense. Sheikha Fatima said the women are one half of the society and why shouldn't they work and be as active as men? And she gave them all the opportunities.

J: I am really impressed. If you consider the time this took place. Where did this woman get her knowledge and aptitude from? And what is even more important, she had this incredibly foresighted husband by her side who supported her in her undertaking and who was proud of her. A true head of state with a vision, to whom I pay my deepest respect. After all, let's be honest, if he had not supported his wife, she would not have had the chance to realize her plans.
A: There is another interesting topic I am focusing on. It's also about women and in general about the hijab (scarf that covers the head and neck). We want people from outside the UAE to get a better idea how the hijab was a way of dressing for women at the time before Islam. We want to show the meaning of hijab in the different societies.

J: I think that's a great idea, as the Muslim dress which hides people wearing it still scares many people in our society. There questions are usually, 'Why can't Muslims take their hijabs off when they are in our country? Why can't they accept our culture? Do they want to provoke us or do they want to tell us that we have to follow their religion? Or are they forced by the men to wear these robes?' These poor women!

A: I know, but we are not forced, it is our own decision to wear the hijab. To us women it is the dress of the Muslims and you have to understand that we take our religion everywhere, not only to the mosque or at home. It's our way of life.

J: That's a quite a sensitive topic. Even today I still remember a lunch I had in Abu Dhabi with some Arab women. The lunch happened in a very traditional way, we were sitting on the floor and these women said that they did not want to be told what to wear by others. 'It's our religion that we also live and breathe when we're abroad,' they said, 'and your women in black robes are married to God. They are not even allowed to get married to somebody else or to have children.' (Stops talking for a second). It took me some time to understand what they meant. But their comparison to the ascetic life of our nuns seemed so appropriate to me that I still remember it today.

A: Even if it is sometimes hard for us Arab women to understand the comments about our black veiling, we try and keep it simple! This is just a hijab. And it is always a matter of choice for women themselves. Some Muslim women in our country are not covered; it's their personal choice. It's always the personal choice of everybody!

J: You're right. Even we Western people are allowed to wear whatever we want in the UAE. Is it also your personal choice that your portrait is not shown in this story?
A: Yes.

Any small thing you give to your country is important.

J: By the way, why do men not wear their traditional white clothes when they travel to the West?
A: For the men it has nothing to do with our religion, it has to do with our culture. Maybe they stop walking around in kandoora because it attracts too much attention.

J: Could be. This dress is really unusual for us; we are not used to it. So what are your plans for the future, dear Alyazia, producing more films about your history?
A: That's the beginning, but I am not limited to that. I am interested in history because it links everyone. History shows that we are all connected!

Something to consider:

Alyazia has a deep respect for Sheikha Fatima. This fascinating lady was the closest companion of Sheikh Zayed bin Sultan Al Nahyan throughout his period as Ruler of the Emirate of Abu Dhabi and, from 1971, as President of the United Arab Emirates. Sheikha Fatima made it possible that women today have the opportunity to shape their own lives to a much greater extent. With her help, many women have fulfilled their dreams. The "Mother of the Nation," a title that was bestowed upon her in 2005, has taken her role extremely seriously and is thus revered by many women in the UAE, including Alyazia.

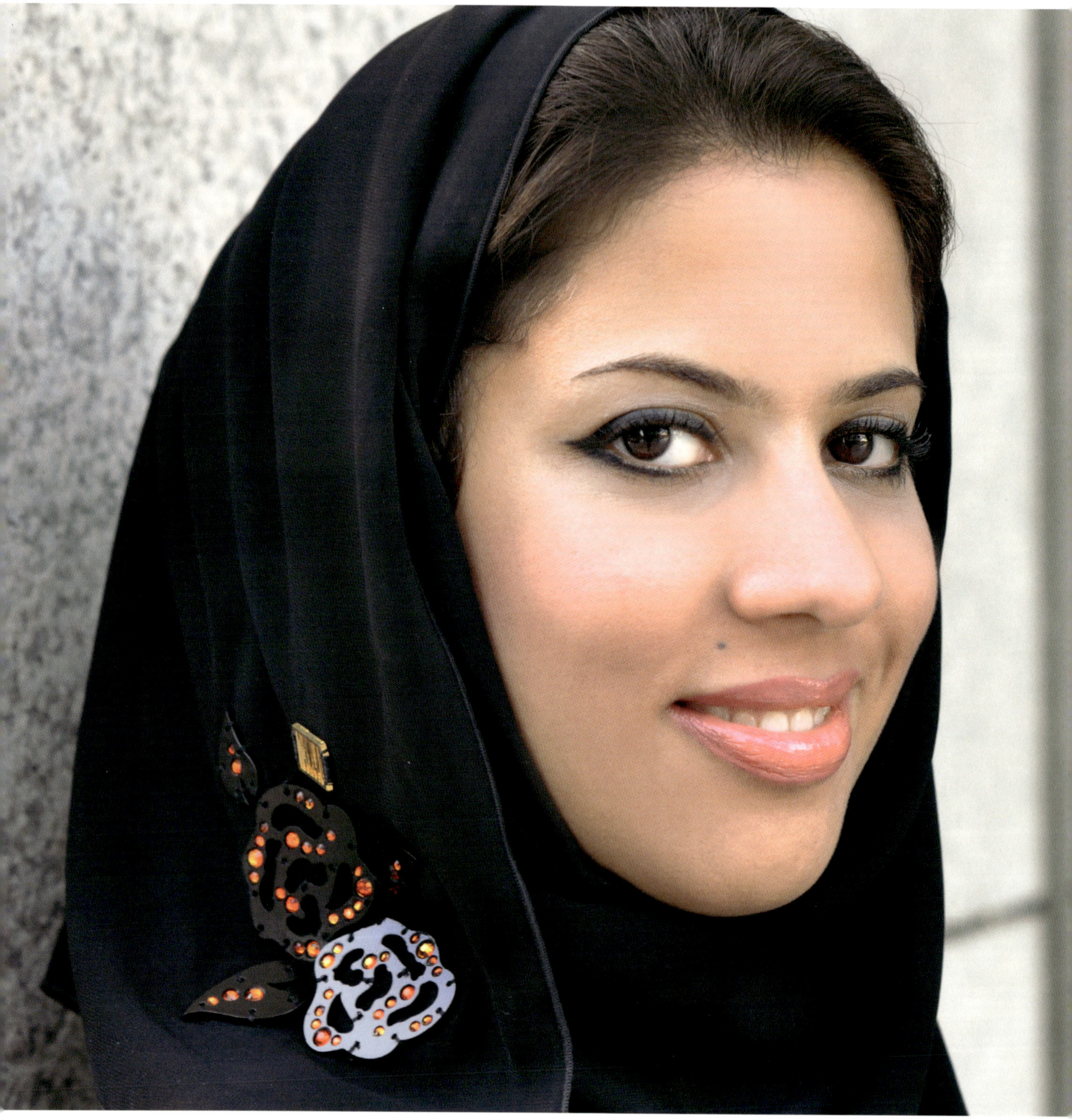

ALYAZIA ALI SALEH AL KUWAITI

Es wird interessant sein zu sehen, welchen Beruf Alyazia Ali Saleh Al Kuwaiti in zehn Jahren ausübt. Wird sie literarische Texte schreiben oder eine wichtige Rolle in der Regierung der Vereinigten Arabischen Emirate spielen, im Zusammenhang mit der Öl- und Gasindustrie? Zweifelsohne wird es eine Position sein, in der sie ihrem Instinkt folgt – so wie es schon vor langer Zeit ihre Vorfahren, die Beduinen, getan haben. Eine Position, in der Alyazia ihre Gedanken und Vorstellungen dafür verwendet, den VAE zu dienen.

ALYAZIA ALI SALEH AL KUWAITI

Judith: Vielen Dank für deine Zeit! Was du schon alles in so kurzer Zeit erreicht hast – deinen Lebenslauf zu lesen ist wirklich beeindruckend! 2003 warst du für GASCO, Abu Dhabi Gas Industries tätig – als Senior Accounting Manager für die Shareholder und ADNOC-Tochtergesellschaften. Und 2007 war dein Anfang bei IPIC (International Petroleum Investment Company). Das alles lässt nur wenig Zeit für Privatleben, oder?
Alyazia: Ja, wie wahr. Aber ich habe immer versucht, die Balance zwischen beidem zu halten. Von Anfang an hatte ich ein „großes Bild" im Kopf: Denn ich wurde im „Goldenen Zeitalter" der Emirate geboren, in den frühen Siebzigerjahren, kurz nach der Gründung der VAE. Dieser Patriotismus ist in mir gewachsen, seit meiner Kindheit. Es gab mir auch immer das Gefühl, mit diesem Land verbunden und dafür verantwortlich zu sein. Ich bin sehr dankbar, auf welche Ressourcen wir, die Einheimischen der VAE, zugreifen können. So etwas bietet keine andere Regierung der Welt ihren Bürgern. Und deshalb bin ich auch glücklich, den VAE dienen zu können. In jeder Weise, die mir nur möglich ist.

J: Das Öl- und Gasgeschäft steckt dir im Blut und hat schon immer dein Leben bestimmt. Du bist also eine richtige Emirati der neuen Generation! (lacht) Aber dein Beruf ist durchaus nicht ein typischer Job für Frauen. Woher kommt denn das Interesse für diesen Bereich?
A: In einem Öl produzierenden Land geboren zu sein hat mir nicht viel Wahl gelassen, über andere bedeutende Geschäftsbereiche, die mich interessieren, nachzudenken. Energie war und bleibt der Fokus der Welt. Und Abu Dhabi ist dank der Öl-Einnahmen aus all den vorhergehenden Jahren eine reiche Stadt. Gerade durch meine Qualifikationen und Erfahrungen im Bereich Finanz und Rechnungswesen, mit der Perspektive im internationalen Business tätig zu sein – gerade das kann mich in den bedeutenden Bereichen eines jeden Unternehmens positionieren.

J: Aber wenn du dich selbst für einen Job engagieren würdest, welche Art von Beruf wäre das? Ich meine, wo liegen deiner Ansicht nach deine größten Talente?
A: Ich kann gut mit Menschen umgehen und habe auch einen künstlerischen Geist. Das hat mir geholfen, einzigartige Beziehungen zu Menschen aufzubauen. Und wenn es um meinen Traumjob geht, würde ich eines Tages gerne eine maßgebende Rolle in der Regierung Abu Dhabis spielen.

J: Insha'Allah (Wenn Gott will). Nun bist du ein „Teamplayer", das konnte ich schon an der Art beobachten, wie du mit deinem Team sprichst. Aber inwieweit ist es notwendig, Abstand zu seinem eigenen Team zu halten, speziell als Frau in einer führenden Position – auch um Respekt zu wahren? Gibt es da ein paar grundlegende Regeln, die du für wichtig erachtest?
A: Es ist wichtig, dass man als weiblicher Teamplayer einen gewissen Respektabstand zu seinen männlichen Kollegen wahrt, vor allem in der arabischen und islamischen Kultur. Andere grundlegende Regeln sollten absolute Professionalität, Verantwortung, Ehrlichkeit und Kreativität sein. Anfangs waren meine männlichen Kollegen freundlich und entspannt, aber da ich mich viel schneller als die anderen weiterentwickelte, habe ich meinem Team eine Menge „Konkurrenzdruck" auferlegt. Ich denke, das ist in einem Arbeitsumfeld großer Unternehmen, die eine Menge an verheißungsvollem Wachstum für junge Bürger der VAE bieten, üblich. (lächelt) Ich selbst halte mich für keine Spielverderberin. Und ich genieße den fairen Wettbewerb, der ein Umfeld des kontinuierlichen Lernens schafft.

J: Wenn man dir gegenübersitzt, machst du einen sehr strukturierten und organisierten Eindruck. Woher kommt das, was denkst du?
A: Die „alten Generationen" beeinflussen uns immer noch. Und ich spüre immerzu, dass wir „Kinder der Wüste" sind. Wir bleiben einfache und effektive Menschen. Weißt du, es ist gar nicht so lange her, als unsere Vorfahren, die Beduinen, wussten, wie man in der Wüste überlebt – sie waren schon immer klug und folgten ihren Instinkten. Damals wurden Vereinbarungen zwischen Unternehmen mit einem einfachen Händedruck abgeschlossen, was den Respekt, das Vertrauen und auch die Integrität der Beduinen widerspiegelte.

J: Ja, die Araber spüren Dinge, das habe ich schon in meinen Business-Meetings festgestellt.
A: Ich stimme dir völlig zu. Speziell Frauen haben dieses gewisse Gespür, ich nenne es den „inneren Radar". Manchmal lässt es auch etwas Zusätzliches erkennen, etwas, das nicht so sichtbar wie Zahlen und Fakten ist.

J: Also, abseits der Zahlen und Fakten, wie siehst du das persönlich? Wie wichtig ist für dich der Eindruck, den dein Gegenüber auf dich macht? Ich meine, inwieweit vertraust du persönlich deinen eigenen Instinkten?
A: Ich vertraue meinen Gefühlen vollkommen, das hat mir im Leben schon sehr geholfen. Persönlich denke ich, was auch immer du im ersten Moment spürst, ist richtig. Wenn ich in ein Meeting gehe, weiß ich sofort, in

Ich genieße den fairen Wettbewerb, der ein Umfeld des kontinuierlichen Lernens schafft.

welche Richtung der Deal gehen wird. Trotzdem habe ich vor, bei meinen geschäftlichen Entscheidungen, einem rationaleren und wissenschaftlicheren Ansatz zu folgen und finanzielle und rechtliche Ergebnisse zu verwenden, um alle Bedenken auszuschalten. Der „Radar" ist für mich in solchen Situationen meine letzte Karte, um Verwirrungen zu vermeiden – etwas, das wir uns in dieser Art von Business nicht leisten können.

J: Also verlässt du dich vor allem auf Fakten, wenn es um das Geschäft geht.
A: Nun, wenn es um Menschen geht, ist der erste Eindruck wichtig. Aber dieser kann manchmal auch irreführend sein. Einmal habe ich zum Beispiel ein Buch auf einem Second-Hand-Markt gekauft, das einen sehr unattraktiven, langweiligen Umschlag hatte. Aber als ich das Buch gelesen habe, war es wunderbar! Das stimmt mit dem Sprichwort überein: „Beurteile das Buch nicht nach seinem Einband." Ich versuche, so fair wie nur möglich zu sein.

J: Da bin ich mir sicher. Aber wie ist das im heutigen Geschäftsleben? Deine Väter und Großväter waren es ja gewohnt, stundenlang mit ihrem Gegenüber zu essen und Kaffee zu trinken, solange, bis sie diese gut genug kannten. Erst dann haben sie das Geschäft abgeschlossen. Wie ist das heute?
A: Wiederum möchte ich „zwischenmenschliche Fähigkeiten" hervorheben und wie wichtig es ist, Beziehungen zwischen zwei Unternehmen aufzubauen, bevor man ein Geschäft abschließt. Wenn du ein Haus kaufst, musst du deine Nachbarn kennen und wissen, ob du mit ihnen auskommen kannst oder nicht. Ansonsten solltest du vielleicht über eine andere Gegend nachdenken. Das gleiche gilt, wenn man sich in ein neues Unternehmen einkauft. Du musst die Chemie mit dem Management austesten und entscheiden, ob die Beziehung auf längere Sicht wachsen kann.

J: Wirklich interessant. Aber wie sind denn die Reaktionen der Geschäftsmänner aus dem Westen, wenn sie dir das erste Mal gegenübersitzen? Kommt es da manchmal zu Cross-Culture-Missverständnissen? *(lächelt)*

A: Es kommt wirklich darauf an. Nicht alle sind gleich. Aber grundsätzlich reagieren sie professionell. Ich finde die Geschichte des Händeschüttelns lustig: Westler scheinen etwas verwirrt zu sein, wenn sie eine arabische Geschäftsfrau treffen und nicht wissen, ob es richtig ist, ihre Hand zu schütteln oder nicht. Wenn ich sie treffe, versuche ich, meine Hände gekreuzt zu halten, um zu zeigen, dass ich keine Hände schütteln möchte. Aber manchmal verstehen sie es nicht und so muss ich ihre Hand doch schütteln.

J: *(lacht) Das sind wir, das ist die westliche Kultur! Für uns hat ein starker Händedruck eine wichtige Bedeutung. Es zeigt, dass der Mensch zu dem, was er sagt, steht. Ein sanfter Händedruck im Gegensatz dazu ist ein Zeichen von Unsicherheit und Schwäche. Also liebe Alyazia, wenn du Hände schüttelst, bitte ordentlich zudrücken. Aber brich dir dabei nicht deine Knochen! (lacht nochmals)*

⚜ Etwas, das man bedenken sollte:

Auch im Westen ist es gar nicht so lange her, dass ein Mann und eine Frau ein ziemlich konservatives Verhalten an den Tag legten. Sie trafen sich nur in Gruppen oder mit anderen Familienmitgliedern. In der High Society nannte man das „den Salon". Dort saßen sie plaudernd und hielten einen entsprechenden Abstand zueinander. Das alles hatte mit Respekt und gutem Benehmen zu tun. Hände zu berühren war verpönt. Heutzutage, wo die VAE sich bereits an die „westliche Art der Begrüßung" angepasst haben, praktizieren viele bereits einen kräftigen Händedruck. Allerdings ist das bei einigen Frauen noch immer nicht der Fall, wie auch das Beispiel Alyazia zeigt. Bei ihr kann man sehr klar erkennen, dass selbst moderne Businessfrauen, die mit westlichen Firmen Geschäftsabschlüsse tätigen, großen Wert auf ihre Kultur legen.

ALYAZIA ALI SALEH AL KUWAITI

It will be interesting to see where Alyazia Ali Saleh Al Kuwaiti will stand professionally in 10 years time. Writing poetry or playing an influential role in the UAE government, connected to the oil and gas industry? No doubt, it will be a position in which she follows her instincts, like her ancestors, the Bedouins, a long time ago. Somewhere, where she can use her thoughts and imagination to serve the United Arab Emirates.

Judith: Thank you very much for your time! Reading your CV, I'm impressed by your professional achievements in such a short time. You were already working for GASCO, Abu Dhabi Gas Industries, in 2003 - as a senior accountant taking care of all shareholders and ADNOC affiliates. And in 2007, you started at IPIC. That leaves only very little time for your private life, doesn't it?
Alyazia: Yes indeed, but I have always tried to keep the balance between the two. Right from the beginning, I thought of the bigger picture, that I was born in the golden age of the history of the Emirates, just after the UAE were formed in the early 1970s. This patriotism has grown with me from childhood and made me always feel that I am attached and responsible towards my country. I am very appreciative of the resources available to all UAE nationals, which no other government in the world provides to its citizens. Therefore, I am happy to serve the UAE in any way that I can.

J: The oil and gas industry is in your blood and has always determined your life. So you're a real Emirati from the new generation (laughs)! But your profession is definitely not a typical lady's job. Where does the interest for that field come from?
A: Being born in an oil producing country didn't leave me much of a choice to think of other major interests in terms of business. Energy has been and remains the focus of the globe, and Abu Dhabi is a rich city, thanks to the oil revenues of all the preceding years. My qualifications and experience are in the area of finance and accounting with the dimension of international business, and that can place me right in the center of any business.

J: But if you were to hire yourself for a job, what type of job would that be? I mean, where, in your opinion, lies your greatest talent?
A: I am good with people and have an artist's spirit, which has helped me build exceptional relationships with people. And when it comes to my dream job, one day I would like to play an influential role in the UAE government.

J: Insha'Allah. Now, you're a team player, I've noticed that from the way you communicate with your staff. But to what extent is it necessary to keep a distance from one's team – particularly being a woman in a leading position – in order to maintain respect? Are there a few basic rules that you consider important?
A: It's important that a female team player should maintain certain respected barriers with her male colleagues, especially in an Arabic and Islamic culture. Other basic rules should be being absolutely professional, responsible, honest and creative. Initially, my male colleagues were friendly and relaxed, but as I developed much faster than the others, I imposed a lot of competitive pressure on the team. I guess this is normal in a working environment of big companies that have a lot of growth and promise for young UAE nationals (smiles). And I consider myself a good sport and enjoy decent competition which creates an environment of continuous learning.

J: Sitting opposite you, you give a very structured and organized impression. Where does this come from, do you think?
A: Our old generations still affect us. And I always feel that we are 'Children of the desert.' We remain simple and effective people. You know, it's not that long ago that our ancestors, who were Bedouins, knew how to survive in the desert - they have always been smart and followed their instincts. In those days, business agreements were concluded only by a handshake, which reflected the respect, trust and integrity of the Bedouins.

J: Yes, the Arabs can sense things. I noticed that in my business meetings.
A: I totally agree, and women in particular have that certain sense which I call the inner radar and sometimes it can indicate something extra, something that is not as visible as numbers and facts!

J: So apart from the facts and figures – what about you, personally? How important is the impression that your counterpart makes on you? I mean, to what extent do you personally trust your instincts?
A: I totally trust my senses, which has helped me a lot in life. Personally, I think whatever you feel in the first moment is right. When I walk into a meeting, I immediately know which direction the deal will take. However, I intend to follow a more rational and scientific approach in my business decisions and to use financial and legal results to tackle any concerns. I keep the radar as my last card in such situations to avoid confusion which we can't afford in this type of business.

J: So you depend on facts and more facts when it comes to business matters.
A: However, when it comes to people, the first impression is important but it could be misleading sometimes. For example, once I bought a book from a second-hand market which had an unattractive dull cover, but when I read the book, it was marvelous! And

this agrees with the saying 'don't judge the book by its cover.' I try as much as I can to be fair.

J: I'm sure. But how is it in today's business life? Your fathers and grandfathers used to sit for hours, eating and drinking coffee until they knew their counterparts quite well. Only then did they close the deal. How is it today?
A: Again, I would like to emphasize the soft skills and the importance of building business relationships between two companies prior to concluding a deal. If you are buying a house, you need to know your neighbors and whether you can get along with them or not. Otherwise you might consider a different neighborhood. Similar is the concept of buying into a new company, you need to test the chemistry with its management and decide if you can grow the relationship in the longer run.

J: Very interesting, but what is the reaction of businessmen from the West when they sit facing you for the first time? Does it sometimes come to 'cross-cultural' misunderstandings (smiles)?

I enjoy decent competition which creates an environment of continuous learning.

A: It depends, really, not all of them are the same, but in general they react professionally. I find the handshake story funny. Westerners seem to be confused when they meet an Arab businesswoman, whether it is all right to shake her hand or not. I try to keep my hands crossed when I meet them to indicate that I don't intend to shake hands, but sometimes they don't get it and I have to shake hands back!

J (laughs): That's us, our Western culture! A strong handshake has an important meaning to us. It shows that the person is clear in what he says. A soft handshake is, in contrast, a sign of insecurity and weakness. So when you shake hands, dear Alyazia, use a strong grip, but don't break bones! (Laughs again).

⚜ Something to consider:

Even in the West, it wasn't so long ago that a man and a woman showed much more conservative behavior. They only met with groups and other members of the family, in high society, in the so-called "salon." We sat talking, keeping the appropriate distance from each other. All this had to do with respect and with good behavior. And the touching of hands was frowned upon. Today, the UAE has already adapted itself to the Western ways of greeting and many have practiced a vigorous handshake. But amongst many women this is still not always the case. And just as in the case of Alyazia, you can see quite clearly that even modern businesswomen, who have close business contacts with Western firms, place great importance on their culture.

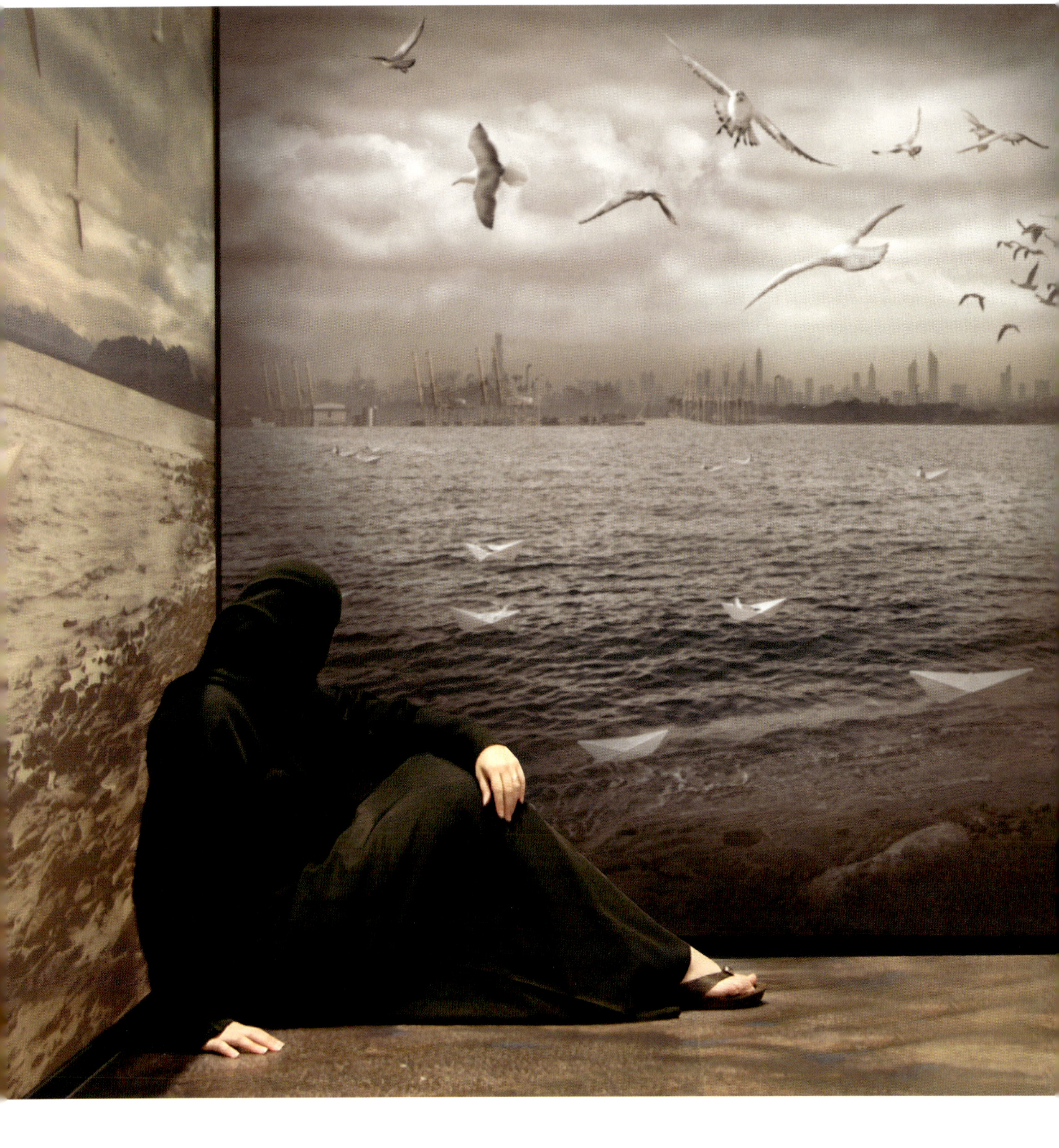

LATEEFA BINT MAKTOUM

In Nad Al Sheba errichtete Lateefa Bint Maktoum einen Platz, wo Künstler und Designer mit ganz unterschiedlichem kulturellen Hintergrund die Möglichkeit haben, aufeinander einzuwirken – und mit ihren Gedanken vereint zu sein. Lateefa nannte den Ort *Tashkeel*. Durch das Etablieren von Programmen, in denen professionelle, erfahrene Künstler aus dem Ausland die einheimische Kultur erkunden – und darauf mit ihrer eigenen Arbeit reagieren – inspiriert Lateefa nicht nur Künstler vor Ort. Sie bringt auch neuen Schwung und Energie in das gesamte Land.

LATEEFA BINT MAKTOUM

Judith: Dich hier in Tashkeel zu treffen, ist wirklich inspirierend. Man hat das Gefühl, in der Wüste zu sein, aber gleichzeitig auch im Herzen Dubais. Warum hast du mit Tashkeel angefangen, was war der Grund?
Lateefa: Die Idee von Tashkeel wurde im letzten Jahr meines Studiums geboren, als ich darüber nachdachte, was ich nach meinem Abschluss machen könnte. Ich brainstormte mit Jill Hoyle, meiner damaligen Beraterin, die heute die Managerin von Tashkeel ist. Wir haben darüber nachgedacht, wie wir eine Gemeinschaft von Künstlern und Designern schaffen können, die Seite an Seite miteinander arbeiten – an einem Ort, wo sie ihre Ideen teilen und sich gegenseitig in ihrem Schaffen beflügeln. Ein Ort, wo sie von professionellen Einrichtungen umgeben sind und auf diese auch Zugriff haben.

J: Aber wie hast du denn angefangen?
L: Das Gebäude gehört der Regierung. Als das Kunst-College geschlossen wurde und das Gebäude leer stand, fragte ich meinen Onkel, Scheich Mohammed *(bin Rashid Al Maktoum)* um eine Genehmigung.

J: Du hast den Herrscher von Dubai gefragt? Wie hat er reagiert?
L: Ich habe ihn angerufen und ihm die ganze Idee von Tashkeel erklärt. Das erste, was er sagte, war: „Mach weiter! Mach es!"

J: (Lächelt) Ich bin sicher, danach konntest du einmal tief durchatmen. Aber wie war die Situation ganz am Anfang? Wie hat denn die Gesellschaft um dich herum darauf reagiert? Da du ein Mitglied der regierenden Familie bist, ist die Situation ja ein wenig anders, etwas sensibler.
L: Alle haben meine Idee unterstützt, denn die Menschen um mich herum kennen mich. Sie wissen, wenn ich ein Projekt mache, ist mir das ernst. Und ich arbeite hart daran, meine Ziele zu erreichen. Vielleicht war auch nur ich nervös, denn ich bin eine Perfektionistin. Und ich lege auf alle Details Wert. Aber weißt du, die Idee der Schaffung von Tashkeel war ein logischer nächster Schritt, denn wir haben viele Künstler und Designer mit Universitätsabschluss, aber viele von ihnen können sich spezielle Einrichtungen nicht leisten. Oder sie haben nach ihrem Abschluss auch nicht den Zugriff darauf. (lächelt stolz) Heute ist dieser Platz für Künstler und Designer wirklich etwas, das sie sich erträumt haben. Und ich freue mich sagen zu können, dass wir zwei Jahre nach der Eröffnung sehen konnten, wie gut sich die Gemeinschaft weiterentwickelt hat. Ich bin mit dem, was wir in der Zwischenzeit geschaffen haben, sehr zufrieden.

J: Durch Tashkeel verhandelst du auch mit Künstlern und Ausstellern. Kunst ist ja ein Weg, sich selbst auszudrücken und seine Ansichten anderen zu vermitteln. Denkst du, dass Künstler manchmal, aufgrund kultureller Gegebenheiten, mit ihrer Arbeit an Grenzen stoßen, die sie nicht überschreiten dürfen? Wie schaffst du es, zeitgenössische Arbeit zu zeigen, die nicht gewisse Grenzen überschreitet oder die lokale Kultur beleidigt? Das ist ein ziemlicher Balanceakt, oder?
L: Es kommt immer darauf an, welches Verständnis die Künstler für die Kultur um sich herum haben. Und wie sie es schaffen, durch ihre Kunst das auszudrücken, was sie sagen wollen, ohne dabei Ärgernisse hervorzurufen. Mir ist aufgefallen, dass Künstler, die in den VAE leben und arbeiten, ein Feingefühl dafür haben, worauf es in der Kultur ankommt. Deshalb finden sie auch einen anderen, intelligenten Weg, um durch ihre Arbeit etwas

auszusprechen, was ihnen ein Anliegen ist – ohne bei ihrer künstlerischen Vision Kompromisse einzugehen.

J: Wie ist denn die Zusammenarbeit mit internationalen Künstlern, mit Menschen, aus der ganzen Welt? Kann es da schon einmal vorkommen, dass sie diese Grenzen nicht kennen, eure Kultur nicht verstehen?

L: Wenn Künstler noch nicht mit der Kultur vertraut sind, erklären wir ihnen, welche Themenbereiche sie in ihrer Arbeit nicht zeigen können. Zum Beispiel zeigen wir in diesem Ausstellungsraum keine Nackten, da wir in einer moslemischen Kultur leben. Wir möchten einfach kein Ärgernis hervorrufen. Im Gegenteil, wir möchten, dass sich die Gemeinschaft für Kunst interessiert und diese hinterfragt. Auch um herauszufinden, warum Künstler tun, was sie tun. In gewisser Weise ist das für Künstler, die aus anderen Ländern zu uns kommen, auch gut, denn sie sehen die Kultur, so wie sie ist. Und sie müssen ihre Kunst in einer neuen Weise überdenken. Denn das Publikum, dem sie ihre Arbeit zeigen, betrachtet diese von einer ganz anderen Perspektive.

J: Inspirierst du sie dazu, eine „künstlerische Brücke zwischen den Kulturen des Ostens und des Westens" zu errichten? Das ist ein weiterer interessanter Gesichtspunkt

> *Ich liebe den Prozess. Und ich bin an der Idee hinter der Arbeit interessiert und daran, warum ein Künstler diese Art von Werk kreiert.*

– „die Gedanken des Künstlers" zu trainieren, das kenne ich von mir selbst, vom Schreiben meiner Geschichten. Denn ich kann nicht alles schreiben, was mir meine Gesprächspartner sagen. Dennoch sollte es eine aufregende Geschichte werden – ohne dabei Ethik und Werte der Menschen, die man interviewt, zu verletzen. Das ist für unsere Kreativität wirklich eine große Herausforderung.

L: In Tashkeel werden Künstler in den Studios von verschiedensten Kulturen beeinflusst und das bewirkt eine Veränderung in der Art ihres Denkens. Ich erinnere mich an die Begegnung mit einem Künstler, der damals neu im Land war. Er hatte über viele Jahre hinweg zurückgezogen in seinem Studio gearbeitet. Ich sah mir seine Künstlermappe an und er hatte eine Menge Werke, die sich wiederholten. Er sagte durch seine Arbeit nichts Neues aus, er lebte in seiner eigenen Luftblase, so wie es viele Künstler tun. Was interessant daran war: Als er Mitglied von Tashkeel wurde, begann er mit einer Menge Künstler, denen er begegnete, einen Dialog zu führen. Und das half ihm auch dabei, seine Arbeiten zu analysieren. Dadurch fing er an, neue Ideen zu entwickeln und diese in seiner Arbeit zu verwirklichen. Davon profitierte er sehr. Was in dieser Situation passierte, ist genau das, was wir uns erhofft hatten, als wir die Studios in Tashkeel eröffneten.

J: Du arbeitest als Direktorin von Tashkeel, aber du bist auch selbst Künstlerin. Eines deiner Bilder ist dieser Geschichte beigelegt. In diesem Bild sehen wir dich, sitzend und komplett verschleiert – wir haben es als dein Porträt verwendet. Was erzählt uns dieses Bild von dir, etwas Persönliches?

L: Meine Arbeiten zeigen wirklich, was ich denke, wenn ich ein Werk schaffe. Mein Hintergrund ist ja vorwiegend die bildende Kunst, aber ich habe mich auch in Richtung Fotografie weiterentwickelt, vor allem hin zu Fotomontagen und digitaler Bildbearbeitung. Meine Arbeiten scheinen zwar aus dem Reich meiner Fantasien zu stammen, aber sie sind in meiner Realität verwurzelt. Ein Beispiel dafür ist mein Bild, das der Geschichte beigelegt ist und den Titel *Interdimensionaler Traum* trägt. Ich schuf dieses Werk, nachdem ich einen von mir sehr geschätzten Freund, der seit meinem zweiten Lebensjahr mein Französischlehrer ist, interviewte. Bei dieser Arbeit ließ ich visuelle Elemente von Geschichten einfließen, die wir miteinander erlebt hatten. Und ich baute Bilder von beiden Ländern ein, von Frankreich und Dubai, Bilder die ich selbst gemacht und digital bearbeitet hatte. Mit diesen Teilen schuf ich eine neue Landschaft.

J: Zeigt das ein bisschen deine Lebensphilosophie „Worum es im Leben geht, ist die Reise, der Weg"?
L: Ich liebe den Prozess. Und ich bin an der Idee hinter der Arbeit interessiert und daran, warum ein Künstler diese Art von Werk kreiert. Es geht immer um das Konzept und darum, wie gut ein Künstler es visuell artikulieren kann – und warum er die Arbeit macht.

J: Also was ist deine große „Mission"? Oder lässt du einfach alles auf dich zukommen und schaust, was kommt?
L: Ich richte meinen Blick auf das, was im Land passiert. Und mit Tashkeel reagiere ich dann darauf – mit Projekten, die andere Projekte im Land ergänzen. Auf diese Weise tritt man nicht in Konkurrenz, sondern erweitert etwas, das bereits stattfindet und wovon jeder profitiert. Was ich gerne in Zukunft machen möchte, ist Programme zu schaffen wo Künstler aus dem Ausland zu uns, zu Tashkeel, kommen und hier wohnen. Sie würden für einige Monate in Dubai leben und arbeiten, die Kultur erkunden – auch um zu verstehen, was im Land passiert, und um darauf mit ihrer eigenen Arbeit zu reagieren. Und indem professionelle, erfahrene Künstler in den Studios arbeiten, würden wir den Studios neue Dynamik, neue Energie und Erfahrungen bringen. Das würde auch, so glaube ich, für eine frische Brise bei den Künstlern, die dort tagtäglich arbeiten, sorgen.

⚜ Etwas, das man bedenken sollte:

Traditionsgemäß sind Fotos von Menschen, ob es nun Männer oder Frauen sind, in den VAE unüblich. Dennoch, langsam verändern sich die Dinge in unserer modernen Zeit der Technologie und man sieht Fotos von Regierungsoberhäuptern und Scheichs. Dass Frauen sich heutzutage fotografieren lassen ist üblicher geworden, gilt aber immer noch nicht als Norm. Lateefa, die ein Teil einer sehr prominenten Familie ist, hat sich entschieden, ihr Foto nicht zu zeigen. Es ist ihre Art, die Traditionen ihres Heimatlandes aufrecht zu erhalten.

✦

LATEEFA BINT MAKTOUM

In Nad Al Sheba, Lateefa Bint Maktoum has founded a place where artists and designers from different cultural backgrounds have the opportunity to interact and to be with their thoughts. Lateefa named the location „Tashkeel." By creating programs in which professional, experienced artists come from abroad, exploring the local culture and reacting to this through their own work, she is not only refreshing the artists who are already there. She is bringing new momentum and energy to the whole country.

Judith: Meeting you here at Tashkeel is really inspiring. You feel that you are in the desert, but at the same time in the heart of Dubai. Why did you start Tashkeel, what was the reason?
Lateefa: The idea of Tashkeel was born when I was a final-year student at university and was thinking about what to do after graduation. I was brainstorming with Jill Hoyle, who was my adviser at the time and who is now the manager of Tashkeel. We were thinking about how we could create a community of artists and designers who could work alongside one another in a place where they could share ideas and inspire each other to produce. A place where they are surrounded by professional facilities they can access.

J: But how did you start?
L: The building is government-owned. So when the art college was closing down and the building was to be left empty, I asked permission from my uncle, Sheikh Mohammed (bin Rashid Al Maktoum).

J: So you asked the Ruler of Dubai, right? How did he react?
L: I called him and explained the whole idea of Tashkeel. The first thing he said was, 'Go for it! Do it!'

J (smiles): I'm sure that after that, you took a deep breath. But how was the situation at the very beginning? How did the society, the people around you react? As you are a member of the Royal Family the situation is quite different, quite sensitive.
L: Everyone was supportive of the idea, because the people around me know that when I do a project I am serious about it, and work hard to achieve my goals. Maybe it was only me who was nervous, because I am a perfectionist and take a look at all the details. But you see, the idea of creating Tashkeel was a logical step forward, as we have many artists and designers who have graduated from university but many of them cannot afford, or get access to, special facilities after they graduate (smiles proudly). So today it's really an artist's and designer's dream space and I am happy to say that two years after opening, we have seen the community flourish. I am pleased with our achievements so far.

J: Through Tashkeel you deal with artists and exhibitions. Art is a way of self-expression and the sharing of one's views. Do you think artists sometimes reach boundaries that they cannot cross through their work because of the culture? How do you manage to show contemporary work that does not cross the line and does not offend the local culture? It is quite a balancing act, isn't it?

L: It's all about how much the artists understand the culture around them and how they still manage to say what they want to say through art without causing offence. What I have found is that artists who live and work in the UAE understand the subject matter that is culturally sensitive, so they find a different, intelligent route to say what they want to say through their work in a manner that is acceptable but without compromising their artistic vision.

J: But how is it to work with international artists, people from all over the world? Does it sometimes happen that they don't know the line, don't understand your culture?
L: If an artist is new to the culture, we explain what subject matter they cannot show in their work. For example, we do not show nudes in this gallery space, as we live in a Muslim culture. We do not wish to cause any offence. On the contrary, we want the community to show an interest in art and to ask questions in order to try and understand why the artists do what they do. In a way, this is good for artists who are coming in from other countries; they see the culture as it is and they have to think about their work in a new way because the audience to whom they show their work is viewing it from a totally different perspective.

J: So you inspire them to build art bridges between the cultures of the East and the West? To train the artists' thinking, that is another interesting aspect. I know that from when I write stories myself; I cannot write everything my conversation partners tell me. Nevertheless, it should become an exciting story without hurting the ethics and values of the people interviewed. This is a real challenge to our own creativity.
L: In Tashkeel the artists are effecting changes in the way they think by being surrounded by different cultures in the studios. I remember encountering an artist who was new to the country at the time. He had been working for years, secluded in his studio. I had a look at his portfolio and he had a lot of work that repeated itself and was not saying anything new through his work. He lived in his own bubble, like a lot of artists do. What was interesting is that when he became a member at Tashkeel he encountered many artists with whom he started a dialogue, and that helped him analyze his work. Through this, he started to develop new ideas to implement in his work, which benefited him greatly. What took place in this situation is what we hoped for when we started with the studios in Tashkeel.

J: You work as the director of Tashkeel, but you are also an artist. One of your paintings is attached to this story. In this picture you're also seen – sitting totally veiled. We used it as your portrait for this talk. What does this picture tell us, something personal on your part?
L: My artwork truly reflects my mindset at the time that I create my artwork. My background is primarily fine arts but I have moved towards photography, mainly photomontage and the digital manipulation of images. Whilst my artwork seems to be in the realm of fantasy, it is rooted in my reality. For example, the picture attached to this story is entitled 'Interdimensional dream.' I created this artwork after interviewing a near and dear friend who has been my French teacher since I was two years old. So in this piece I placed visual

elements from stories we shared into the work. And I included images of both countries, France and Dubai, which I took myself, and digitally montaged them in the piece to create a new landscape.

J: Is this a little bit like your philosophy in life – it's all about the journey?
L: I love the process. I am interested in the thinking behind the work and why an artist creates a certain artwork. It is all about the concept and how well an artist articulates it visually and why they produce the work that they do.

J: So what is the big mission for you? Or do you let it go and look what's coming up?
L: I like to keep my eye on what is happening in the country and react through Tashkeel with a project that is complementary to other projects that are occurring. In this way, rather than compete, we complement what is already happening and, in this way, everyone benefits. What I want to do in the future is to create programs in which artists come in from abroad for a residency at Tashkeel. They would live and work in Dubai for a few months, exploring the culture and what is happening in the country and react to this through their own work. By having professional, experienced artists working in the studios, we would bring in a new dynamic, a new energy and experience to the studios, which I believe will be refreshing to the artists who are already working there on a daily basis.

I love the process. I am interested in the thinking behind the work and why an artist creates a certain artwork.

Something to consider:

Traditionally, photographs of people, whether they are men or women, are uncommon in the UAE. However, in the modern day of technology, things have changed slightly and you will see photographs of rulers and sheikhs. Women being photographed is much more common now, but should not to be taken for granted. Lateefa, being part of a very prominent family, chooses not to show her photograph. It is her way of preserving the traditions of her country.

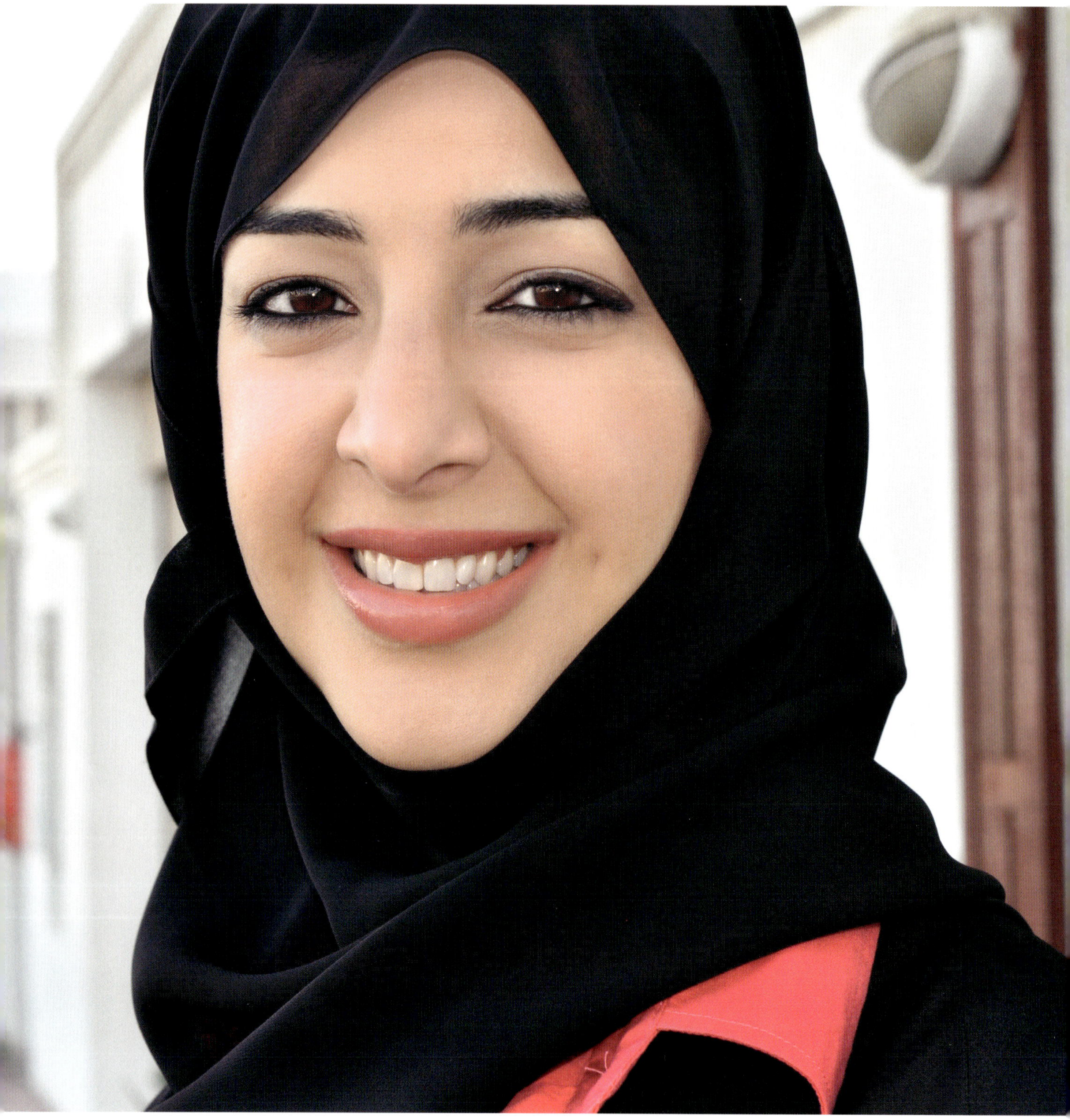

REEM AL HASHIMY

2008 wurde diese charismatische Frau zur Staatsministerin *(Minister of State)* ernannt. Damals war Reem Al Hashimy die jüngste Ministerin der Regierung der Vereinigten Arabischen Emirate. Seither besteht ihre Aufgabe darin, die politischen und wirtschaftlichen Beziehungen zwischen den VAE und der Welt zu festigen. Und es ist ihre Bescheidenheit, ihr Glaube an Prinzipien, die ein Gespräch mit ihr unvergesslich machen.

REEM AL HASHIMY

Judith: Danke für deine Zeit, Reem! Wenn ich die Zeitungen der VAE lese, hat es den Anschein, als wärst du ständig auf Reisen.
Reem: Schön dich zu sehen, Judith! Ja, es ist eine Menge zu tun, aber es ist auch sehr spannend.

J: Lass mich einmal damit beginnen, deine geschäftliche Karriere zusammenzufassen: Nachdem du deinen Master an der Harvard University gemacht hast, hast du im Büro der Geschäftsführung Seiner Hoheit Scheich Mohammed bin Rashid Al Maktoum, dem Vizepräsidenten der VAE, Premierminister, Verteidigungsminister und Staatsoberhaupt Dubais, gearbeitet. Dort warst du in viele wirtschaftliche und soziale Programme Dubais eingebunden. Später wurdest du Handelsattachée und dann Gesandte an der Botschaft der VAE in Washington D.C. Zu dieser Zeit warst du gerade erst einmal dreißig Jahre alt und die jüngste Ministerin, die es im Land je gegeben hat. Wie viel Druck lastet da eigentlich auf den Schultern einer jungen Frau, wenn sie in einer solchen Position steckt? Hattest du Angst, Fehler zu machen?
R: Fehler zu machen gehört zum „Mensch sein" dazu. Entscheidend dabei ist, bescheiden zu sein, Fehler zu erkennen und darauf zu achten, dass man daraus lernt. Du musst dir selbst sagen: „Ich hätte es besser machen können!" Man sollte niemals etwas als selbstverständlich ansehen und konsequent versuchen, sich selbst zu verbessern. Ich lebe mit der Erkenntnis, dass man ersetzt werden kann. Das spornt mich noch mehr an, um über das von mir Erwartete weiter hinauszugehen. Es ist eine Form von „gesundem Konkurrenzkampf", an den ich glaube. Es ist auch eine der Möglichkeiten, dafür zu sorgen, dass etwas erfolgreich wird. Denn du eröffnest damit auch anderen Menschen die Chance, sich mit diesem Bereich zu beschäftigen.

J: Das klingt ja so, als hättest du keine Angst, deinen Job zu verlieren. Aber ist da nicht manchmal eine Stimme in dir, die dich warnt: „Reem, sei vorsichtig, dass du deine Position nicht verlierst!"? Ich nenne diese Stimme „das Ego". Ich meine, so wie es aussieht, hast du einen sehr aufregenden Beruf. Du reist herum, triffst interessante, berühmte Menschen aus der ganzen Welt, sprichst über Business und politische Kooperationen.
R: (lächelt) Du hast recht, das Ego ist ein Teufel, den man nicht so leicht unter Kontrolle bekommt. Aber es liegt an uns zu lernen, wie wir dieses Ego kontrollieren können. Meine Arbeit bringt eine Menge Verantwortung mit sich. Ich glaube, dass es wichtig ist, Gelassenheit zu bewahren, besinnlich zu sein – unabhängig davon, wie beschäftigt und überladen man auch sein mag. Menschen die mich kennen wissen, dass das der Standard ist, den ich versuche zu leben. In der Position, die ich heute innehabe, fühle ich mich extrem verantwortlich für die Menschen, die hier sind – und diese Verantwortung erstreckt sich von einer Einzelperson bis hin zu einer Institution. Ich muss einfach dafür sorgen, dass meine Arbeit, meine Leistung und mein Zusammenwirken mit anderen, ob das nun mein Team, meine Kollegen, Diplomaten oder Journalisten sind, Wertschätzung und Respekt erfahren. Es muss einen bestimmten, fast einheitlichen Ethik-Standard haben.

J: Du sprichst also über deine Prinzipien.
R: Richtig! Und ich beginne damit in meiner eigenen Umgebung. Denn bevor man versucht, Einfluss auf Menschen zu haben, die weit weg von einem sind, muss man erst einmal darüber nachdenken, wie man mit Menschen umgeht, die in der Nähe sind. Das habe ich von meinem Premierminister, Seiner Hoheit Scheich Mohammed bin Rashid gelernt: wie man die Veränderung von Menschen entscheidend beeinflusst.

J: Ich denke, du hast recht – es beginnt bei Freunden und Paaren. Zum Beispiel, wenn man lernt zu verzeihen. Denn wenn ich mir die Welt ansehe, die angespannte Situation zwischen Ländern – da ist Vergeben oft die größte Hürde beim Erreichen der Ziele, die man sich gesetzt hat. Was sind denn deine Prinzipien, wenn es um Verzeihen geht?
R: Bei dieser Frage erinnere ich mich an zwei Dinge. Eines ist ein arabisches Sprichwort, das übersetzt wird mit: „Zeige Barmherzigkeit für die Menschen auf Erden, sodass auch dir Gnade gegeben wird von dem, der im Himmel ist." Und Shakespeare hat es so ausgedrückt: „Irren ist menschlich, vergeben ist göttlich." Wenn du also zögerst, dich zu versöhnen, musst auch du erkennen, dass dir vielleicht nicht vergeben wird. Also lass los, denn auch du wirst Fehler machen. Du selbst!

J: Manchmal meinen es Menschen auch gar nicht böse. Es ist einfach nur ihr Charakter. Meine Freundin Astrid Preisinger sagt immer: „Es ist unsere eigene Verantwortung, uns das ‚ganze Paket eines Menschen' anzusehen." Wir müssen ganz genau zuhören, was uns die Person sagt. Denn das Problem ist, dass wir dazu neigen, uns in das Bild zu verlieben, das wir von einem Menschen von Anfang an in unserem Kopf haben. Und eines Tages erkennen wir, dass dieser Mensch anders ist. Wir versuchen dann, diese Person zu verändern. Wenn das nicht funktioniert, sind wir enttäuscht, manchmal verärgert und oft auch sehr böse.

Es ist wichtig, Gelassenheit zu bewahren und besinnlich zu sein – wie beschäftigt und überladen man auch sein mag.

R: Es ist interessant, wie viel Energie man verliert, wenn man sich darauf konzentriert, auf jemanden böse zu sein. Oder jemanden zu hassen. Mir gefällt das Wort Hass nicht, es ist ein so unkonstruktives Gefühl. Es verbrennt dich nur. Weißt du, die andere Person fühlt nicht, dass du sie hasst. Es frisst nur dich auf. Es nimmt nur dir Zeit weg – es nimmt Zeit von deinem eigenen geistigen Prozess. Du könntest während dieser Zeit um so vieles produktiver sein.

J: Ich denke, das alles hat wiederum mit unserem Ego zu tun: andere zu kontrollieren, ihnen unsere Stärke zu zeigen. Ich erinnere mich, wie aggressiv viele Menschen waren, als der Vulkan in Island ausbrach und sie aufgrund der Aschewolke nicht nach Hause fliegen konnten. Sie brüllten die Stewardessen an, sie an Bord zu lassen. Sie wollten sogar das Risiko auf sich nehmen, abzustürzen – sie wollten unbedingt fliegen. Es ist sehr seltsam, wie beeinflusst unser Denken sein kann – wie nach einer Gehirnwäsche. Dass wir meinen, das Leben kontrollieren zu können. (lächelt) Doch manchmal bringt das Leben einen Kurswechsel mit sich und das ist dann etwas, das wir akzeptieren müssen. Insha'Allah, Wie Gott es will. So wie ich es in euren Ländern gelernt habe. Manchmal muss man den Dingen ihren Lauf lassen, dann wird das Leben um vieles einfacher.
Hast du konkrete Pläne, wo du in Zukunft sein möchtest?
R: Ja und nein. Zuerst einmal möchte ich weiterhin daran arbeiten, jeden Tag ein besserer Mensch zu werden, auf allen Ebenen. Meiner Familie und der Gesellschaft gegenüber. Das hat Priorität in meinem Leben, da ich daran glaube, dass das die Basis dafür schaffen wird, wer ich in Zukunft sein werde. Und dass es nur einen positiven Einfluss auf mein Leben haben wird – sowohl beruflich als auch persönlich. Ich bin mir dessen bewusst, dass meine Jahre auf dieser Erde vergehen werden. Es wird eine Zeit kommen, da werde ich nicht mehr hier sein.

J: Du denkst wirklich schon jetzt darüber nach? Das ist sehr ungewöhnlich! Das ist eigentlich ein Thema, mit dem viele Menschen nicht einmal für eine Sekunde in Berührung kommen

möchten. Das macht viel zu große Angst! Auch im Westen werden wir nicht wirklich darauf vorbereitet. Aber es wird für uns alle ein entscheidender Moment sein, wer auch immer wir dann sind. Meine Freundin Barbara hat mich einmal gefragt: „Was möchtest du auf deinem Sterbebett sagen können? Worauf möchtest du in deinem Leben stolz gewesen sein?" Diese Frage ist mir bis heute nicht aus dem Kopf gegangen.
R: Das ist eine gute Frage! Wenn die Zeit gekommen ist, möchte ich, dass die Menschen, die mit mir gearbeitet oder mich gekannt haben, sagen: „Wisst ihr, sie hat ihr Land wirklich geliebt. Sie war eine gute Frau. Sie hat so gut wie möglich versucht, diesem Ort etwas zurückzugeben. Einem Ort, der ihr selbst so viel gegeben hat." Weißt du, so definiere ich Erfolg. Ich bin nicht an einem Denkmal interessiert (lächelt), Denkmäler werden nur staubig und rostig. Ich bevorzuge es, in den Herzen und Gebeten der Menschen zu sein.

J: Das ist ein wunderschöner Ort.
R: Weißt du, ich denke, wir sollten darauf achten, uns nicht in dem, was wir tun, zu verlieren. Es ist sehr wichtig, geerdet zu sein. Selbsterkenntnis und Selbstreflexion sind von Bedeutung. Wir müssen das jeden Tag trainieren. Denn am Ende des Tages geht es um Menschen, wir sind alle gleich.

Etwas, das man bedenken sollte:

Der Islam lehrt Moslems, dass sie keine Vergebung von Gott erwarten können, sofern sie nicht ihren Feinden verzeihen. Das ist eine der wichtigsten Lehren des Islam – etwas, wonach jeder Moslem strebt. Prophet Mohammed war dafür bekannt, besonders vergebend zu sein. Reem ist eine Frau aus der neuen Generation der Araber, die einen Beruf ausübt, der ihr schwierige Entscheidungen abverlangt. Allerdings ist klar zu erkennen, dass Reems Erbe, ihre Kultur und ihre Erziehung in den Traditionen der VAE verwurzelt sind. Reem ist bestrebt, durch ihren Glauben zu leben. Sie wendet die Lehren des Islam in ihrem täglichen Leben an. So sollte Islam sein. Es ist nicht nur eine Religion, sondern die Art und Weise, wie man das Leben lebt.

REEM AL HASHIMY

In 2008, this charismatic woman was appointed Minister of State, making her the youngest minister in the UAE cabinet at the time. Since then, it has been Reem Al Hashimy's role to strengthen the political and economic relations between the UAE and the world. It is her modesty and her belief in her principles that makes a conversation with her unforgettable.

Judith: Thank you for your time, Reem! I read the UAE's newspapers, and it seems you are constantly travelling.
Reem: I am very happy to see you, Judith! Yes, things are busy, but there is also a lot of excitement.

J: Let me start to sum up your business career: After your master's degree at Harvard University, USA, you worked at the executive office of HH Sheikh Mohammed bin Rashid Al Maktoum, UAE Vice President, Prime Minister, Minister of Defense and Ruler of Dubai, and were involved in many economic and social programs for Dubai. Later you became the Commercial Attaché then Deputy Chief of Mission at the UAE embassy in Washington D.C. And in 2008, the UAE swore you in as minister. At that time you were only 30 years old and the youngest minister in your country. How much pressure does a young woman in this position carry on her shoulders? Were you afraid of making mistakes?
R: Making mistakes is part of being human. The key is to be modest, realize the mistake and make sure that you learn from it. You have to tell yourself, 'I should have done it better!' One should never take anything for granted and should always try to consistently do better and improve. I live with the realization that one can be replaced; this only drives me to go above and beyond what is expected from me. That's a type of healthy competition I believe in, and one of the few ways to ensure that things will end up being successful, because you open up the opportunity for other people to get engaged.

J: That sounds like you are not afraid of losing your job. But isn't there sometimes a voice inside that warns: 'Reem, be careful not to lose your position!' I call this voice 'The Ego.' I mean, it looks like you have a very exciting job, travelling around, meeting interesting famous personalities from all over the world, talking about business and political co-operations ...
R: (Smiles) You are right, 'The Ego' is a devil that gets easily out of hand but it's up to us to learn how to control this ego. My job involves a lot of responsibilities; I believe that it is important to maintain a thoughtful quietness no matter how busy and overwhelming things get. People who know me know that's the standard I try to live by. In my role today, I feel extremely responsible for the people who are here and the responsibility reaches across from an individual to an institution. I need to make sure that my work, my performance, my interactions with others – whether it's with my staff, colleagues, diplomats or journalists – it needs to have a particular, almost unified ethical standard – an appreciation, a respect.

J: So you're talking about your principles.
R: Exactly, and I start in my own surroundings, because before you try to have an impact on people who are far from you, you need to re-think how you're dealing with the people who are closest to you. I learned the importance of influencing changes in people from our Prime Minister, HH Sheikh Mohammed bin Rashid.

J: I think you are right. It starts between friends, couples. For example, when it comes to 'learning to forgive,' when I look across the world, at the tense situations between countries, forgiveness is often the greatest hurdle to achieving set goals. What are your principles when it comes to forgiving?
R: I am reminded of this question by two things. One, there is a saying in Arabic that translates to 'show mercy on people on earth so that mercy is shown to you from Him who is in the sky.' Shakespeare expresses it as 'To err is human, to forgive is divine.' So if you hold back on forgiving, you also have to recognize you may not be forgiven yourself. So just let go, because you will make mistakes, you yourself!

J: Sometimes people don't really mean any harm, it's just their character. My friend Astrid Preisinger always says: 'It's our responsibility from the beginning to take a better look at the whole package of a person.' We have to listen carefully to what this person is saying, because the problem is that we tend to fall in love with the picture of a person we have in mind right at the beginning. And so one day we realize that this person is different. We start trying to change this person and if this doesn't work, we get disappointed, and sometimes very upset and often very angry.
R: It's interesting how much energy you lose when you focus on being angry or hating somebody. I don't like the word 'hate' because it's such an unconstructive emotion. It only burns you up. You know, the other person doesn't feel that you hate him. It only consumes you; it takes time from your own mental process. You could be so much more productive during this time.

J: I think all of this once again has to do with our ego, controlling others, showing them our power. I remember when the volcano in Iceland erupted, how much aggression a lot of people showed because they were not able to fly back home due to the ash cloud. They shouted at the stewardesses to get them on board, they even wanted to take the risk of a plane crash, they wanted to fly. It's very strange how brainwashed we are in our way of thinking. To think we are able to control life (smiles). But sometimes life brings a change of course and this is something we have to accept. 'Insha'Allah - as God wills,' like I learnt in your countries. 'Let things go.' Life becomes much easier.

J: Do you have specific plans about where you want to be in the future?
R: Yes and no. First of all, I want to continue working on being a better person at all levels, towards my family, and society. That is a priority in my life as I believe it will form the basis of who I am and will only have a positive impact on my life both professionally and personally. And I am very aware that my years on this earth will pass, there will come a time when I won't be here anymore.

J: You're really thinking about this now, already? Very unusual! That's a topic a lot of people wouldn't even want to touch on for a second. Too scary! Also in the West, we're not really prepared for it, but it will be a key moment for all of us, no matter who we are. My friend Barbara once asked me: 'What would you want to be able to say on your deathbed? What would you like to have been proud of in your life?' This question has been on my mind ever since.

> *It is important to maintain a thoughtful quietness no matter how busy and overwhelming things get.*

R: That's a good question! When the time comes, I would like the people who worked with me or knew me to say: 'You know what? She really loved her country, she was a good woman. She tried as much as possible to give something back to a place, a place that gave her so much.' You see, that is how I define success. I am not interested in a monument (smiles). You know, monuments collect dust and they rust. I prefer to be in people's hearts and prayers ...

J: That's a lovely place.
R: You see, I think we should take care of not getting lost in what we are doing, it's very important to be grounded. Self-awareness and self-reflection are very important. We have to exercise them every day, because at the end of the day it's about human beings. All of us are the same.

Something to consider:

Islam teaches Muslims that they cannot expect God's forgiveness unless they forgive their enemies; it is one of the most important Islamic teachings, one that every Muslim aspires to. The Prophet himself was known to be the most forgiving person. Reem is of the new generation of Arabs, who has a job that demands tough decisions of her, but it is clear to see that Reem's heritage, her culture and her upbringing is rooted in the traditions of the UAE. She aspires to live by her beliefs and applies the teachings of Islam in her daily life. This is how Islam is intended; it is not only a religion, but a way of life.

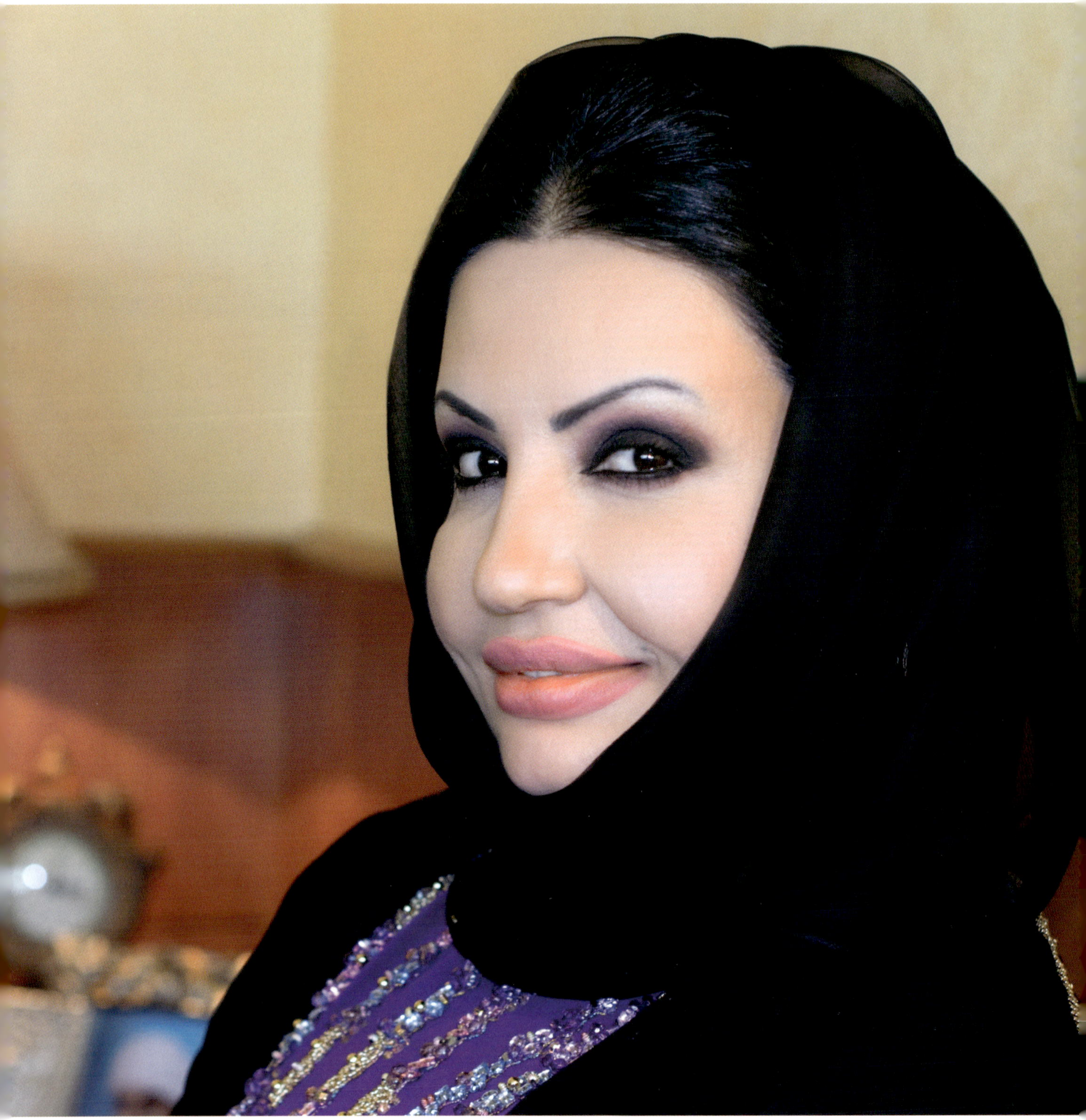

BADRIA AL MULLA

Schon 2005 wurde Badria Al Mullas Erfolgsgeschichte der „Verbesserung von Qualität und der Durchführung von Veränderungs-Management" von der Regierung als eine der nennenswerten Leistungen am Arabischen Golf ausgewählt. Heute unterstützt ihre Firma *International Emirates Business Group* Unternehmen aus der gesamten Golfregion und Europa bei der Optimierung von Unternehmensprozessen – und sorgt damit für eine Win-Win-Situation. Badria zuzuhören, bedeutet nicht nur, einen praktischen Rat für geschäftlichen Erfolg zu bekommen. Diese Frau zeigt uns auch, wie wir mehr Freude in unserem eigenen Leben finden.

BADRIA AL MULLA

(Badria öffnet die Tür und bringt eine Tüte mit sich.)
Judith: Schön, dich zu sehen! Was ist das?
Badria: Ich habe eine Kleinigkeit für dich.

J: Ein Geschenk, das ist großartig! Ich genieße es wirklich, in eurem Land zu sein!
B: Weißt du, das ist ein Teil unserer Kultur. Wenn jemand wie du das erste Mal zu uns kommt, egal, aus welchem Land und ungeachtet seiner Hautfarbe oder Religion – wir übergeben ein Geschenk, wenn er nach Hause geht. Die Geschenkkultur ist sehr wichtig für uns. Es ist ein Zeichen unseres Respekts und ein Willkommensgruß. Wir wollen dir sagen: „Komm wieder! Wir mögen dich so sehr!"

J: Was für eine wunderbare Tradition! Badria, deine Firma besteht aus mehreren Unterfirmen wie „International Emirates Management for Quality – IeMQ", die als führende Beratungsfirma im Mittleren Osten gilt. Und auch Gesamtlösungen für Strategie-Management, sowie Leistungsmessung in Unternehmen, Leadership-Programme als auch Geschäftsanalysen anbietet. Aber wie passt „Mode" in das alles hinein? „Dar La Beaute", eine deiner Firmen, kreiert ja spezielle Designerkleidung und Parfums, richtig?
B: Während der Finanzkrise war es sehr wichtig für uns, neue profitable Möglichkeiten zu finden, um unsere Investments auf verschiedene Bereiche aufzuteilen. Auch um geschäftliche Risiken zu vermindern, die in der Krise entstanden sind. Wir alle haben schon damals gewusst, dass es sehr unwahrscheinlich ist, dass die Modeindustrie von der Krise beeinflusst wird. Vor allem im Mittleren Osten.

J: Du meinst also, wenn ihr unter finanziellem Druck steht, geht ihr noch mehr shoppen?
B: Sicherlich. Denn wenn man nur zu Hause oder im Büro sitzt und über die Auswirkungen der Krise nachdenkt, wird man verrückt! Also ist es besser, auszugehen und zu versuchen, den Stress loszuwerden. Für mich persönlich ist der beste Weg, mich von meinem Stress zu befreien, wenn ich shoppen gehe. Ich habe mir gesagt: „Okay, anstatt Geld auszugeben, brauchst du für deine Mitarbeiter Möglichkeiten, wie sie Geld verdienen können!" Denn einige meiner Geschäfte waren durch die Krise betroffen und somit auch einige meiner Mitarbeiter. Wir haben sie zwar weiterhin bezahlt, neun Monate lang, ohne dabei etwas zu verdienen. Danach mussten wir aber Lösungen finden, um sie auch weiterhin zu unterstützen und ihnen ihre Arbeitsplätze zu sichern. Denn ich wollte keinen meiner Mitarbeiter entlassen, ich wollte sie behalten! Sie arbeiten so hart, sie sind so loyal.

J: Du siehst sie als Teil deiner Familie.
B: Natürlich! Deshalb habe ich mich gefragt: „Warum eröffne ich nicht eine kleine Modefirma?" So würde ich ihnen eine bessere Sicherheit für ihren Job geben und sie auch motivieren, noch produktiver zu sein. Und was noch wichtiger ist, ich würde das Geld für meine Einkäufe dafür verwenden, mein eigenes Business zu maximieren. Also das wäre für alle eine Win-Win-Situation. Ich habe meinen Mitarbeitern sofort von meiner Idee erzählt und gesagt: „Überrascht mich! Wenn ihr es schafft, dass ich weniger in anderen Boutiquen shoppen gehe, wie zum Beispiel in Frankreich, seid ihr exzellent! Und auch, wenn wir die Einsatzkosten nicht decken, das macht mir nichts!"

J: Was ist passiert, haben sie dich als neue Kundin gewonnen?
B: Eines Tages bekam ich eine Einladung zu einer Show namens „Dar La Beaute". Sie wurde

von einer Modefirma organisiert, die erst ein paar Wochen, nachdem ich meine Geschäftsidee festgelegt hatte, gegründet worden war. Mein Team überraschte mich! Sie hatten mich wirklich verstanden! Sie sind nach Europa, USA, Südkorea, Marokko und in andere arabische Länder gefahren, um mit bekannten Designern zusammenzuarbeiten. Ihre Vorgangsweise dabei war, den lokalen arabischen Stil mit anderen internationalen Designs zu kombinieren und damit einzigartige Produkte zu kreieren. Produkte, die noch nicht am Markt existierten. Und sie achteten darauf, dass diese Modefirma sich nicht nur auf Mode konzentrierte, sondern auch auf Parfums, Accessoires, Kristalle und andere Luxusprodukte.

J: Das zeigt also, dass eine Investition in die eigenen Leute recht profitabel sein kann.
B: Du kannst dir das nicht vorstellen, Judith! Schon von Anfang an hat „Dar La Beaute" alle Kosten gedeckt. Innerhalb von nur vier Monaten begann ich bereits Gewinne zu machen und ich denke, das ist eine wichtige Lektion: „Trenne dich während einer Krise nicht von deinen Leuten, sie sind Juwelen! Sieh deine Mitarbeiter als dein größtes Kapital!" Eine weitere wichtige Lehre für uns Geschäftsfrauen ist: „Wenn du eine Krise hast, denke nicht, es sei das Ende der Welt! Die Natur hat uns gelehrt, dass Krisen neue Möglichkeiten bieten!" Und das ist es auch, was wir in meinen Firmen gemacht haben. Deshalb sind wir heute so erfolgreich.

> *Man muss leidenschaftlich und geduldig sein. Das ist eine Formel, die nur wenige Menschen kennen.*

J: Warum hast du in deinem Firmennamen das Wort Qualität verwendet?
B: Ich habe elf Jahre im Gesundheitsministerium gearbeitet und mich dann entschieden, „Qualität und Strategie" an der Universität Salford in Manchester/UK zu studieren. Nachdem ich 1998 mein M.Sc.-Degree erhalten hatte, kam ich nach Abu Dhabi zurück und begann für eine große Ölfirma als Qualitätsmanagerin zu arbeiten. Und nach wenigen Jahren wurde ich neben vierzig männlichen Führungskräften die erste weibliche Senior-Managerin.

J: Und ich bin mir sicher, liebe Badria, als du zurückgekehrt bist, hattest du auch schon eine „große Idee" im Kopf.
B: Natürlich! Ich sprach damals ständig über Qualität als eine Methode, um das Business zu verbessern. Über die Beurteilung des Ist-Zustandes, Entwicklung intelligenter Strategien, Entwicklung von Verfahren, Erfolgsmessungen, Bewertung der Fähigkeiten. Aber auch über Entscheidungsoptimierung für die Verbesserung von Business. Das war in dieser Zeit ein relativ neuer Zugang in Sachen Management. Entsprechend war es für die meisten der Techniker und einige Manager im Vergleich zu den üblichen Methoden ein etwas voreiliger Ansatz: „Was du sagst ist großartig, aber wie zeigst du uns ein Ergebnis?", fragten sie beharrlich. Meine Antwort war: „Gebt mir den Bereich, der im Moment für euch am problematischsten ist. Und lasst mich und unser Team daran arbeiten, sechs Monate lang, nur als Versuch – wo wir meinen neuen Zugang zu Qualität sowie Veränderungsprozesse ausprobieren. Und wenn ihr eine positive Veränderung erkennt, stellt ihr mir ein eigenes Team zusammen. Eines, das sich auf Qualität und Veränderungsprozesse in Bereich Wachstum und Forschung spezialisiert. Wenn ihr aber keinen Nutzen erkennt, bin ich gerne bereit zu gehen!"

J: Und wie haben sie reagiert?

B: Sie haben gelächelt und gesagt: „Das ist eine Herausforderung! Dass du die Erwartungen deiner Kunden innerhalb von sechs Monaten erfüllst, ist unmöglich!" Aber ich gab nicht auf und arbeitete mit Senior-Führungskräften und Teilhabern weiter. Ich bekam ihre Aufmerksamkeit und Unterstützung für ein Pilotprojekt. Es war eine Abteilung, die große Schwierigkeiten hatte. Innerhalb von sechs Monaten gab es in der Abteilung bereits herausragende Ergebnisse, was zur Gründung des ersten „Qualitätsteams" unter meiner Leitung führte. Danach habe ich Anfragen von vielen Firmen aus den Golfstaaten erhalten, die mithilfe meines Systems entscheidende Veränderungen durchführen konnten. Und das war dann auch der Beginn meines persönlichen Geschäftes, in dem der Begriff Qualität ein Teil meines Firmennamens wurde.

J: Was hat dich das gelehrt?

B: Wenn du vor einer Herausforderung stehst, wie klein sie auch sein mag, schau hin und versuche daraus eine geschäftliche Gelegenheit zu machen. Ob es sich nun um Geld, Kommunikation, Anlagen oder etwas anderes handelt. Auch wenn du nicht sofort das erreichst, was du anstrebst, hör nicht auf, davon zu träumen. Mach deinen Kopf frei, suche nach dem Besten und vertraue deinem Herzen. Und Judith, da ist noch eine Lektion, die ich gelernt habe: Du musst leidenschaftlich und geduldig sein. Das ist die Formel, die viele Menschen nicht kennen. Das ist die Übung! Versuche deiner Umgebung das Bestmögliche zu geben und überlasse es Gott – und es wird funktionieren!

⚜ Etwas, das man bedenken sollte:

Badria ist eine leidenschaftliche Araberin mit Ausdauer, die gelernt hat, dass Service und Qualität in einigen Geschäftsfeldern in den Vereinigten Arabischen Emiraten schon bald maßgebliche Unterscheidungsmerkmale für Erfolg sein werden. Es ist Badrias Verantwortungsgefühl für ihre Mitarbeiter, eine typische Charaktereigenschaft der Araber, die tief in ihr verankert ist und aus der Zeit ihrer Tribes, ihrer Vorfahren, stammt. Ihr Verantwortungsgefühl, kombiniert mit ihrer Leidenschaft fürs Business – etwas was Badria offensichtlich für ihre Firmengruppe empfindet – ist eine gewinnbringende Kombination.

BADRIA AL MULLA

Badria Al Mulla's story of improving quality and leading management change was selected by the government as one of the best stories in the Arabian Gulf as an example of business improvement in 2005. Today her company, International Emirates Business Group, supports companies in the whole GCC region and Europe in achieving win-win situations. Listening to Badria's advice gives one a practical guide to not only being successful in business, but also to find more happiness in one's own personal life.

(Badria opens the door and brings a bag with her).
   Judith: Nice to see you! What is this?
Badria: I brought something small for you.

   J: A present, that's great! I really enjoy being in your country!
B: You see, that is part of our culture. When somebody comes, like you, for the first time, from any country, any color or religion, when he goes home, you give him a present. So the gift culture is very important for us, it's a sign of respect and of welcoming. And we want to tell you also, 'Come again! We like you so much!'

   J: What a wonderful tradition! Badria, your group of companies consists of several sub-companies such as International Emirates Management for Quality –IeMQ– which is a leading consulting firm in the Middle East that provides a total approach for strategy management, performance measurement, leadership programs and business intelligence. But how does fashion fit into that? One of your companies, Dar La Beaute, creates special designer clothes and perfumes, right?
B: During the global financial crisis it was very important for us to find a new profitable opportunity in order to diversify our investment profile and lower the business risk resulting from the crisis. And we all already knew at this time, as all had known, that the fashion industry would be highly unlikely to be impacted by the crisis, especially in the Middle East.

J: So you think when you're financially under pressure, you go shopping more?
B: For sure, because if you just stay at home or at your office thinking about the crisis impact, you will go crazy! So it's better if you go out to get rid yourself of your stress. And for me personally, the best way to release my stress is to go shopping. So I said to myself, 'Okay, instead of spending my money, I need some kind of business opportunities for my employees!' Because, during the crisis, some part of my business had been impacted. As a result, some of my employees had been impacted too. We kept paying their salary but, after nine months of giving salaries with no income, we had to come up with a solution to support them permanently and to give them some job security, because I didn't want to lay off any of my employees. I wanted to keep them! They work so hard; they are so loyal.

J: You see them as a part of your family.
B: For sure! So I asked myself, 'Why not open a small company for fashion?' This way I will give them better job security, motivate them to be more productive and, more importantly, I will spend my shopping money to maximize my own business profile. So it's a win-win situation for everyone. I raised this idea to my people immediately and I said, 'Surprise me! If you minimize my shopping in other boutiques, for example in France, you are doing excellently! Even if you do not cover the costs, I don't mind!'

J: So what happened, did they win you over as a new client?
B: One day I received an invitation to a show, the name was Dar La Beaute, which was organized by the newly-created fashion company only after a few weeks of approving the business idea. So my team really surprised me! They really understood me! They went to Europe, USA, South Korea, Morocco and other Arab countries to make alliances with well-known designers. Their approach was to integrate the Arabic local style with other international styles and designs which would create unique products that do not exist in the market. They made sure that this fashion company was not just focused on fashion, but would also include perfumes, accessories, crystals and other luxury products.

J: So this shows that investing in your own people is quite profitable.
B: You can't believe it, Judith. In the beginning, Dar La Beaute already covered the costs and, mashalla, within only four months, it started making a profit. So I think an important lesson is, during the crisis, don't get rid of your people. They are jewels! Think about your people as your major asset! And another important lesson for us business ladies is, when you have a crisis, don't think that this is the end of the world! Nature taught us that a crisis could be a new opportunity! That's what we have done with my group of companies and that's why we are so successful today.

J: Why did you use the word 'quality' in your company's name?
B: For 11 years I worked in the Ministry of Education and then decided to study quality and strategy at the University of Salford in the UK, in Manchester. After getting my MSc. Degree in 1998, I came back to Abu Dhabi to start working for one of the major oil companies as a quality specialist. Within a few years, I became the first senior female manager among 40 male leaders there.

J: And I am sure, dear Badria, when you came back, you already had a big idea in your mind.
B: For sure! I was always talking about 'quality' as a tool for improving business. About

assessing business status, developing smart strategy, creating procedures, measuring performance against targets, evaluating skills, making smart decisions to improve business, which was a fairly new management approach at that time. Accordingly, this was a bit of a hectic approach to most of the technical people and some managers in comparison with the usual business improvement methods. They kept insisting, 'what you are saying is wonderful, but how will you give us a result?' My answer was, 'Give me the most problematic area you have currently in the function and let us work together as a team for only six months, as a pilot, using my new approach for quality management and leading change! And if a positive change is noticed, then you will structure a team for me which will be the core team for quality and leading change in field development and exploration. But if you didn't notice any added value, then I will be more than happy to leave!'

J: So how did they react?
B: They smiled and said, 'This is very challenging. To meet customer expectations within six months, that's impossible!' But I didn't give up and kept trying with

You have to be passionate and patient. That is the formula that a lot of people don't know.

the company's senior leaders and shareholders. And I got their attention and support to start a pilot for one of the sections that was facing major issues. In six months, the results related to the improvement rate within that section were outstanding and led to the creation of the first team of quality within that company under my leadership. From there, I have received lots of requests from other companies in the GCC to support them in leading change using my system. And this was the beginning of my private business life in which the name of quality became the name of my main company in my business group.

J: What did this teach you?
B: When you face a challenge, even if it's small, always try to face it and do your best to turn it into a business investment opportunity! It could be in money, communication, assets or something else. Even if you don't reach what you want today, don't stop dreaming about it. Set your mind free, keep searching for the best and believe in your heart! And, Judith, there is another lesson that I learned: You have to be passionate and patient. That is the formula that a lot of people don't know. That's the exercise! Just do the best you can do to add value to the surroundings and keep it in the hand of God, and it will come!

Something to consider:

Badria is very much an Arab woman with passion and tenacity who has learned that service and quality will soon be the only differentiators that make some businesses more successful than others in the United Arab Emirates. Her sense of responsibility towards her employees is rooted deeply within her, an Arab characteristic that stems from the tribal days. Her sense of responsibility coupled with her passion for business, something Badria obviously has for her own group of companies, is a winning combination for success.

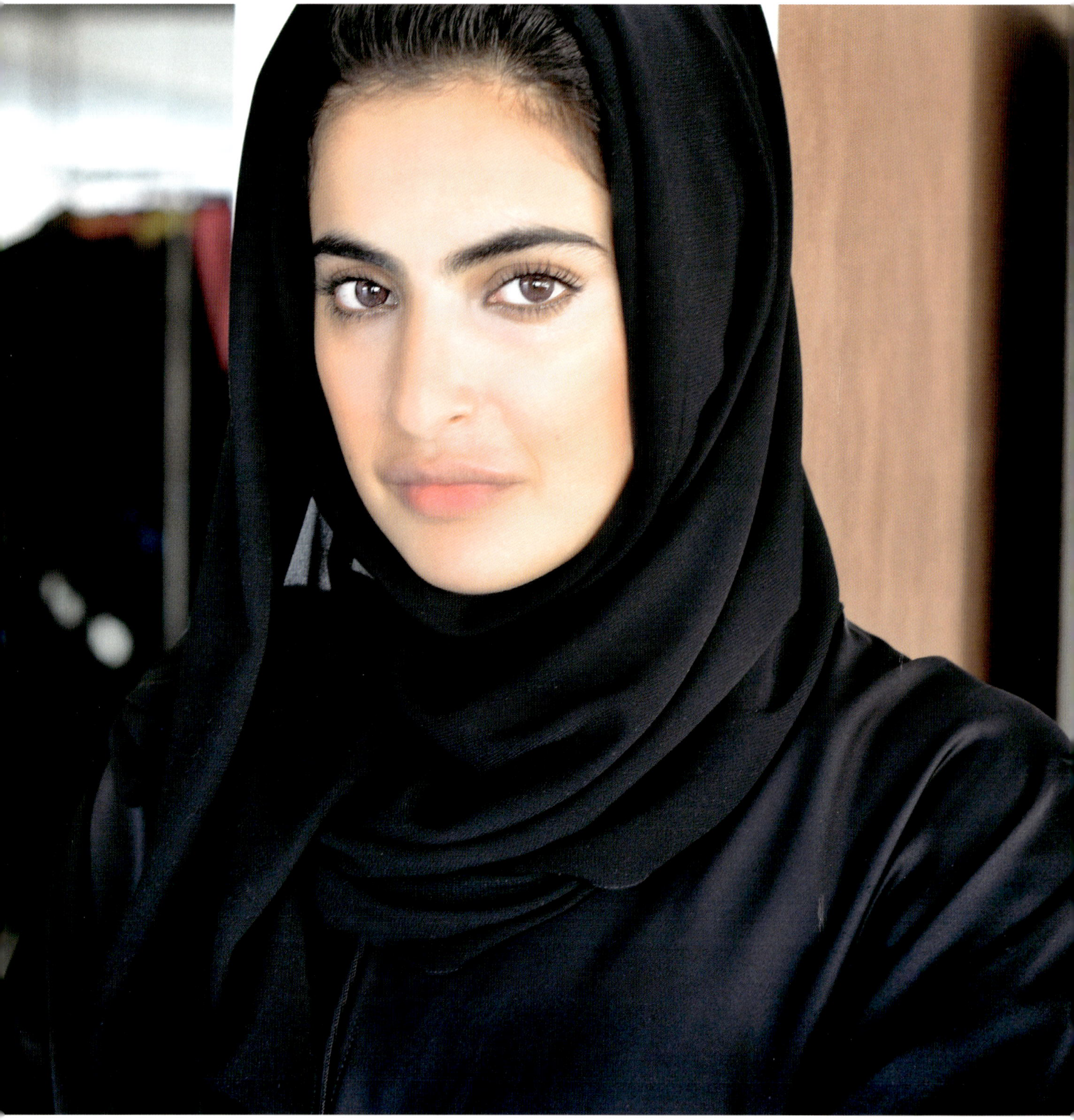

REEM ALI BELJAFLA

Als Eigentümerin und Fashion Director der *DAS Collection (Daffa Abba Suwaieya)* sowie Geschäftsführerin der Agentur *Elev8 Creative Design* ist Reem Ali Beljafla bemüht, ein besseres Verständnis für die arabische Kultur und Tradition zu schaffen. Ständig hinterfragt sie: „Was wissen wir über unsere Geschichte, was wissen wir über unsere Wurzeln?" Reem empfindet es als ihre Aufgabe, der neuen Generation die Geschichte ihres Landes zu erzählen. Und das Lesen ihrer Erzählungen zeigt, dass es funktioniert.

REEM ALI BELJAFLA

Judith: Du bist so ein kreativer Mensch. Du entwirfst Abayas (schwarzer, fließender Umhang) mit deiner Schwester Hind, kreierst Heritage-Kollektionen und hast auch die Wände im Dubai-Sharjah-Tunnel designt. Woher nimmst du alle diese Ideen?
Reem: Ich habe ständig neue Ideen, die ganze Zeit! Besonders inspirierend ist es zu reisen und Menschen aus verschiedenen Kulturen zu treffen. Es ist wichtig, von den Erfahrungen anderer Menschen zu lernen. Und ich denke, es war vor allem meine Mutter, die mich inspiriert hat.

J: In welcher Weise?
R: Vorwiegend mit Mode. Vor langer Zeit besaß meine Mutter hier, in den VAE, ein „Design-Haus" – sie liebte immer schon Mode und Textilien. Sie genoss es, an Fashion-Shows und Modewochen teilzunehmen, wie der *London Fashion Week*, wo sie uns gewöhnlich auch mitnahm. Mitte der Neunzigerjahre waren die VAE noch nicht so bekannt für Style und Fashion, so wie es heute der Fall ist. Aber es hat ihr immer Freude bereitet, wenn sie unsere Outfits gestaltete und uns hübsch kleidete, mit Accessoires und Frisuren. Meine Mutter hat uns auch in verschiedene Kurse eingeschrieben, wie Malen und Klavierspielen. Und sie bestärkte uns darin, andere Kulturen kennenzulernen.

J: Als Kind hast du spezielle Kurse besucht und danach dein Wissen in London perfektioniert. Du hast „Fine Art und Interior Design" studiert und auch unter der Führung der berühmten Floristin Jane Packer gelernt. Trotzdem war es vor allem deine Mutter, die den Grundstein für deine Kreativität gelegt hat.
R: Richtig, meine Mutter hat uns immer gesagt: „Ihr habt ein Talent: eure Kreativität!" Sie hat immer versucht, unsere Kunst und die kreative Seite in uns zu kultivieren. Sie motivierte uns, weiterzumachen. Und nachdem wir einige Wochen studiert hatten, ehrte sie unsere Arbeit mit einer speziellen Auszeichnung. Was Geschichte, Kunst und Kreativität betrifft, sind wir alle sehr talentiert.

J: Davon bin ich überzeugt. 2009 hast du den „Mohammed Bin Rashid Establishment for Young Business Leaders Award" bekommen. 2008 hast du für deine bemerkenswerte Sammlung an Andenken, die das Kulturerbe der VAE widerspiegeln und in den gesamten VAE vertrieben wurden, den „Businesswoman of the Year and Best Business in Design Award" erhalten.
R: Richtig, ich kreierte eine Kollektion – die war mehr über unsere Geschichte. Zuallererst habe ich die *Burqa Line (burqa.ae)* entworfen. Und von da aus habe ich dann expandiert. Ich wollte, dass die Leute an der Geschichte unserer Kultur teilhaben. Ein weiterer Grund, warum ich eine Heritage-Kollektion zusammengestellt habe, war meine Urgroßmutter.

J: Warum deine Urgroßmutter?
R: Ich kann mich daran erinnern, dass meine Urgroßmutter immer, wenn sie aus dem Haus ging, die *Burqa (Maske, die Augenbrauen, Nase und Mund bedeckt)* trug. Schon als ich klein war, hat mich diese metallene Maske fasziniert. Meine Urgroßmutter erzählte mir Geschichten über die Menschen der VAE, wie sie seinerzeit lebten. Das ist wirklich ein großer Unterschied, wenn du es mit dem heutigen Leben vergleichst. Nachdem meine Urgroßmutter gestorben war, dachte ich, dass es schön wäre, wenn man die Geschichten unseres Kulturerbes mit der jüngeren Generation teilt. Denn diese Geschichten werden in Vergessenheit geraten, wenn wir sie nicht aufzeichnen und weitererzählen.

J: Was hast du also getan?
R: Ich fing an, all diese Geschichten aus der Vergangenheit zu sammeln. Ich ging zu der *Abu Dhabi Culture and Heritage Authority* und fragte nach allen Büchern über die Geschichte und Kultur der VAE. Ich kreierte moderne Verpackungen für *Burqas*, mit einer Maske, einer Postkarte sowie einer Broschüre – mit der Geschichte auf Englisch und Arabisch. Später erweiterte ich und inkludierte „Arabische Augen" *(mit Kohl-Farbe stark schwarz geschminkte Augen)* und „Henna Nacht" *(Fest, das vor der Hochzeit stattfindet)*. Es war wirklich interessant, alles über die Vergangenheit zu lernen.

J: In Zusammenhang mit deiner Marke DAS, ein Verweis auf die verschiedensten Bezeichnungen von Abayas in der Golfregion, die du gemeinsam mit deiner Schwester Hind kreiert hast, geltet ihr ja als Expertinnen für islamische Kleidung. Das ist ein recht sensibles Thema. Vor allem im Westen wird das Verhüllen des Gesichtes als eine Art religiöser Extremismus und weibliche Unterdrückung gesehen. Einige Länder haben diese Art der Verhüllung auch schon verboten, während andere darüber diskutieren, eine ähnliche Gesetzgebung einzuführen. Ich denke, das Problem ist, dass westliche Staatsangehörige nicht verstehen, welche Bedeutung das für moslemische Frauen hat.

Ich hoffe, dass unsere Abayas eine Brücke schlagen, um ein besseres Verständnis für die moslemische Welt zu ermöglichen!

R: Ich bin wirklich ein sehr aufgeschlossener Mensch und es ist kein Problem, solange du deine Religion, Kultur und Familie respektierst und mit Stolz dein Land präsentierst. Verschiedene Frauen mit unterschiedlichem Hintergrund haben ihre eigene Meinung, was das Verbot betrifft. Vor allem jene, die in ländlichen Gebieten leben. Sie sehen die Nachrichten und sagen: „Ich kann es nicht glauben, wie kann mir ein anderes Land nicht erlauben, eine *Hijab (ein Tuch, das Kopf und Nacken bedeckt)* zu tragen?" Das schafft ein sehr schlechtes Image für dieses Land und seine Gemeinschaft.

J: Da fällt mir Präsident Barack Obama ein – 2010, während eines traditionellen Iftar-Abendessens im Weißen Haus sagte er: „Als Bürger und als Präsident glaube ich, dass Moslems das gleiche Recht haben, ihre Religion auszuüben wie jeder andere in diesem Land." Ich meine, was auch immer Menschen über Amerika denken, das ist eine klare Botschaft.
R: Natürlich. Es wäre genauso, wie wenn man sagen würde, dass jeder, der die VAE besucht, eine *Abaya* und eine *Hijab* tragen müsste. Ich denke, das würde einen sehr schlechten Eindruck machen und niemand würde bleiben wollen. Und ich denke, Menschen jeglichen Glaubens und jeglichen Hintergrundes sollten in jedem Land willkommen sein! Aber um in Harmonie leben zu können, wird man, was die Kleidung betrifft, unsere Traditionen und Regeln akzeptieren müssen.

J: Du bist die erste Person aus den VAE, die ihre Abayas bei Harrods in London verkauft! Gratuliere! Es scheint, als würden die Abayas durch dich Schritt für Schritt weltweit „en vogue".
R: Unser Ansatz ist international. Wir haben sogar einige Modeschauen in Deutschland abgehalten – gemeinsam mit meiner Schwester. Wir haben ein interessantes Konzept entwickelt und auch eine neue *Abaya* entworfen – speziell für den internationalen Markt, für nicht-moslemische Frauen, die den Stil bewundern und diese gerne tragen. Und die sich sittsam kleiden möchten – vor allem im Ramadan *(der Fastenzeit)*. Die Idee dahinter ist, sie etwas kürzer zu machen, dunkel gefärbt, Modelle ohne auffällige Verzierungen. Es ist ein einfaches Kleidungsstück, das man über der restlichen Kleidung trägt – zum Beispiel auf

dem Weg zum Supermarkt. Außerdem werden sie zu vernünftigen Preisen verkauft und sind mittlerweile sehr populär.

J: Das ist eine großartige Idee! Es scheint mir auch, dass du und deine Schwester mit euren speziellen Kollektionen ein besseres Verständnis zwischen der Welt außerhalb Arabiens und Arabien selbst schafft.

R: Die Abaya ist ein Teil unserer lokalen Identität und Kultur. Wenn wir reisen, möchten wir auch die Kulturen anderer Menschen erleben. Als wir zum Beispiel in London studierten, hängten wir gewöhnlich Weihnachtsdekoration an unsere Tür. Das heißt nicht, dass wir nicht Moslems sind. Es soll einfach nur die Idee unterstützen, in einer anderen Kultur akzeptiert und integriert zu sein. Wir besuchen euer Land und wir möchten eure Zeremonien und Anschauungen verstehen. Und sagen wir einmal, wenn du in den VAE leben würdest, könntest du auch Teil unserer Kultur sein – wenn du wolltest. Aber wie kannst du deinen eigenen Stil zeigen und trotzdem deine Identität bewahren? Vielleicht mit unseren *Abayas*? Ich hoffe, dass unsere *Abayas* eine Brücke schlagen, um ein besseres Verständnis für die moslemische Welt zu ermöglichen!

Etwas, das man bedenken sollte:

Reem möchte, dass die Geschichte ihres Landes nicht in Vergessenheit gerät. Als ich sie gefragt habe, wie die *Burqa* entstanden ist, hat sie mir Folgendes erzählt: Ein Vater wollte seine Tochter verheiraten und lud deshalb die Familie des potenziellen Ehemannes zu sich ein. Seine Tochter wollte diesen Mann nicht ehelichen, deshalb überlegte sie, was sie tun könnte, damit ihre zukünftige Schwiegermutter sie ablehnen würde. Als nun der Tag des „ersten Kennenlernens" gekommen war, entschied das Mädchen, ihren Kopf mit einem schwarzen Tuch vollkommen zu verhüllen, nur die Augen waren durch einen Sehschlitz sichtbar. So öffnete sie die Tür. Die Mutter ihres Ehemanns in spe war geschockt und dachte, dieses Mädchen wäre geisteskrank, sie reiste ab. Die *Burqa* war geboren. Sie wurde Tradition für den Familienstamm des Mädchens. Die Geschichte wurde weitererzählt und auch andere Familienstämme nahmen diese Tradition an. Auch heute noch tragen einige Frauen der älteren Generation die *Burqa* als Zeichen für Schönheit.

REEM ALI BELJAFLA

Owner and fashion director of DAS Collection and managing direction of Elev8 Creative Design Agency, Reem Ali Beljafla works to encourage understanding through the promotion of Arabic culture and heritage. She keeps asking: What do we know about our history, what do we know about our roots? Reem feels it to be her duty to tell the stories of her country to the next generation. And reading her story shows that it works.

Judith: You're such a creative person. You design abayas (thin, black, flowing gown) with your sister, Hind, create heritage collections and you also designed the internal walls of the Dubai-Sharjah Tunnel. Where do you get all these ideas from?
Reem: I get new ideas all the time! Travelling and meeting people from different cultures is very inspirational. It's important to learn from other people's experiences. But I think it's especially my mother who inspired me.

J: In what way?
R: Predominantly in fashion. My mom owned a design house a long time ago, here in the UAE. So she always loved fashion and textiles. She enjoyed attending fashion shows and fashion weeks, such as the London Fashion Week, where she used to take us. In the mid 1990s the UAE wasn't known for style or fashion as it is today, but she always took pleasure styling our outfits and dressing up nicely, with accessories and hairstyles. My mother also enrolled us in different classes - drawing and piano - to encourage us to learn different cultures.

J: So after attending special classes as a child, you perfected your knowledge by studying Fine Art and Interior Design in London, and learning under the hand of famous florist Jane Packer. But it was mainly your mother who laid the foundation for your creativity.
R: Exactly, my mother always told us: 'You've got a gift, your creativity!' She always tried to cultivate our art and the creative side in us and motivated us to take it further. After some weeks of study, she would honor us with a special award for our work. When it comes to history, art and creativity, all of us are quite talented.

J: I'm sure you are. In 2009, you won the Mohammed Bin Rashid Establishment for Young Business Leaders Award. And in 2008, Businesswoman of the Year and Best Business in Design Award for your remarkable collection of souvenirs reflecting the UAE's heritage, which were distributed across the UAE.
R: Yes, I created a collection that was more about our history. First, I designed the 'Burqa Line' (burqa.ae) and expanded from there. I wanted to share stories about our culture and another reason why I put together the Heritage Collection was for my great grandmother.

J: Why your great grandmother?
R: I remember my great grandmother used to wear the burqa (mask covering eyebrows, nose and mouth) all the time when she went out of the house and I had been fascinated by this metallic mask since I was little. My great grandmother told me stories about the people of the UAE, and how they lived their lives in the past. There is really a huge difference if you compare it to today's life. After my great grandmother passed away, I felt it would be nice to share stories of our heritage with the younger generations. These stories will be forgotten if we don't record them and re-tell them.

J: So what did you do?
R: I started to collect all these stories from the past. I went to the Abu Dhabi Culture and Heritage Authority and asked for all the books about UAE history and culture. I created modern packaging for a burqa, which includes the mask, a postcard plus a leaflet of the story in English and Arabic. Later on I expanded to include Arabian Eyes (black eye make-up, highlighted by kohl) and Henna Night (festivity that takes place before a wedding). It was really interesting learning all about the past.

J: With the brand DAS (Daffa Abba Suwaieya, referring to the various names for abaya across the Gulf region), which you created together with your sister Hind you are considered an expert on Islamic dress. That's quite a sensitive topic. Especially in the west, the face covering is seen as a kind of religious extremism and female oppression. Some countries have already banned this kind of covering, while others are debating similar legislation. I think the problem is that Western nationals don't understand the meaning for Muslim women.
R: I am very open-minded and it is not a problem as long as you respect your religion, culture, family and proudly represent your country. Different women from other backgrounds have their own opinion regarding the ban, especially those who live in rural areas. They see the news and say, 'I can't believe this. How can another country not allow me to wear a hijab (scarf that covers the head and neck)?' And this creates a bad reputation for that country in their community.

J: U.S. President Barack Obama comes to mind. During a traditional Iftar dinner at the White House in 2010, he said: 'As a citizen and as the president, I believe that Muslims have the same right to practice their religion as everyone else in the country.' I mean, whatever people think about America, this is a clear message.
R: For sure. It would be the same as saying that everybody has to wear abayas and hijabs when they visit the UAE. I think that would look very bad and nobody would want to stay. I think people from every faith and background should be welcome in every country! But to live in harmony they will have to respect our tradition and rules when it comes to clothes.

J: You are the first person from the UAE to sell abayas at Harrods in London! Congratulations! So it seems that step by step, you are making abayas 'en vogue' worldwide.
R: Our approach is international. We've even held some fashion shows in Germany. Together with my sister, we created an interesting concept: we designed a new abaya specifically for the international market of non-Muslim women who admire the style, enjoy the feel and especially during Ramadan (the time of fasting) they want to dress more modestly. The idea is to design a slightly shorter, dark-colored version without the flashy embellishments. It's an easy garment to wear over clothes to go to the supermarket for example. They are sold at a very reasonable price, and have been extremely popular.

J: That's a great idea! It seems to me that you and your sister are creating a better understanding between the outside world and Arabia through your special collection.
R: The abaya is part of our local identity and culture. When we travel, we also want to experience other people's cultures. When we studied in London, for example, we used to hang Christmas decorations on our door. That doesn't mean we are not Muslim. It simply promotes the idea of being accepted and integrated into another cultures. We are visiting your country, and we want to understand your ceremonies and ideas. And let's say, if you lived in the UAE you could be a part of our culture too, if you wanted to. But how can you show your own style and keep your identity? Maybe with our abayas? I hope our abayas will create a bridge for others to understand the Muslim world better!

> *I hope our abayas will create a bridge for others to understand the Muslim world better!*

Something to consider:

Reem is a person who wants to preserve history. When I asked her about the beginnings of the burqa, she told me the following story: A father invited a family of a potential young suitor to come and meet his daughter. But the girl didn't want to marry him and, as a method of protection, she plotted to devise a way in which the mother of the young man would refuse her as a future daughter in law. So on the day of the gathering, the young girl decided to cover her face with a dark black cloth in which there were only slits for the eyes. Then she opened the door. The mother of the suitor was shocked and thought that girl was mentally ill. So she left. The burqa was born. It became the tradition of the girl's tribe and the tale became known and the surrounding tribes eventually adopted this tradition. For some local women from the older generation, the burqa is still a sign of beauty today.

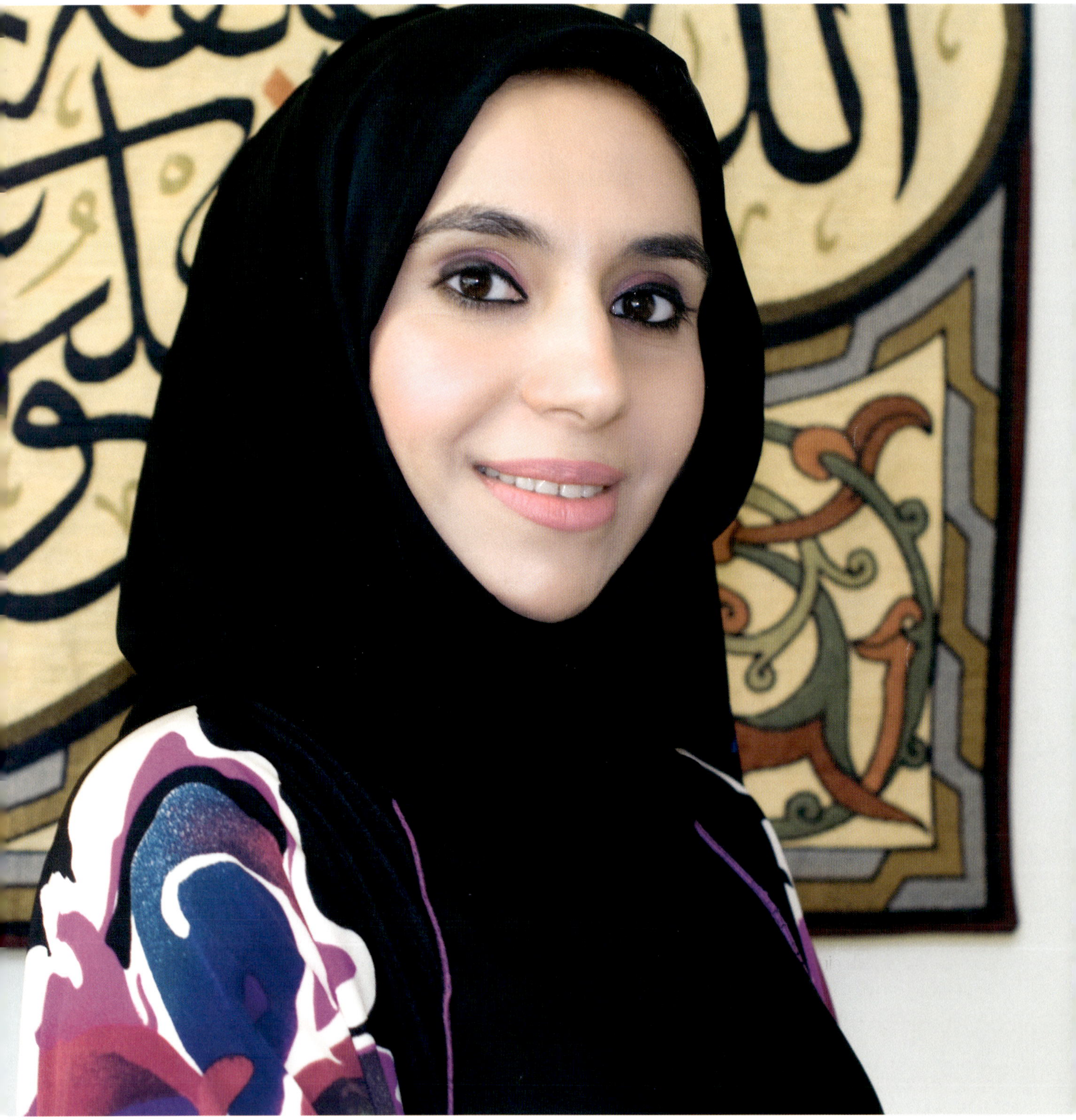

HUDA AL MATROUSHI

Sie arbeitete als eine der ersten Frauen aus den VAE bei GASCO *(Abu Dhabi Gas Industries Limited)*, einem der weltweit größten Gas verarbeitenden Unternehmen: Huda Al Matroushi, Vice President von *GASCO General Services* – eine Abteilung, die ihren Mitarbeiten unterschiedliche Leistungen wie Reisen oder Unterkünfte zur Verfügung stellt. Heute ist Huda der beste Beweis dafür, dass man, wenn man den Mut hat, einen Beruf zu wählen, der einen begeistert, noch besser und noch kreativer wird. Und man, durch die Fähigkeit, das Leben auszubalancieren, eine Vielzahl an Möglichkeiten erhält.

HUDA AL MATROUSHI

Judith: Es ist eine Freude, dich zu treffen. Und vielen Dank für deine Zeit! Wann hast du die Position des Vice President von GASCO General Services übernommen?
Huda: Schön, dich zu sehen, Judith! Das war Ende 2007, da wurde ich mit der Unterstützung unseres CEO zum Vice President ernannt. Aber ich habe schon 1991 bei GASCO begonnen. Ich war einer der Absolventinnen aus der ersten Gruppe von Studenten, die damals mit dem Segen Ihrer Hoheit Sheikha Fatima bint Mubarak promoviert haben. (Ein Lächeln funkelt über ihr Gesicht.) Diese erste Gruppe bestand aus vielversprechenden und entschlossenen jungen Damen – die meisten dieser Kolleginnen sind heute in führenden Positionen in den verschiedensten Bereichen tätig, als Vice President oder Senior Manager. Ich erinnere mich auch, dass einige auch für die Regierung in den Ministerien arbeiten. Alle haben groß Karriere gemacht – das freut mich ganz besonders.

J: Aber ich bin sicher – da du ja in dieser „ersten Gruppe" warst – dass eine Menge Druck auf deinen Schultern gelastet haben muss.
H: Ja, die Kurse waren schon sehr intensiv und jeder wartete darauf, wie das Ergebnis ausfallen würde. Aber der Druck kam mehr daher, eine neue Sprache zu lernen: Englisch. Es mangelte mir einfach an Erfahrung und Praxis. Die andere Herausforderung war, dass ich frisch verheiratet war und meine erste Tochter zur Welt brachte, während ich an der Universität studierte. Das verursachte zusätzlichen Stress – auch, um die Zeit für das Studieren einteilen zu können. Damals wohnte ich im Studentenheim. Die Fahrt von Al Ain nach Abu Dhabi und an den Wochenende zurück, die Universität zu besuchen, zu meiner Tochter zurückzukommen und auch das Familienleben zu managen – ich muss zugeben, das war die größte Herausforderung, mit der ich je konfrontiert war.

J: Und wie bist du damals gereist? Mit dem Bus? Diese Fahrt kann ja ziemlich heiß werden – vor allem im Sommer, bei vierzig Grad.
H: Es war nicht nur die Fahrt mit dem Bus. Wie du weißt war in dieser Zeit das Studieren nicht so leicht wie heute. Heute ist es nur ein Mausklick und du kannst aus dem Internet jede Art von Information erhalten. Aber zu dieser Zeit hatten wir nicht den Luxus, im Internet recherchieren zu können, da musste man alles selber machen. Dann, eines Tages, als ich gehen musste, fing meine Tochter an zu weinen. Sie war gerade einmal vierzig Tage alt und so wie sie weinte brach mir das Herz. Das war dann auch der Tag, an dem ich mir selbst sagte: „Ich muss aufhören! Es ist einfach zu schwierig!"

J: Ich bin sicher, dass sich viele Frauen in das, was du gerade erzählt hast, sehr gut hineinversetzen können: diese Belastung des Pendelns zwischen der Familie und den anderen Verpflichtungen und dann auch noch einen Fulltime-Job zu haben! Ich frage mich oft, wie diese Frauen es schaffen, all das gleichzeitig zu machen, ohne dabei zusammenzubrechen.
H: Du kannst es nur mit der Unterstützung deiner Familie und deines Ehemanns schaffen. Ich erinnere mich, als ich einmal ich mit meinem Mann im Auto saß und zu ihm sagte: „Ich kann es einfach nicht!" Aber er redete mit mir, er überzeugte mich davon, weiterzumachen. Er sagte: „Es sind ja nur mehr zwei Jahre, du musst weitermachen! Und deine Tochter wird stolz darauf sein, so eine tüchtige Mutter zu haben!"

J: Dein Mann hatte also den Weitblick, dass Frauen eine große Rolle in der Gesellschaft spielen können.

H: Ja, und während dieser Zeit passte er auch auf meine Tochter auf, was mein Leben um vieles leichter machte. Er hat mich immer sehr unterstützt, bis heute. Denn als Vice President reise ich oft und trage große Verantwortung. Ohne sein Verständnis wäre es mir nie möglich gewesen, all das zu tun. Ich bin mit jemandem gesegnet, der mich in dieser Hinsicht versteht. Aber weißt du, das ist der Erfolg einer jeden Beziehung: Wir müssen uns alle gegenseitig unterstützen, denn der Erfolg in unserem Leben ist der Erfolg der anderen.

J: Wenn ich dich ansehe, wie du gekleidet bist, mit all den Farben, die du trägst – das wirkt durchaus künstlerisch auf mich.

> *Wir müssen uns alle gegenseitig unterstützen. Denn der Erfolg in unserem Leben ist der Erfolg der anderen.*

H: Es ist interessant, dass du das bemerkt hast. Ich war schon immer an Kunst interessiert, vor allem am Designen von Möbeln. Die Anfertigung von antiken Möbeln ist auch heute noch eines meiner Hobbys. Ich habe eine Fabrik in Musaffa, wo ich antike Möbel produziere – das Design ist sehr traditionell, ich füge nur einen Hauch „Moderne" hinzu.

J: Aber warum bist du denn keine Interior Designerin geworden? Warum hast du 1991 bei GASCO angefangen?
H: Damals gehörten der Öl- und Gassektor zu den wichtigsten Bereichen in Abu Dhabi. Meine Aufgabe war es, in der Gesellschaft tätig zu sein, wo ich Menschen traf und Events managte. Das war wirklich sehr interessant, denn ich war eine der Pionierinnen, die die gesamte Kommunikationsabteilung aufgebaut hat.

J: Zu dieser Zeit warst du die erste Frau bei GASCO. Wie haben denn die Menschen um dich herum reagiert? Vor allem die Männer?
H: (Sie geht zum Tisch und nimmt ein Buch – sie schlägt eine Seite auf.) Schau, die Frau in der Mitte des Bildes, das bin ich. Und all die Männer um mich herum waren ein Teil meiner Gruppe. Das waren mehr als fünfunddreißig. (Ihr Gesicht zeigt ein Lächeln.) Siehst du, wie viele das sind!

J: Und all die Männer wirken richtig stolz! Das kann man an ihren Gesichtern ablesen! Ich finde es wirklich immer amüsant, dass westliche Menschen noch immer daran glauben, dass ihr von Männern unterdrückt werdet. Genau das Gegenteil ist der Fall!
H: Du hast recht. Ich wurde immer sehr gut akzeptiert. Und ich möchte betonen, dass ich mich sehr privilegiert fühle, dass mich die Regierung als Vorstandsmitglied der *Abu Dhabi Chamber of Commerce & Industry* (Industrie- und Handelskammer von Abu Dhabi) gewählt hat, durch den Erlass des Präsidenten, seiner Hoheit Scheich Khalifa Bin Zayed Al Nahyan, dem Präsidenten der VAE. 2011 wurde ich dann als *Business Woman of the Year* mit dem *L'Officiel Arab Woman of the Year Award - Abu Dhabi* ausgezeichnet. Und ich erhielt den *Emirates Women Award 2011* in der Kategorie Professional.

J: Nun, welchen Rat würdest du heute einer jungen Frau geben, die gerade erst in eine solche Top-Position gelangt ist – vor allem, wenn sie mit einem Team von Männern zusammenarbeitet? Sollten wir lernen, uns im Business mehr wie Männer zu verhalten?

H: Natürlich sind wir Frauen und haben andere Verantwortungen. Wir müssen allem die gleiche Aufmerksamkeit schenken: Wir müssen zu unserer eigenen Familie gerecht sein, wir müssen fair zu unseren Kindern sein und Vertrauen schenken – und wir müssen stolz darauf sein, in einem solchen Sessel zu sitzen, wo jeder zu dir und deinen Leistungen aufsieht. Also, wenn du dort, wo du bist, nicht glücklich bist, solltest du besser kündigen. Denn sonst wirst du das kreative Element in deiner Arbeit verlieren – und das ist nicht gut!

J: Da gibt es ein Buch, es heißt „Die vier Versprechen" von Don Miguel Ruiz. Im vierten Versprechen sagt er, dass man immer sein Bestes geben soll. In diesem Buch erwähnt er auch, dass, wenn wir etwas tun, weil wir es gerne tun und nicht erwarten, dafür belohnt zu werden, können wir noch viel mehr bekommen, als wir uns selbst je vorgestellt hätten.
H: Sicherlich. Ich arbeite, um meinem Mutterland etwas zurückzugeben, etwas, das unser geliebtes Land uns gegeben hat. Heute blicke ich zurück und bin stolz auf mich. Und wenn du alles mit Leidenschaft machst, wirst du dich jeden Tag glücklich fühlen! Denn es werden sich neue Möglichkeiten erschließen, das Leben ist voller Möglichkeiten! Das Leben ist wie Jonglieren – du hast vier, fünf Bälle in der Hand und jonglierst. Du musst aufpassen, dass diese Bälle nicht herunterfallen. Schau, ich habe fünf Kinder, einen Mann, Verpflichtungen und soziale Verantwortung – das alles musst du balancieren. Manchmal funktioniert es zu hundert Prozent und manchmal ist es ziemlich schwierig, aber es ist immer eine interessante Reise. Also: Hol tief Atem und erinnere dich an die schöne Dinge, die dir im Leben passiert sind! Und glaube mir, die schlechten Dinge werden verschwinden!

⚜ Etwas, das man bedenken sollte:

Huda repräsentiert die neue Generation, die ihrem Land und ihren Staatsoberhäuptern für die vielen Möglichkeiten, die sie erhalten hat, extrem dankbar ist. Huda ist damit nicht allein – viele Frauen und auch Männer haben einen großen Sinn für Nationalstolz. Sie sind auch sehr zufrieden damit, wie das Land regiert wird. Das geht zurück auf ihre Tradition. Und wie das Leben in der Wüste gelebt wurde. Sie wollen dem Land, das ihnen soviel gegeben hat, etwas zurückgeben. Nicht jeder benötigt eine Demokratie – etwas, das Menschen im Westen manchmal nicht verstehen.

HUDA AL MATROUSHI

One of the first female UAE nationals to join GASCO, one of the largest gas processing companies in the world, Huda Al Matroushi, is Vice President of GASCO General Services - a division which provides different services, like travelling, or accommodation for their employees. She is proof today that if you have the courage to choose a profession that you are passionate about, you become greater, more creative. And if you are able to balance life, it provides you with a colorful range of opportunities.

Judith: It's a pleasure meeting you. And thank you very much for your time! When did you become Vice President of GASCO General Services?
Huda: Good to see you, Judith! It was at the end of the year 2007, when I was appointed Vice President with the support of our CEO. In fact, I started at GASCO (Abu Dhabi Gas Industries Limited) in 1991, and I was one of the graduates from the first batch of students who graduated with the blessing of Her Highness Sheikha Fatima bint Mubarak, at the time (a smile flashes over her face). This first batch comprised of very promising and determined young ladies. Most of these women and colleagues hold high positions in different fields, like vice presidents and senior managers today; and some, as I recall, are employed by government ministries. All of them have come a long way on their career paths, I am extremely happy to say.

J: But I am sure, as you were in the first group, there was a lot of pressure on your shoulders.
H: Yes, the program was very intense and everybody was looking at what the outcome of this program would be. But the pressure came more from learning a new language, which was English, and I lacked the experience and practice. The other challenge was that I was married, very newly married. And I had my first daughter when I was at university, adding extra pressure on allocating my time for studies. At that time I was a resident in the student dorms, and the travel time from Al Ain to Abu Dhabi and back on weekends, attending university and getting back to my daughter and managing family life, I must admit, was the biggest challenge I have faced.

J: And how did you travel at that time, by bus? This trip can be quite hot, especially in summer, around 40 degrees.
H: It was not only the travelling by bus. As you know, studying in those days was not as easy as today. Today it is just a click of the mouse to get any information on the internet, but at that time, we did not have the luxury of internet research, so you had to do everything by yourself. Then one day, it happened that my daughter was crying, and I had to leave. She was only 40 days old and the way she started to cry broke my heart. That was the day I said to myself, 'I have to stop! Too difficult!'

J: I am sure a lot of women can empathize well with what you've just told me. This burden, the shuttling between handling your family and your other responsibilities. And then to also have a full time job on top of all this. I often ask myself how these women do this all at the same time without collapsing.
H: You can only do it with the support of your family and your husband! I remember I was sitting in the car with my husband and I said to him: 'I cannot do it!' But he talked to me, he convinced me to carry on. He said: 'It's only two more years, you have to do it! Your daughter will be proud of you, having such an active mother!'

J: So your husband had the vision that women can play a big role in society.
H: Yes, he took care of my daughter at that time, which made my life much easier. He's been very supportive up to today, because I am traveling, I have a big responsibility, being a vice president. Without his understanding I would never have been able to do all of this. I am blessed with someone who understands me in that aspect. But you see, that's the success of every relationship: it's the role of everybody to support each other to go ahead. Because the success of our life is the success of the others!

J: When I look at you, the way you are dressed, the colors you are wearing, that looks quite artistic.
H: It's interesting that you noticed this. I was always interested in the arts, especially in designing furniture. Even today it's one of my hobbies to make antique furniture. I have a factory in Musaffa, where I produce 'antique' furniture. The design is quite traditional; I just add some modern touch.

J: But why haven't you become an interior designer? Why did you join GASCO in 1991?
H: At that time, the oil and gas sector in Abu Dhabi was one of the most important sectors. My job was being in society, meeting people and managing events. That was really interesting, because I was one of the pioneers of building up the whole communication department.

J: At that time you were the first woman at GASCO. How did the people around you react, especially the men?
H: (She walks toward her table and takes a book. Then she opens a page) See, this woman in the middle of the picture is me, and all these men around me were part of my group, more than 35. (A smile shows on her face) You see how many!

J: And all of these men look really proud! You can see it on their faces! I am always amused how people in the West still believe that you are being oppressed by men. But the opposite is true!

H: You're right, I was always very well accepted and I must admit, I am very privileged to be nominated as a government-appointed board member of the Abu Dhabi Chamber of Commerce & Industry by the presidential decree of His Highness Sheikh Khalifa Bin Zayed Al Nahyan, the president of the UAE. In 2011, I was honored as the business woman of the year from the L'Officiel Arab Woman of the Year Award – Abu Dhabi, and I received the Emirates Women Award 2011 – in the professional category.

J: So, what advice would you give a young local woman today who has just got into such a top position, especially a woman dealing with a team of men? Should we learn to behave more like men in business?

It's the role of everybody to support each other to go ahead. Because the success of our life is the success of the others!

H: Of course we are women and have different responsibilities, and we have to give equality for everything. We have to be fair with our family, we have to be fair with our children and we have to give faith. And we have to be proud of sitting in this chair, where everybody is looking at you and your achievements. So if you are not happy where you are, you'd better quit. You will lose the creative element in your work – and that's not good!

J: There is a book called 'The Four Agreements' by Don Miguel Ruiz. In the fourth agreement he says, 'Always do your best!' And in the book he mentions that when we take action for the sake of doing it, without expecting a reward, we can get even more than we had ever imagined for ourselves.

H: For sure. I work to give something back to my motherland for what our beloved country has given to us. Now I can look back and be proud of myself. If you're doing everything full of passion, you will feel happy every day! New opportunities will come up for you, life is full of opportunities! Life is like juggling. You have four or five balls up in the air and you juggle, and then you have to think about making sure that you don't drop them. You see, I have five children, a husband, a commitment, a social responsibility – you have to balance it. Sometimes it works 100 percent, sometimes it's quite difficult, but it's a very interesting journey. So take a long deep breath, and always remember the good things that happen in your life! And believe me, the bad things will go!

Something to consider:

Huda represents the new generation that is extremely grateful to the country and its rulers for the opportunities she has been given in life. Huda is not alone. Many women but also men have a great sense of national pride and are very content with the way the country is run. It goes back to the traditions of the ways of life in the desert in the past. They feel they want to give something back to the country which has given them so much. Not everybody needs a democracy, something that the West sometimes does not understand.

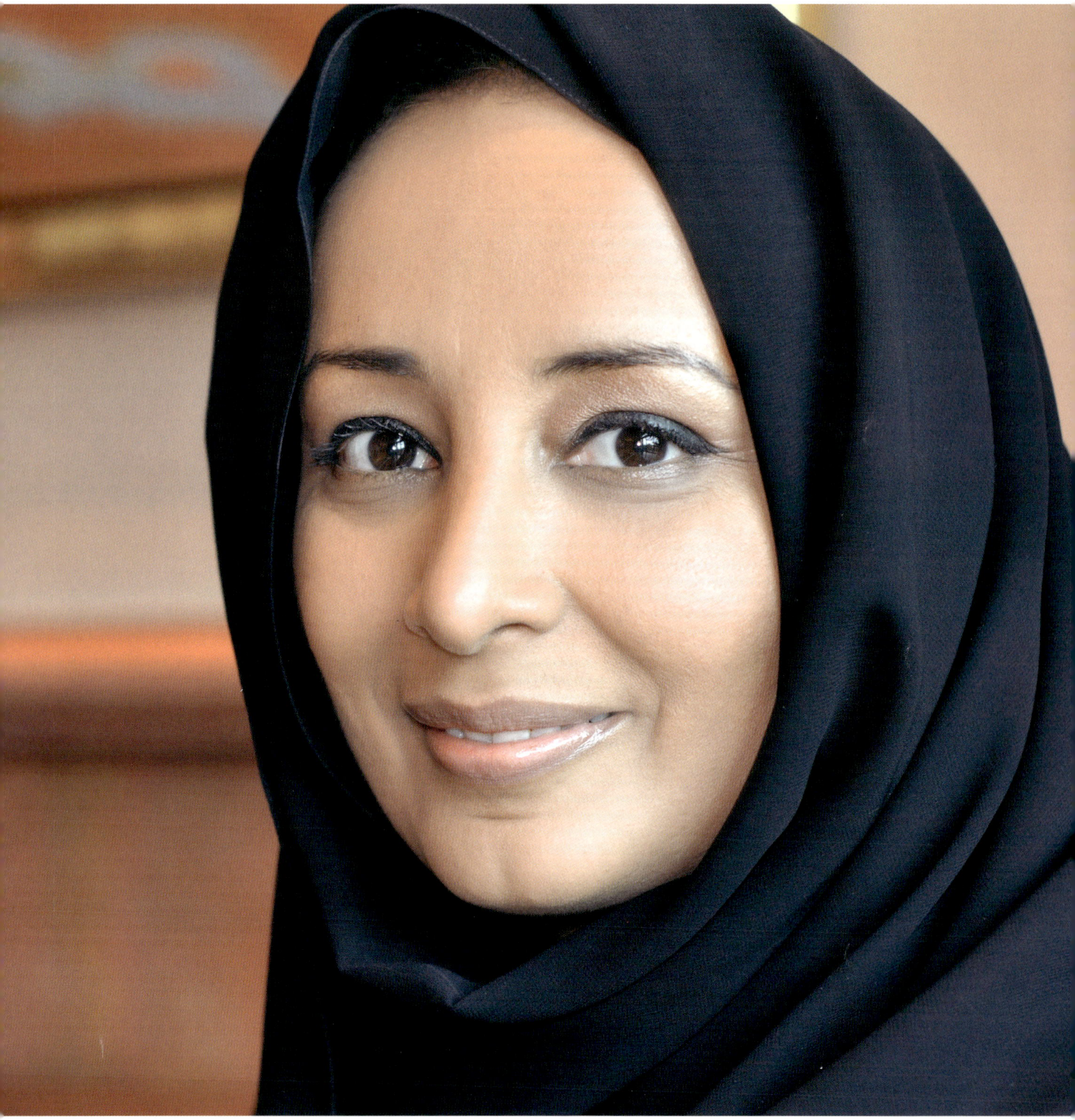

MAWAHIB SHAIBANI

Mawahib Shaibani veränderte ihren Fokus: Managte sie früher Millionen von Dollar für arabische Familien aus der Region, setzt sie sich heute für menschliche Werte ein. Sie entschied sich, ihr Leben der Unterstützung von Frauen zu widmen, speziell jenen, die aus ehemaligen Kriegsgebieten kommen. Heute ist Mawahib CEO der *Art of Living Foundation*, einer Non-Profit-Organisation im humanitären und Bildungsbereich, die Menschen hilft, sich auf ihre lukrativste Investition zu konzentrieren: ihre körperliche und geistige Gesundheit.

MAWAHIB SHAIBANI

Judith: Es ist schön, dich zu sehen, Mawahib! Deine Geschichte ist ja wirklich interessant, denn am Höhepunkt deiner Karriere, als du Portfolio-Managerin für Merrill Lynch warst, hast du deinen Job gewechselt. Warum, was ist passiert?
Mawahib: Es ist ein Vergnügen, dich zu sehen, Judith! Weißt du, ich habe meinem Job nicht über Nacht „auf Wiedersehen" gesagt, ich war immer noch in der Finanz tätig. Aber damals rief mich eines Tages einer meiner Freunde an und sagte: „Da ist ein Mann, der einen lehrt, besser zu atmen, ich habe dich dazu angemeldet. Und du gehst dorthin." Und ich sagte: „Du Dummkopf, wie kann ich dort hingehen und atmen lernen? Ich atme doch schon!" Er sagte: „Nein, geh hin. Und mach dir keine Sorgen!" Worauf ich ihm antwortete: „Jeder Atemzug kostet mich eine Million und du möchtest, dass ich dort stundenlang herumsitze, wenn es gerade um einen wichtigen Zeitpunkt im Investment geht?" Aber er meinte: „Die drei Millionen, die du jetzt verlierst, wirst du hundertfach zurückbekommen, wenn du den Kurs machst – also, ich investiere eigentlich in dich!"

J: Das hat dich nachdenklich gestimmt.
M: Natürlich, und ich besuchte diese Kurse – es war beeindruckend! Vorher war ich so gestresst und hatte das damals nicht einmal bemerkt. Ich wusste nicht, wie ich damit umgehen sollte - wie ich in der Nacht meine Gedanken über das Geld und die von mir gemanagten Portfolios abschalten konnte.

J: Denn du hast gegenüber den Menschen, für die du gearbeitet hast, eine große Verantwortung empfunden.
M: Stimmt. Diese Menschen haben mir alle ihre Ersparnisse gegeben, sie haben mir vertraut. Und ich musste gute Entscheidungen für sie treffen.

J: Wenn ich unter großem Stress stehe, träume ich manchmal auch von meiner Arbeit. Ist dir das auch schon passiert?
M: Ja, und ich konnte all diese Zahlen nicht abschalten (lacht), all diese Dollarzeichen, die ich gesehen habe. Ich habe vierundzwanzig Stunden über meine Arbeit nachgedacht, denn es geht ja auch um meinen Namen, mein Ruf. Und ich wollte nicht, dass sie eines Tages sagen: „Mawahib hat keine gute Arbeit für uns geleistet, wir haben durch sie Geld verloren!" Deshalb habe ich sehr hart gearbeitet, ich habe mein Bestes getan. Ich habe am Tag durchgearbeitet und frühmorgens habe ich meine Atemübungen gemacht. Ich fühlte die Veränderung, mein Verstand wurde klarer, es war unglaublich! Ich musste mich auch nicht mehr so anstrengen wie vorher.

J: Wie hast du das bemerkt?
M: Ich erinnere mich zum Beispiel, wie überrascht meine Bosse bei *Merrill Lynch* waren! „Was ist es, das du jetzt so anders machst?", haben sie mich gefragt. „Du bist jetzt wahrlich ein anderer Mensch!" Weißt du, meine Produktivität war einfach besser. Ich musste nicht mehr zwölf Stunden herumsitzen, ich erledigte meine Arbeit in fünf Stunden, denn ich war fokussiert. Ich konnte denken. Ich war glücklich. Und ich konnte mit Stress umgehen. Vorher war ich eine sehr verärgerte Person gewesen und ich tat alles, um zu meinen Rechten zu kommen. (lacht) Aber weißt du, es gibt niemanden, der dir deine Rechte wegnehmen will. Das Leben ist nur deshalb so schwierig, weil man immer denkt, dass man für alles, was man haben möchte, kämpfen muss.

J: Meine Freundin Hetti Bauer hat mir einmal gesagt: „Deine Gefühle gehören dir!" Man ist also für seinen Geist selbst verantwortlich, für die Art, wie man denkt.
M: Natürlich, und deswegen ist auch Atmen so hilfreich. Weißt du, man kann nicht klar sein, wenn man so viel Lärm in seinem Verstand hat, wenn man von Gedanken bombardiert wird. Deine Gedanken müssen offen sein, dann kannst du sie verwenden. Gedanken sind stark, aber man muss wissen, wie man sie einsetzt.

J: Da stimme ich dir hundertprozentig zu! Meine Mutter hat mir einmal von einem sehr interessanten Mann erzählt: Mr. Bruce Lipton, ein Zellbiologe, der früher am Stanford University Medical Center war. 2006 erhielt er von USA Book News für das beste wissenschaftliche Buch, Biology of Belief, den „Best Books Award". Die Philosophie von Mr. Lipton ist, dass unser Leben nicht von unseren Genen beherrscht wird, sondern von unseren Zellmembranen, die auf unsere Gedanken reagieren. Und er behauptet, dass unsere Gedanken die Aktivität unserer Zellmembrane verändern können und dass dadurch auch unsere Gesundheit und unser Leben verändert werden. Also Mr. Liptons Philosophie ist, dass wir die Fähigkeit haben, ein glückliches und angemessenes, gesundes Leben zu führen. Wie denkst du eigentlich über Asthma? Denkst du, besteht auch da eine Verbindung zu unseren Emotionen?

Wenn du deinen Atem kennst, kennst du dein Leben.

M: Natürlich, wir haben auch Forschungen darüber. Und es zeigt, wie kraftvoll der Atem ist und was er verändern kann. Das Problem ist, dass wir oft nicht ordentlich atmen. Wir nützen nur dreißig Prozent unserer Lungenkapazität, denn wir halten unseren Bauch fest und atmen nicht richtig. Und wenn du deinen Bauch festhältst und der Brustkorb sich nicht erweitern kann, bekommt die Lunge nicht genug Luft. Jetzt stell' dir mal ein Auto vor, das nur dreißig Prozent Luft in den Reifen hat. Wie schnell kann das fahren? Und stell' dir deinen Körper vor, der nur dreißig Prozent der Lungenkapazität erhält, wie geht es da den Zellen, auf jeder Ebene? Deshalb, wenn du deinen Atem kennst, kennst du dein Leben. Weißt du, der Atem und die Gefühle sind miteinander verbunden. Zum Beispiel, wenn du traurig bist, hast du das Gefühl, nicht atmen zu können, du fühlst dich beengt, richtig? Und wenn du glücklich bist, ist dein Atem sehr leicht. Du kannst ihn gar nicht fühlen, du glaubst zu fliegen. Wenn du also deinen Atem verbesserst, verbesserst du automatisch auch deine Gefühle.

J: Heute bist du CEO von „The Art of Living Foundation" im Mittleren Osten und in der islamischen Welt. Die Foundation ist weltweit tätig, in mehr als einhunderteinundfünfzig Ländern.
M: Korrekt, unser Team unterstützt Jugendliche und Frauen aus ehemaligen Krisengebieten im Mittleren Osten und dem Golf. Wir helfen auch Menschen, den Stress in ihrem Leben zu eliminieren, denn Stress ist heutzutage der Nummer-eins-Killer. Ich habe zweihundert bis dreihundert Trainer, die für mich arbeiten. Zum Beispiel registrierte ich *Art of Living* im Irak während des Krieges. Wir begannen, Techniken für die Bewältigung von Traumata zu unterrichten, für Iraker, die im Krieg waren und an Frustration und Verzweiflung litten. Jeden Moment hätte ich tot sein können, das war im September 2003 – da war ich in Bagdad, und die Bomben gingen los. Wir haben Zentren geschaffen und begannen die Menschen zu verpflegen, mit ihnen zu sprechen und sie mit ayurvedischer Medizin zu behandeln. Viele von ihnen konnten in der Nacht nicht schlafen, deshalb haben wir für ihre Gesundheit Atem-Sessions mit ihnen gemacht. Und für diese Menschen war es dann das erste Mal nach langer Zeit, dass sie wieder schlafen konnten.

J: Großartig! Da gibt es noch ein Projekt, das wirklich mein Herz berührt hat: „The Prison S.M.A.R.T." In diesem Programm gebt ihr Gefangenen die Chance, ihren Stress loszuwerden.
M: Ja, denn das macht es leichter für sie, wieder in die Gesellschaft zurückzukehren und ein Teil davon zu sein.

J: Und für uns, die Gesellschaft, bedeutet das wiederum, dass wir durch weniger Aggression um uns herum auch eine friedlichere und sichere Umgebung bekommen. Man könnte sagen: „Mit dem richtigen Atem für eine bessere Welt."
M: Natürlich! Wir hatten Pilotprojekte mit einigen Universitäten in Deutschland und Harvard. Wir lernen zum Beispiel Mathematik, Geografie – die meisten Dinge lernen wir aber nur mit dem Ziel, Geld zu verdienen. Aber wir lernen nie, mit unserem Gemüt, unserem Ärger umzugehen. Niemand lehrt uns das, nirgendwo – weder zu Hause noch an den Universitäten. Das war auch der Grund, warum ich mich verändert habe. Ich hatte das Gefühl, dass ich Menschen, jedem der dazulernen will, helfen sollte. Ich bin für sie da! Und ich fand, dass jeder Mensch von Geburt an das Recht auf einen stressfreien Geist und einen Körper ohne Krankheiten hat. Befreit euch von den Krankheiten des 21. Jahrhunderts!

⚜ Etwas, das man bedenken sollte:

„Anderen zu helfen und zu spenden" ist eine der Aufgaben und Pflichten eines jeden guten Moslems. Das arabische Wort dafür heißt Zakat. *Zakat* ist eine der fünf Säulen des Islam, wobei Moslems bedürftige, nicht vom Glück begünstigte Menschen mit Geld und Essen unterstützen. Mawahib nimmt, wie so viele ihrer Generation, die Pflichten ihrer Religion sehr ernst und versucht, diese in das moderne Leben zu übernehmen. Durch ihren stressigen Job konnte Mawahib die Bedürfnisse der heutigen Zeit erkennen und fand einen Weg, mit ihrer Foundation effizient zu helfen.

MAWAHIB SHAIBANI

Mawahib Shaibani changed her focus from handling millions of dollars for Arab families in the region to promoting human values. She decided to dedicate her life to empowering women, especially in post-conflict countries. Today Mawahib is the CEO of the Art of Living Foundation, a non-profit, educational and humanitarian organization that helps people to concentrate on what should be their most lucrative investment: their physical and mental health.

Judith: Mawahib, nice meeting you! Your story is really interesting, because at the peak of your career, when you were a portfolio manager at Merrill Lynch, you changed your job. Why, what happened?
Mawahib: It's a pleasure meeting you, Judith! You see, I didn't say goodbye to my job overnight, I was still in finance, but at that time, a friend of mine called me one day and said: 'There is this guy who teaches proper breathing, I have booked you and you are going.' And I told him: 'You dummy, how can I go and learn breathing? I already breathe!' And he said 'No, go there and don't worry about it.' And I answered him: 'Every breath I do costs me a million and you want me to sit for hours, when this is a big hour in investment?' And he answered: 'These three million, you'll lose now, but you will do 100 times more when you do this course. So I am actually investing in you!'

J: So this made you think.
M: For sure, and I went to these courses – and it was amazing! Before I had been so stressed and hadn't even realized it at the time. I did not know how to deal with it and how to switch off thinking of the money and the portfolio I was managing at night.

J: Because you felt a huge responsibility for the people you worked for.
M: That's right. These people give me all their savings. They place their trust in me. And I have to make good decisions for them.

J: When I am very much under pressure, I sometimes also dream about my work. Does that happen to you too?
M: Yes, and I can't switch off all these numbers (laughs). Seeing all these dollar signs. So I think about my work 24 hours a day, because it's my name, my reputation. And I didn't want them to say one day: 'Mawahib didn't do a good job for us, she made us lose money!' So I worked very hard, I did my best. I worked during the whole day. And in the early morning I was doing my breathing exercises and I felt the change; my mind was clear, it was amazing! I didn't need to make as much effort as before.

J: How did you notice that?
M: I remember, for example, how surprised my bosses at Merrill Lynch were! 'What are you doing so differently now?' They asked me. 'You are a really different person!' You see, my productivity was much better. I didn't have to sit for 12 hours; I did my work in five, because I could focus. I could think. I was happy. And I could deal with the stress. Before, I had been a very angry person. And I wanted to get my rights with my own hands (laughs). But you know, there isn't anybody who wants to take your rights from you. So life is difficult, because you have in your mind that you always have to fight for whatever you want.

J: My girlfriend Hetti Bauer told me once, 'You own your feelings!' So you are responsible for your mind, for your way of thinking.
M: For sure, and that's what breathing is so helpful for. You see, you cannot be clear when there is so much noise in your mind, when you have such a bombardment of thoughts. Your thoughts have to be manifested, then you are able to use them. Thoughts are so powerful, but you have to know how to use them!

J: I agree 100 percent! My mother once told me about a very interesting man. Mr. Bruce Lipton, a cellular biologist, formerly at Stanford University Medical Center. In 2006 he also won the Best Books Award by USA Book News for the best science book called Biology of Belief. So the philosophy of Mr. Lipton is that our lives are not ruled by our genes but by our cell membranes – which respond to our thoughts. And he contends that our thoughts can activate changes in the activity of the cell membrane and thus alter our health and life. So Mr. Lipton's philosophy is that we have the capacity to live a happy and proper healthy life. What do you think about asthma – do you think that goes hand-in-hand with emotions too?
M: For sure, we have research about it. And it shows how powerful the breath is and how it can change. The problem is that we often don't breathe properly. We only take 30 percent of our lung capacity because we hold our stomach and don't breathe properly. So when you hold your stomach, you're not letting the rib cage expand, so the lungs do not have enough air. Imagine a car with only 30 percent air in the tires. Can you go fast in that car? Image your body taking 30 percent of your lung capacity. What is happening to your cells, on every level? So when you know your breath, you know your life! You see, the breath and the emotions are connected. For example, when you are sad, you feel you cannot breathe normally, you feel a very tight chest, right? And when you are happy, your breath is very light. You cannot feel it, you think you are flying. So if you improve your breathing, you automatically improve your emotions.

J: Today you are CEO of The Art of Living Foundation – Middle East and Islamic World. The foundation operates globally in more than 151 countries.

M: Correct, and our team empowers youth and women in post-conflict countries in the Middle East and the Gulf. We also empower individuals to eliminate stress from their lives because stress is the number one killer these days. I have 200 to 300 trainers working with me. For example, I registered the Art of Living in Iraq when the war was going on. We began teaching trauma relief techniques to Iraqis who were suffering from war, despair and frustration. Every moment I could have been dead. That was September 2003 – I was in Baghdad. There was bombing going on. We created centers and we started feeding the people, talking to them and treating then with aryuvedic medicines. A lot of them could not sleep at night, so we had health through breath sessions with them. For these people, this was the first time that they were able to sleep again after a long time.

J: Wonderful! There is another project that really touched my heart, 'The Prison S.M.A.R.T.' In this program, you give prisoners the chance to get rid of their stress.

When you know your breath, you know your life!

M: Yes, that makes it easier for them to get back to society and be part of it.

J: And for us, the society, it means that when there is less aggression around us we will have a more peaceful and safer environment – one could say 'with the right breath to a better world.'
M: For sure! We ran pilot projects with some universities in Germany and Harvard. For example, we learn mathematics, geography, and most of the things we learn, we learn just to earn money. But we never learn to deal with our mind, with anger, nobody teaches us this. Never – neither at home nor at university. And that was the reason why I shifted. I felt I should help individuals – every human who wants to learn – I am here for them! I felt every human has the birth right to have a stress-free mind, a disease-free body. Get rid of the 21st century illnesses!

Something to consider:

To give and to help others is one of the duties and obligations of every good Muslim. The Arabic word for this is "Zakat". Zakat is one of five pillars of Islam, where Muslims support the needy and not so fortunate people with money or food. Mawahib and many more people of her generation take the duties of their religion very seriously and try to apply them to modern day life. Mawahib, through her own stressful job, has seen that there are different needs today and she has found an effective way to help with her foundation.

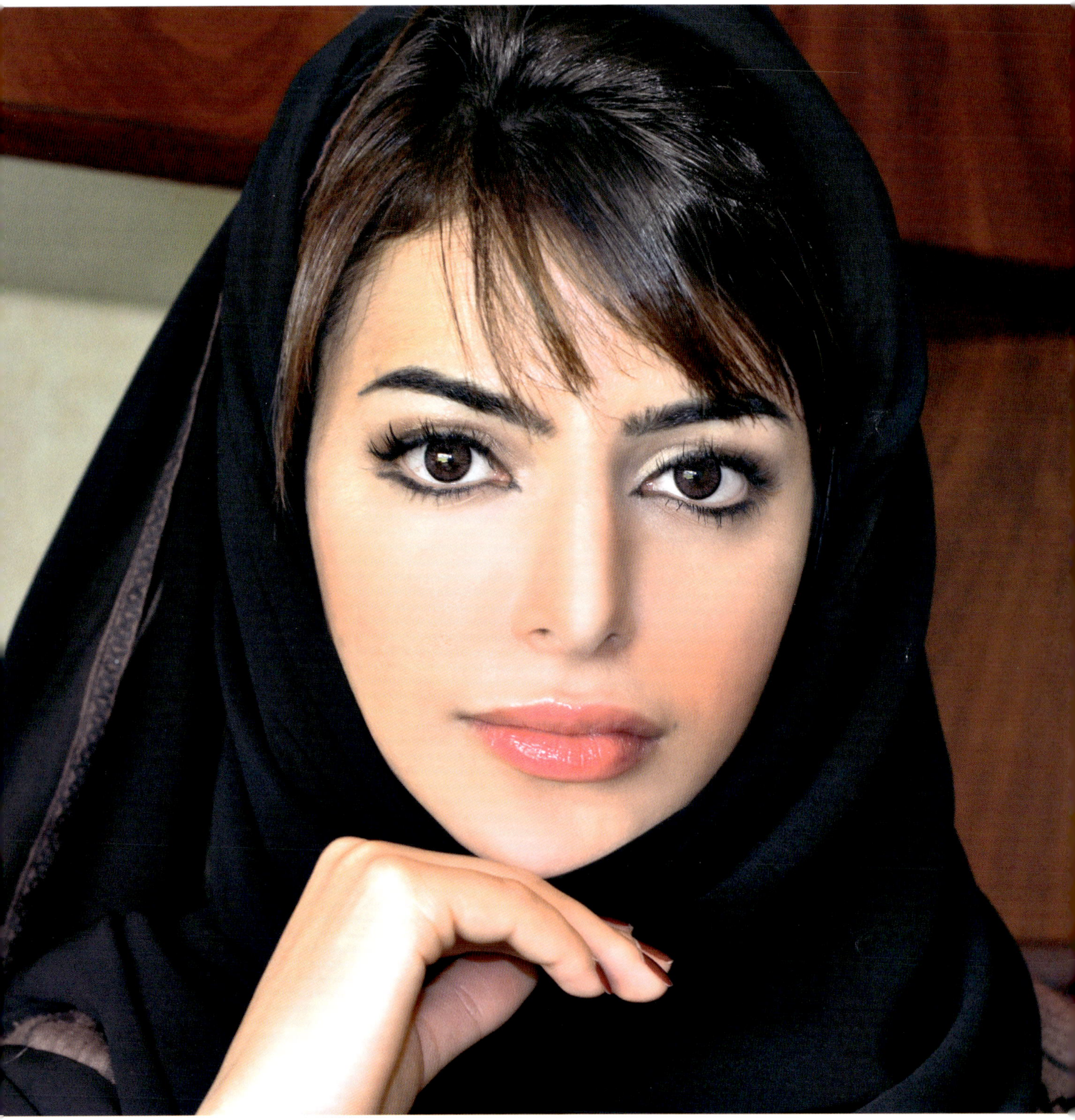

MUNA BIN KALLI

Als Präsidentin des *Dubai Women's Establishment* hatte Sheikha Manal bint Mohammed bin Rashid Al Maktoum eine Vision: Der *Dubai Ladies Club* sollte sich für Frauen aus Dubai und den Vereinigten Arabischen Emiraten zu einer Drehscheibe in den Bereichen Kunst, Fashion und Sport entwickeln. Muna bin Kalli ist Geschäftsführerin des *Dubai Ladies Club* und trägt ihren Teil zum Erfolg bei – nicht nur durch Initiativen und ihre einzigartigen Konzepte, bei denen sie die moderne Einrichtung und die Veranstaltung von vielseitigen Events, kombiniert. Es ist ihre Einstellung und Art des Denkens, die den Club zu etwas ganz Besonderem machen.

MUNA BIN KALLI

Judith: Es ist eine Freude, dich zu sehen! Deine Augen strahlen ja richtig – du scheinst jemand zu sein, der gerne Dinge umsetzt. Wann hast du begonnen, im Dubai Ladies Club zu arbeiten?
Muna: Das war im Jahr 2004. Es war mein allererster Job. Als ich anfing, studierte ich noch an den *Higher Colleges of Technology*. Dann, 2006, machte ich meinen Universitätsabschluss, arbeitete aber auch weiterhin für den *Dubai Ladies Club*, wo ich kontinuierlich die Karriereleiter „hochgeklettert" bin: Anfangs war ich für die Organisation von Events verantwortlich, später wurde ich zur Event-Managerin befördert. Nach einigen Jahren ernannte man mich zur Geschäftsführerin des Clubs und seit 2010 bin ich geschäftsführende Direktorin. Im Moment manage ich diese Organisation: Ich lege Strategien fest und helfe mit, dass sich dieser Club weiterentwickelt. Das alles macht mich sehr stolz.

J: Welches Sternzeichen bist du?
M: Löwe.

J: So wie ich, ich dachte mir das schon. (lacht)
M: Aber hast du gewusst, dass ich am gleichen Tag wie Barack Obama meinen Geburtstag feiere? Am vierten August.

J: Wirklich! Also werden wir dich eines Tages vielleicht in einer Regierungsposition der VAE antreffen – im Moment arbeitest du ja bereits für die Regierung Dubais, denn auch der Dubai Ladies Club ist ja ein Teil davon.
M: Du hast recht, er ist eine halbstaatliche Organisation. Der *Dubai Ladies Club* selbst ist auch Teil des *Dubai Women's Establishment*. Aber um wieder auf Präsident Obama zurückzukommen: Ich denke, dass dieser Mann gerade zur richtigen Zeit gekommen ist. Und mir gefällt seine Kernaussage: „Es ist Zeit für Veränderung, es ist Zeit, etwas zu tun." Allerdings, was noch viel wichtiger für mich im Leben ist: „Auf Worte sollten Taten folgen!" Man darf sich nicht nur von Worten beeindrucken lassen.

J: Ich stimme dir völlig zu. Aber Obama hat auf jeden Fall ein Zeichen gesetzt: Er ernannte Hillary Clinton, die zuvor seine Rivalin gewesen war, zur Außenministerin. Also, was auch immer der Hintergrund dieser Entscheidung gewesen sein mag, irgendwie hat sie mich beeindruckt. Wie entscheidest du eigentlich bei deiner Arbeit? Musst du eine Person mögen, wenn du mit ihr zusammenarbeitest?
M: Die Menschen, die mit mir zusammenarbeiten oder zusammengearbeitet haben, werden dir sagen: „Muna ist sehr diplomatisch!" Ich halte meine persönlichen Ansichten immer aus dem Geschäft heraus. Sobald ich ins Büro komme, wirst du nichts von meinen persönlichen Gefühlen erkennen können. Das entspricht meiner Persönlichkeit und so bin ich aufgewachsen. Denn „Geschäft ist Geschäft", da gibt es keinen Platz für persönliche Gefühle und das macht das Ganze dann auch viel einfacher. Ich habe gelernt, die Ansichten des anderen zu respektieren und niemals jemanden zu demütigen. Das ist meine Natur. Sogar wenn ich mit einer Person zusammenarbeiten muss, mit ihr aber nicht wirklich gut auskomme, was nur sehr selten passiert – nun, du wirst niemals erleben, dass ich meine persönlichen Ansichten in diesem Moment enthülle, denn es ist einfach nur Business – so ist es eben.

J: Da gibt es etwas, das ich in den letzten Jahren gelernt habe: Du weißt nie, wie sich eine Beziehung zwischen Menschen entwickeln wird. Vielleicht wird er oder sie dein bester Freund,

deine beste Freundin oder dein Ehemann (lacht), du weißt es einfach nicht. Denn vielleicht hast du ja einen Menschen „zur falschen Zeit am falschen Ort" getroffen und ihr seid beide an diesem Tag gerade nicht guter Stimmung gewesen. Und deshalb hat es auch nicht funktioniert.
M: So ist es. Üblicherweise entscheide ich nicht nach dem ersten Eindruck. Mir gefällt es auch grundsätzlich nicht, über jemanden zu urteilen. Denn wenn du über andere urteilst, definierst du nicht sie, sondern dich selbst! Das ist so, denn du kannst es einfach nicht wissen. Vielleicht wirst ja auch du überrascht sein. Ich zum Beispiel bin die Art von Mensch, die, wenn sie zum ersten Mal jemanden trifft, schüchtern sein kann.

J: Wirklich, das ist nicht der Eindruck, den ich von dir hatte!
M: Aber das ist die Wahrheit und die Menschen glauben dann, dass ich ein Snob bin, oder dass ich arrogant bin. Sie missverstehen meine Scheu. Also, du kannst erst dann sagen, wie ein Mensch wirklich ist, wenn du ihn besser kennengelernt hast.

J: Und wenn wir Glück haben, treffen wir Menschen, die ähnliche Interessen und Denkweisen haben, das ist dann etwas Großartiges. Aber wir sollten es nicht erwarten, denn jeder Mensch ist anders.
M: Richtig! Gib Leuten zunächst immer einen Vertrauensbonus – das ist etwas, was ich von meiner Mutter gelernt habe. Sie ist entschlossen, sehr diplomatisch und äußerst liebenswürdig. Soweit ich mich erinnern kann, hat sie mich immer gelehrt, positiv und respektvoll gegenüber dem Gefühl der anderen zu sein und immer zu versuchen, jede Art von Konflikt auf diplomatische und herzliche Art zu lösen. Ich habe sie sehr gut beobachtet und einige ihrer Prinzipien auch bei meiner Belegschaft angewandt. Ich denke, das hat mir in meiner Karriere und für meine Art zu denken sehr geholfen. Was ich nicht mache, ist Versprechen zu geben, die ich nicht halten kann. Denn ich bin für das, was ich sage, auch immer verantwortlich. Deshalb vergewissere ich mich, dass ich es auch einhalten kann. Mach niemals Versprechungen, nur um jemanden zu beeindrucken! Denn die Menschen hören genau zu, was du sagst. So kannst du auch niemals mit Enttäuschungen deiner Kollegen konfrontiert werden.

J: Da ist etwas, das ich dich schon sehr lange fragen wollte – etwas, das mich Menschen aus dem Westen regelmäßig fragen: „Sagt die arabische Kultur wirklich, dass es nichts ausmacht, wenn man zu spät kommt und unpünktlich ist?"
M: Ich denke nicht, dass das irgendetwas mit Kultur zu tun hat! Zuspätkommen ist kein Zeichen des Respekts. Deshalb sage ich meinen Leuten auch immer mindestens eine Stunde im Vorhinein, ob ich bei einer Verabredung oder einem Meeting zu spät dran sein werde und ob es dann nicht besser wäre, es zu verschieben, anstatt zu spät zu kommen. Daher bedeutet es dasselbe, ob du nun Europäer oder Araber bist.

J: Du hast recht! Zeit ist etwas Wertvolles im Leben! Für uns Westler bedeutet Zuspätkommen, dass man die andere Person nicht respektiert und nicht anerkennt – das ist klar für uns. Mit so einem Verhalten schafft man eine sehr eigenartige Gesprächssituation, denn die Person, die warten muss, ist dann vielleicht verärgert oder auch nervös, vielleicht muss sie ja schon zum nächsten Termin laufen.

> *Mach niemals Versprechungen, nur um jemanden zu beeindrucken!*

M: Stimmt. In einer Belegschaft, als Profi, da lernst du auch, die Zeit zu schätzen – in dieser Hinsicht wirst du trainiert. Also nochmals: Das hat nichts mit Kultur zu tun.

J: Gut zu wissen! Ich danke dir! Das werde ich vielen Menschen aus dem Westen weiterzählen, dann können sie in solchen Situationen auch viel besser darauf reagieren.
M: Und wenn du bei einem Meeting versetzt wirst oder jemand schätzt deine Zeit nicht und kommt zu spät, trotzdem: Du solltest zwar deinen Standpunkt äußern, aber ohne dabei den anderen zu beleidigen. Und, sosehr es dich auch irritieren mag – setze das Meeting fort, ohne dass sich diese Person dabei unwohl fühlt. Du kannst sanft deine Meinung äußern, indem du sagst: „Es tut mir leid, ich kann nicht länger bleiben, denn ich muss mich beeilen, um zum nächsten Meeting zu kommen." Somit drückst du aus, dass, wenn die andere Person pünktlich gewesen wäre, du nicht so schnell gehen hättest müssen. Aber du sprichst es auf eine indirekte Art und Weise aus.

J: Muna, die Diplomatin! Kannst du dich eigentlich an ein Erlebnis erinnern, das dich gelehrt hat: „Okay, von nun an werde ich sicherstellen, immer pünktlich zu sein!"
M: Nein, nicht wirklich. Aber ich denke, dadurch, dass ich Menschen beobachte, habe ich gelernt, dass ich nicht so sein möchte. Oder dass ich nicht mit einer solchen Situation konfrontiert werden möchte. Und ich glaube, ich bin auch wirklich die Art Mensch, die Fehler der anderen erkennt und daraus lernt!

J: Deshalb leistest du auch so gute Arbeit. Heutzutage veranstaltet der Dubai Ladies Club ja eine Vielzahl von verschiedenen Aktivitäten: exklusive Modeschauen, Events, wo ihr gratis Gesundheitschecks anbietet. Und ihr organisiert auch spezielle Verkaufsveranstaltungen für wohltätige Zwecke, wo zum Beispiel Frauen eingeladen werden, um ihre nur wenig benützten Designertaschen und Accessoires zu spenden – wirklich sehr innovativ!
M: Und da gibt es noch viel, viel mehr. Weißt du, ich hatte schon immer gehofft, dass ich eines Tages in dieser Position sein würde, um bei der Entwicklung mitzuhelfen. Und auch um gewisse Veränderungen, die ich im Kopf hatte, einfließen zu lassen – dieser Traum ging in Erfüllung! Es war und ist, auch heute noch, eine Herausforderung – und gerade das treibt mich an, weiterzumachen!

⚜ Etwas, das man bedenken sollte:

Muna verkörpert die neue Generation, die über die Trends und Regeln der modernen Geschäftswelt informiert ist und diese auch respektiert. Der Trend betreffend Pünktlichkeit und Disziplin ist in den Vereinigten Arabischen Emiraten klar sichtbar. Die Verantwortung für die Entwicklung dieses Trends liegt bei vielen Müttern und Vätern, einer davon ist Scheich Nahayan bin Mabarak Al-Nahayan, Minister für Höhere Ausbildung, Forschung und Wissenschaft der VAE. Er hat eine klare Regel für die Universitäten im Land aufgestellt: Versäumen Studenten mehr als zehn Prozent des Studiums, müssen sie die Universität verlassen und dürfen auch nicht mehr zurückkehren.

MUNA BIN KALLI

As the president of the Dubai Women's Establishment, Sheikha Manal bint Mohammed bin Rashid Al Maktoum had a vision of the Dubai Ladies Club: that it should develop into a hub for the women's scene of Dubai and the UAE's art, fashion and sport sector. Muna bin Kalli is the Executive Director of the Dubai Ladies Club and she does her bit. Not only does she initiate unique concepts that combine modern facilities and hosting varied events and activities. It is her belief and her way of thinking that has helped to make the club into a very special place.

Judith: It's a pleasure meeting you! Your eyes are beaming – it seems that you want to make things happen. When did you start working at the Dubai Ladies Club?
Muna: I began working at the Dubai Ladies Club in 2004. It was my first job and I was still studying at the Higher Colleges of Technology when I joined. Then in 2006, when I graduated from university, I continued working at the Dubai Ladies Club and climbed the ladder steadily. At first, I was responsible for organizing all the events. Later I was promoted from Event Executive to Event Manager. And after a few more years, I was appointed General Manager of the club. And in 2010, I became the Executive Director of Dubai Ladies Club. And right now, I manage this organization, set its strategies and am helping it expand. It makes me feel so proud.

J: What star sign are you?
M: Leo.

J: Like me. I thought so (laughs).
M: But did you know that I celebrate my birthday on the same day as Barack Obama celebrates his, August 4th?

J: Really! So we might see you in a governmental position in the UAE one day? As it is, you already work for Dubai's government. After all, the Dubai Ladies Club is a part of it.
M: You're right. It is semi-governmental, and the Dubai Ladies Club is a member of Dubai Women's Establishment. Speaking of President Obama, I think this man is the right person at the right time. And I liked his key messages, 'It's time to change, it's time to do something.' But much more important for me in life is that words are followed by action. You cannot only be impressed by words.

J: I agree with you 100 percent. But one thing that Obama did in any case –he set an example. And he made Hillary Clinton, who had previously been his rival, Secretary of State. Whatever the background to this decision may have been, it somehow impressed me. How do you decide in your professional life? Do you have to like somebody if you work with this person?
M: The people who are with me or who have worked with me will tell you, 'Muna is very diplomatic!' I always leave my personal thoughts outside the door. Once I come into the office, you will not know my personal feelings. It's just my personality and the way I was raised. That business is business, there's no room for personal feelings. It just makes things a lot easier. One of the things I learned is to always respect the other's point of view. And that I should never humiliate anyone. That's just my nature. Even if, let's say, there was a person I have to work with, but I don't necessarily get along with - which happens very rarely – you will never see me reveal my personal thoughts in the process. Because it's just business and that's the way it is.

J: There is something I've learnt in the last few years. You never know how a relationship between people develops. Maybe he or she will be your best friend or your husband (laughs), you really don't know. Maybe you met a person at the wrong time in the wrong place. And both of you weren't in a good mood that day, so it didn't work ...
M: Exactly. Normally I don't go by first impressions. I don't like to judge in general – because when you go judging people, you don't define them, but you define yourself! And it's true, because you never know and you might be surprised. For instance, I am the kind of person who might be shy at first when I meet somebody new.

J: Really? That's not the impression I had!
M: But it's true. And then people assume that maybe I'm a snob or that I am arrogant. They mistake my shyness for that. It's only when you really get to know someone that you can tell what kind of person they really are.

J: And if we are lucky enough to meet people who have similar perceptions and thoughts, then it's something great. But we should not expect it, as every person is different.
M: Exactly, and always give people the benefit of the doubt. It's something I learnt from my mother, who is firm, yet very diplomatic and extremely kind. From as far back as I can remember, she's always taught me to be positive, respectful of other people's feelings and always to try to settle any conflict or situation in a diplomatic and cordial manner. I observed her well and applied some of her principles to my own workforce and I think it has helped me a lot in my career and my way of thinking. I don't make any promises that I cannot keep. I am accountable for whatever I say, so I make sure it is something I am capable of. Never make empty promises just to impress someone, because people do pay attention to what you're saying. This way, you don't face any disappointments from your colleagues.

J: There is a question I have wanted to ask you for a long time, because Westerners keep asking me. Does Arab culture really say, 'It doesn't matter if you come late and are not on time?'
M: I don't think that this has anything to do with culture! Being late is not a sign of respect. This is why I always tell my people at least an hour in advance if I am going to be late for an appointment or a meeting, I'd rather have to reschedule than to be late. Therefore for me it means the same thing, whether you are a European or an Arab.

J: *You're right! Time is something precious in life! But being late to us Westerners means quite clearly that one doesn't respect and appreciate the other person. With such behavior you create a strange situation for a talk, because the person who has to wait might be angry or nervous as he's got to go to the next appointment.*

M: Absolutely. And being in the workforce as a professional, they teach and train you to value time. So again, this has nothing to do with culture.

J: *That's good to know! Thank you! I will tell that to many Westerners. Then we will be able to react better in such a situation.*

Never make empty promises just to impress someone!

M: And if you were stood up for a meeting, or someone less appreciative of your time was late, you should make your point, but without humiliating anyone. As much as it irritates you, continue the meeting without making that person uncomfortable. You can make a gentle point and say, 'I'm sorry, but I can't stay longer, because I have to run for another appointment scheduled after this.' This way you state a point that if they were on time, you wouldn't have had to rush so fast, but in an indirect way.

J: *Muna, the diplomatic woman! But can you remember some occurrence which taught you, 'Ok, from now on I will make sure to be on time?'*

M: Not really, but I think I watch people and this teaches me that I don't want to be that person. Or I don't want to face that situation. I think I'm really the type of a person who picks up mistakes from others and learns from them.

J: *That's why you are doing such a good job. Today the Dubai Ladies Club hosts a variety of activities: Exclusive Fashion Shows, events where you offer complimentary health checks, or special charity sales – where, for example, ladies are invited to donate their barely-used designer bags and accessories. Really innovative!*

M: You name it! And you know, I had always hoped that, some day, I would be head of this place to help it grow and implement the changes that I had in mind – and the dream became a reality. It was and still is a challenge, and that's what keeps me going.

Something to consider:

Muna represents the new generation that knows and respects the trends and rules of the modern business world. The trend towards punctuality and discipline is very visible in the UAE. Responsibility for this trend lies with a lot of mothers and fathers, one of them being Sheikh Nahayan bin Mabarak Al-Nahayan, the Minister of Higher Education and Scientific Research in the UAE. He established clear rules for his universities in the country: If students miss more than 10 percent of the lectures they have to leave the university and are not welcome back.

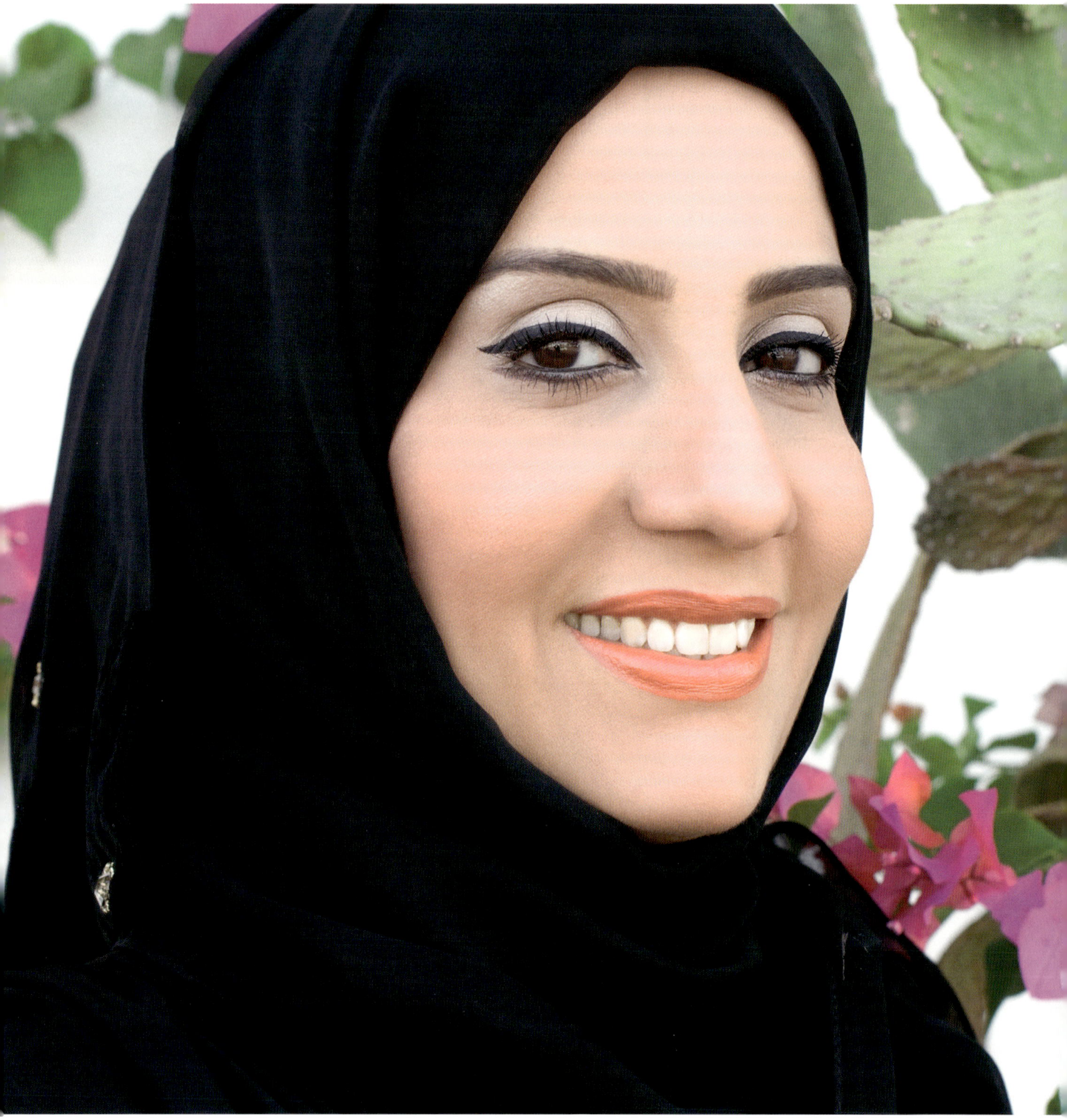

SONIA AL HASHIMI

Als Mutter, die mit einundzwanzig Jahren ihr erstes Kind mit Downsyndrome zur Welt brachte, fragte sich Sonia Al Hashimi immer: „Wie kann ich diesen Kindern helfen? Was kann ich tun?" Heute ist sie Vorsitzende der *UAE Down Syndrome Association*. Ihr Ziel ist es, anderen dabei zu helfen sich im Umgang mit Menschen mit Downsyndrom wohler zu fühlen. Diese fürsorgliche Frau zeigt uns, wie stark wahre Liebe sein kann.

SONIA AL HASHIMI

Judith: Schön dich zu sehen, Sonia! Das Leben hat dich ja schon in einer sehr frühen Phase herausgefordert: Du hast sechs Kinder und dein Sohn, dein erstes Kind, kam mit Downsyndrom zur Welt. Wann war dir erstmals bewusst, dass du die Mutter eines nicht ganz gesunden Kindes bist?

Sonia: Schön dich zu sehen, Judith! Nun, als mein Sohn zur Welt kam, sagte man mir zu allererst, dass er klinisch tot wäre. In Wirklichkeit hatte er nur Probleme beim Atmen, deshalb steckten sie ihn auch an einen Inkubator. Dort bekam er dann hundert Prozent Sauerstoff und wurde ganz blau. Hast du jemals einen Menschen gesehen, der vollkommen blau ist? Als ich ihn das erste Mal so sah, war ich schockiert. In diesem Moment dachte ich nicht, dass er je geistig und körperlich gesund sein würde. Aber ich nahm ihn in die Arme – er sah so friedlich aus. Und er war wunderschön.

J: Da gibt es ein Sprichwort: „Die Schönheit liegt im Auge des Betrachters." Ist es nicht großartig, wie uns die Natur darauf vorbereitet, unsere eigenen Kinder zu lieben?

S: Du hast recht! Ich liebte meinen kleinen Sohn sehr! Sein Name ist Saif. Er war vier Tage lang blau, er kämpfte um sein Leben. Am vierten Tag besuchte mich der Arzt in meinem Krankenzimmer und sprach mit meinem Mann und mir über Saifs Zustand. Damals nannte man die Krankheit noch Mongolismus. Erst zehn Jahre später bezeichnete man sie als Downsyndrom.

J: Downsyndrom ist eine Störung der Chromosome. Menschen, die damit geboren werden, haben typische körperliche Erkennungsmerkmale wie einen breiteren Kopf, ein sehr rundes Gesicht oder ein sehr kleines Kinn.

S: Richtig, aber damals, wir sprechen da von 1986, hatte ich noch nie davon gehört. Ich fand nur einen einseitigen Artikel mit sehr begrenzten Informationen darüber. Stell dir einmal vor, keine Hintergrundinformationen zu haben, keine Art von Unterstützung. Als wäre das nicht genug – ich war erschüttert, als der Arzt sagte, dass Saif ein geistiges Problem hätte. Deshalb fragte ich mich ständig: „Wie kann ich ihm nur helfen? Was kann ich tun?" Ich beschoss, selbst Maßnahmen zu ergreifen: Ich klopfte an jede Tür, um Informationen zu erhalten. Ich bestellte Bücher und Artikel aus dem Ausland – denn Internet gab es damals noch nicht. Und ich konnte weder Englisch sprechen noch schreiben – deshalb fing ich an, es zu lernen. Vor allem auch, um die Artikel übersetzen zu können. Ich sprach mit vielen Menschen, die in diesem Bereich bereits Erfahrung hatten und reiste herum.

J: Du bist also aktiv geworden, großartig! Anstelle dich als Opfer zu fühlen, hast du nach Antworten gesucht.

S: Ich sah es als Herausforderung und arbeitete daran, die besten Ergebnisse zu erzielen. Die Gespräche, die ich mit anderen führte, motivierten mich. Vor allem, als ich in Arizona war, in den Vereinigten Staaten. Da war eine Frau, die mir – ich war mit Saif gemeinsam dort – überallhin folgte. Sie fragte mich: „Ist das ihr Sohn?" Und ich sagte: „Ja." Dann erzählte sie mir, dass auch ihr Bruder am Downsyndrom leide, und dass er eine Menge Operationen gehabt hatte, aber heute ein Special-Olympics-Medaillen-Gewinner sei. Ich fragte sie: „Was sind Special Olympics?"

J: (Mit einem Lächeln auf ihrem Gesicht): Aber heute weißt du ganz genau, was Special Olympics sind, oder?

S: (Mit einem stolzen Ausdruck auf ihrem Gesicht) Ja, heute ist Saif Athlet! Er ist mein Held!

Seit seinem dritten Lebensjahr unterstützt ihn mein Mann bei seinem Schwimmtraining. Danach setzten wir sein Training mit privaten Schwimmstunden fort, bis er vierzehn Jahre alt war – im Al Thiqah Club for Handicapped, einem Club für Menschen mit Behinderung, in Sharja. Später nahm Saif an den Special Olympics teil. Seither – bis zum heutigen Tag – hat er bei regionalen und lokalen Wettbewerben unzählige Medaillen im Schwimmen gewonnen. Überall, wo er teilgenommen hat, gewann er Gold oder Silber. (wirkt nachdenklich) Aber weißt du, es war diese Frau in Amerika, die mich damals unglaublich ermutigte – wie sie über ihren Bruder sprach, wie stolz sie auf ihn war!

J: Ist es nicht interessant, wie man oft im Leben genau die „richtigen Menschen" trifft – und sie geben dir auf deine Fragen Antworten. Ich bezeichne sie gerne als „Transporter" – manchmal sagen sie nur einen Satz, aber dieser beinhaltet eine entscheidende Botschaft.
S: Wie recht du hast! Ich setzte mir als Ziel und gab mir auch selbst das Versprechen, Menschen mit Downsyndrom zu unterstützen. Ich habe auch immer versucht, die Vorurteile der Gesellschaft gegenüber Menschen mit Downsyndrom, abzubauen. Sie werden als „unvollkommen" gesehen. Und ich denke, dass sich einige Eltern auch schuldig fühlen, sie haben das Gefühl, dass sie vielleicht Gott gegenüber etwas falsch gemacht und deshalb ein krankes Kind bekommen haben. Viele neigen auch dazu, ihre Kinder vor anderen Menschen zu verbergen.

J: Wie war es denn für dich, mit Saif herumzuspazieren? Hattest du ebenfalls Situationen der Konfrontation?
S: Jeden Tag! Ich habe eine Menge solcher Situationen erlebt, denn ich habe ihn vom ersten Tag an überallhin mitgenommen. Wir gingen einkaufen, speisten in Restaurants, besuchten Leute – wir sind überall zusammen hingegangen. Damals war Saif eineinhalb Jahre alt und seine Züge waren bereits klar erkennbar. Jeder konnte an seinem Äußeren sehen, dass er nicht normal war und dass er ein Kind mit Downsyndrom war. Es war immer dasselbe – sie hielten mich an und fragten: „Ist Ihr Kind krank?" Und ich sagte: „Nein." Aber sie fragten weiter: „Haben Sie ihn schon zum Arzt gebracht?" Und ich antwortete: „Was stimmt nicht mit ihm? Er hat einfach nur gewunken und ‚Hallo' gesagt. Also warum halten Sie mich an und fragen, ob er krank ist?" Weißt du, ich war einfach stolz auf ihn. Ich wollte, dass er von der Welt etwas lernt und dass ihn die Welt auch besser kennenlernt.

Kinder mit Downsyndrom geben dir Liebe, ohne sich eine Gegenleistung zu erwarten.

J: Was für eine starke Frau du bist! Und ich bin überzeugt davon, dass wir uns alle daran gewöhnen würden, wenn wir mit Menschen mit Downsyndrom aufwachsen würden. Es wäre eine ganz normale Sache, nichts Besonderes mehr.
S: Stimmt! Das war auch der Grund, warum ich der Down Syndrome Association beigetreten bin. Anfangs war es nur eine kleine Gruppe, die aus vier Familien bestand und von einem Team Freiwilliger ins Leben gerufen wurde. 2006 gründete das Ministerium für Soziales unter der Schirmherrschaft von Sheikha Manal bint Mohammed bin Rashid Al Maktoum diese Vereinigung als gemeinnützige Organisation. Heute sind wir mehr als vierhundert Familien und unser Ziel ist es, den Menschen der nächsten Generation, die am Downsyndrom leiden, zu helfen. Dass sie noch eigenständiger werden, sich selbst zu helfen wissen, ein besseres Leben führen können. Aber, um das zu erreichen und ihr Leben zu erleichtern, muss auch das Bewusstsein und das Wissen über Downsyndrom in unserer Gesellschaft erhöht werden.

J: Heute bist du Vorsitzende der Down Syndrome Association. 2009 wurdest du vom Rewaq Ousha Center, von Ihrer Hoheit Sheikha Shamsa Bint Suhail, der Frau des Präsidenten der VAE, mit dem Titel „Mother of the Year" ausgezeichnet. Ebenfalls 2009 erhieltst du vom L'Officiel Magazine den Arab Woman of the Year Award. Und 2010 verlieh man dir den Titel „Mother of Humanity" (Mutter der Menschlichkeit).
S: Ich bin auf all diese Auszeichnungen sehr stolz. Aber da gab es noch etwas, das ich erhalten habe, und zwar innige Liebe. Du kannst dir gar nicht vorstellen, was dir Kinder mit Downsyndrom zurückgeben können. Wir haben in der Vereinigung viele dieser Kinder. Wenn ich mit ihnen zusammensitze und rede, vergesse ich immer meine eigenen Probleme und Sorgen. Dann fühle ich mich wie ein neuer Mensch, denn: Kinder mit Downsyndrom geben dir Liebe, ohne sich eine Gegenleistung zu erwarten. Sie schenken dir ihre Liebe aus tiefstem Herzen.

J: Du sprichst so leidenschaftlich davon – ich bin sicher, du hast auch schon einige Pläne für die Zukunft.
S: Ich plane die Errichtung eines Zentrums. Wir wollen für Kinder und Familien mit Downsyndrom Lösungen anbieten, die Sämtliches beinhalten – um sie vollständig auf ihr Leben vorzubereiten. Damit auch in Zukunft weitere Helden heranwachsen können.

Etwas, das man bedenken sollte:

Vor dreiundzwanzig Jahren waren die VAE eine besonders in sich geschlossene Gemeinschaft. Auch wenn man sich untereinander gut kannte und sich um seine Nachbarn und Verwandte kümmerte – persönliche Angelegenheiten wurden ausschließlich zu Hause besprochen. Vor allem, wenn es sich dabei um Krankheiten handelte. Es wurde als eine „Entscheidung Gottes" gesehen und die Familie lebte mit dieser „Last" innerhalb des eigenen Zuhauses. Man wollte das Gesicht wahren – nicht nur im Sinne der Familien, sondern auch der Gesellschaft. Sonia ist ein Teil der neuen Generation, die, ohne es zu bemerken, in die Rolle des „Lehrers" schlüpfte. Ihr Durst nach Wissen über den Zustand ihres Sohnes wurde zu ihrer Motivation. Ihre Beharrlichkeit hat in einer Gesellschaft, in der Kinder mit Downsyndrom üblicherweise zu Hause blieben, ein neues Bewusstsein geschaffen.

SONIA AL HASHIMI

Being a mother who, at the age of 21, had her first child, born with Down syndrome, Sonia Al Hashimi always asked herself, "How can I help these children, what can I do?" Today she is chairman of the UAE Down Syndrome Association and she has one aim: to help people become more comfortable interacting with people who have Down syndrome. This caring woman makes us understand how strong real love can be.

Judith: It's a pleasure meeting you, Sonia! Life already challenged you at an early stage. You have six children, and your son with Down syndrome was your first baby. When was the moment you realized that you'd be the mother of a child who is not totally healthy?
Sonia: Nice to meet you, Judith! When my son was born, the first thing they told me was that he was clinically dead. But in fact he only had some difficulties breathing, so they put him in an incubator with 100 percent oxygen and he got totally blue. Have you ever seen a human totally blue? So when I saw him for the first time, I was shocked. At that moment I never thought he would be mentally and physically healthy. But I took him in my arms and he looked so peaceful and beautiful.

J: There is an old saying that 'beauty is in the eye of the beholder.' Isn't it nice how nature prepares us to love our kids?
S: Yes, you're right! I loved my little son very much! Saif, that's his name, was blue for four days; he was fighting for his life. On the fourth day, the doctor visited me in my hospital room and he started to speak to my husband and me about Saif's condition. At the time they called it 'Mongolism', not Down syndrome. It was only 10 years later that they called it Down syndrome.

J: Down syndrome is a chromosomal disorder and individuals born with it have some physical characteristics like a broad head, and a very round face, or a small chin.
S: Right, but at the time, we're talking about 1986, I had never heard of it. I had only found a one-page article with a limited amount of information. Imagine having no background information, no support of any kind, and on top of that, the doctor shocked me and told me Saif had a mental problem. So I was asking myself all the time: 'How can I help him, what

can I do?' I convinced myself to take action. I knocked at every door to get information. I ordered books and articles from abroad, because the Internet was not available at that time. I couldn't speak or read English, so I started learning English, especially to translate all these articles. I communicated with others; I travelled and talked to a lot of other people who had experience in the field.

J: You took action, great! Instead of feeling like a victim you searched for your answers.
S: I took this as a challenge and worked towards attaining the best results. The talks I had with others motivated me. Especially when I was in Arizona in the United States, there was a lady who kept following me around while I was with Saif and asked me: 'Is this your son?' I said yes, then she told me that her brother also had Down syndrome and that he had had a lot of surgery, but today he is a Special Olympics medalist. I asked her: 'What is the Special Olympics?'

J: (Has a smile on her face) But today you know exactly what the Special Olympics are, right?
S: (With a proud expression on her face) Yes, today Saif is an athlete! He is my hero! My husband has supported him in his swimming training since he was three years old. Then we continued training him in private swimming classes until he was 14 years old at Al Thiqah Club for Handicapped in Sharjah. Later on, he joined the Special Olympics. From that time until now, he has won many swimming medals in regional and local competitions. He got gold and silver medals in any competition he joined. (She seems thoughtful) But, you know, that lady in the US encouraged me a lot at that time. How she talked about her brother, she was so proud of him!

J: Isn't it interesting how often in life you meet the right people who give you answers to your questions. I like to call them 'transporters'. Sometimes they tell you only one sentence that contains an important message.
S: You're right! And I made it my goal, I promised myself to support others who have Down syndrome. I always try to change people's preconceived notions about people with Down syndrome. They look at them as if they are not complete, and I think some of the parents feel guilty. They feel that they might have done something wrong for God to give them an 'ill' child. So they tend to hide their children from people.

J: Did you also have situations and confrontations with others when you walked around with Saif?
S: Every single day! I have been through a lot of situations like this, because I took him out with me from the first day. We went shopping, dined at restaurants, visited people. We went everywhere together. At that time Saif was already a year and a half, so his features were clear. Everybody could tell from his looks that he was not normal; you could tell he was a child with Down syndrome. And it was always the same. They stopped me and asked me, 'Is your child sick?' And I said no. And they carried on: 'Did you take him to a doctor?' And I answered, 'What do you see wrong with him? All he did was wave and say hi. So why are you stopping me to ask if he is sick or not.' But you see, I was proud of him and I wanted him to learn from the world, and the world to learn about him.

J: What a strong woman you are! And I am sure if all of us grew up with people with Down syndrome around, we would get used to it. It would be a 'normal thing,' nothing special.

S: You're right! That's why I joined the Down Syndrome Association. At the beginning it was a small group of only four families and established from a team of volunteers. In 2006, the Ministry of Social Affairs launched the association as a public benefit group, under the patronage of Sheikha Manal bint Mohammed bin Rashid Al Maktoum. Today we are more than 400 families. Our aim is to prepare the upcoming generation of individuals with Down syndrome to be self-sufficient and self-supported, for a better life. To attain that, we must increase awareness and education in our societies about Down syndrome, to make things easy for them. In addition, another major goal is to gain their rights to include them as equal members in our society.

J: Today you are the chairman of the Down Syndrome Association, you were awarded the 'Mother of the Year' title in 2009 by the Rewaq Ousha Center from H.H. Sheikha Shamsa Bint Suhail, the UAE President's wife. In 2009, you also received the Arab woman of the year award from L' Officiel magazine and in 2010, you were awarded the Mother of Humanity award.

Children with Down syndrome give you love without asking anything in return.

S: I am proud of all these awards, but there was something else I received, and that was deep love. You cannot imagine what children with Down syndrome give back to you. We have a lot of these kids in the association and sometimes I sit with them, talk with them and I always forget all my problems and sorrows. I feel like a new person, because children with Down syndrome give you love without asking anything in return. They give love from deep within their hearts.

J: You speak about this so passionately, so I am sure you have some plans for the future.
S: I am planning to build a center to give complete solutions to children with Down syndrome and their families, to fully prepare them for the life ahead. So we can develop other heroes in the future.

Something to consider:

Twenty-three years ago, the UAE was very much a closed community. Even if they knew each other well and looked after their neighbors and relatives, personal affairs were dealt with at home. Especially if it had to do with disease. It was considered God given and the family often lived with the "burden" within the confines of the house. It was a way of saving face, not only for the family but also for the community. Sonia is part of the new generation who, without realizing her role, became an educator. Her thirst for knowledge about the condition of her son became her motivation, and her persistence has created a new awareness in a society in which children with Down syndrome usually stayed at home.

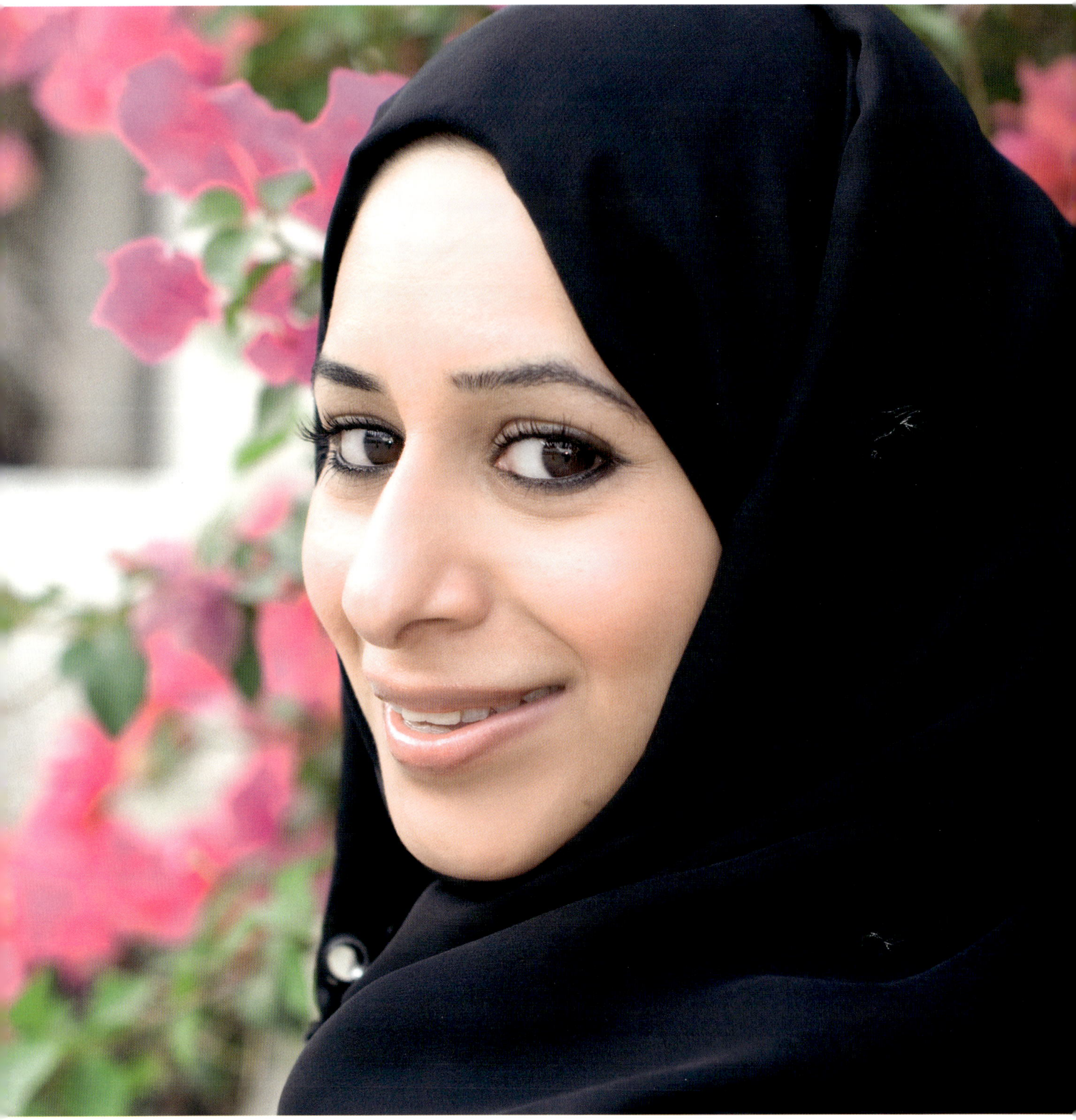

SUMAYYAH AL SUWAIDI

Diese dynamische Frau hat noch nie allgemein anerkannte Regeln befolgt: Als erste weibliche Digitalkünstlerin der Vereinigten Arabischen Emiraten hat Sumayyah Al Suwaidi verstanden, dass Erfahrung etwas ist, das in Bildern festgehalten werden kann. Ihre Kunst, heutzutage weltweit bekannt, ist von Emotionalität geprägt. Sumayyah folgt ihrer „inneren Stimme". Und sie möchte auch etwas an uns zurückgeben: Als Kuratorin ihrer jährlichen Ausstellungen fördert sie unsere Kreativität – und die der anderen. Sie ermutigt uns, schöpferische Höhenflüge zu erfahren.

SUMAYYAH AL SUWAIDI

Judith: Schön, dich zu sehen, Sumayyah! Ich genieße es, mir deine Kunst anzusehen! Was meinst du, würdest du dich als kreativ bezeichnen?
Sumayyah: (lächelt) Das ist eine gute Frage, Judith. Ich würde gerne glauben, dass ich kreativ bin. Ich bin immer nur dem gefolgt, was ich für richtig empfunden habe. Und ich habe immer alles hinterfragt und nie das Wort „nein" akzeptiert; sag nie „nein" zu mir – niemals! Gib mir stattdessen einen Grund. Damit habe ich früher meiner Familie, vor allem aber meinem Vater, das Leben schwer gemacht. Er sagte gerne „nein" – und ich fragte: „Warum?" Ich stellte ihm immer Fragen.

J: Dein armer Vater – aber vielleicht auch ein vom Glück erfüllter Vater! Du hast ihn ja auch inspiriert, über das, was er gesagt hat, nochmals nachzudenken.
S: Ich hatte das Image eines Kindes, das gerne debattierte, aber in Wahrheit wollte ich einfach nur die korrekte Antwort haben. Es kann nicht einfach nur „ja" oder „nein" heißen. Gib mir den Grund dafür! Erkläre es mir!

J: Also, wie lauten nun die Antworten für Sumayyah? Hast du welche für dich gefunden?
S: Ich denke sie gefunden zu haben – in meinem Leben. Und für mich persönlich. Bevor ich verheiratet war, war ich aufgrund der Regeln meiner Eltern, des Hauses und all dieser Dinge, immer eingeschränkt. Aber ab dem Moment, wo ich verheiratet war, hatte ich mehr Freiheit. Ich bekam die Gelegenheit, mich weiterzuentwickeln und dies in den verschiedensten Bereichen zu beweisen, nicht nur bei meinen Boutiquen, der Zusammenarbeit mit Fashion-Designern oder meinen Kunstausstellungen, sondern auch bei den Ideen, die ich als kreativer Mensch für Ausstellungen entwickelte. Bei diesem Prozess bekam ich dann auch meine Antworten. Ich bin durchaus zufrieden mit meinem Leben. Allerdings wird mein Leben ab dem Moment, wo ich Vollzeitkünstlerin, Vollzeitkuratorin und Vollzeitbusinessfrau werde, perfekt sein!

J: Du bist auch Kuratorin?
S: Ja, und sobald ich eine Idee für eine Ausstellung habe, versuche ich diese zu realisieren, auch wenn ich es aus meiner eigenen Tasche finanzieren muss.

J: „Express yourself in 30" x 30"" ist eine deiner Ausstellungen. Das ist eine sehr schöne Idee: Künstler aus der ganzen Welt sind dazu eingeladen, Kunst in jeglicher Form zu zeigen – solange das Format von 30 Zoll mal 30 Zoll (75 cm mal 75 cm) nicht überschritten wird und vorausgesetzt, dass es an der Wand aufgehängt werden kann.
S: Das stimmt und die Person muss auch kein „richtiger" Künstler sein, es ist eine Chance für jeden. Denn wenn du dich darum bemühst, wenn du es gerne tust – solange du es einrahmen kannst, bist du herzlich eingeladen, an dieser Ausstellung teilzunehmen. Es sind auch alle Altersgruppen zugelassen – von Jung bis Alt, das ist egal. Es gibt kein Limit!

J: Du möchtest also Menschen motivieren, mehr an ihr eigenes Talent zu glauben. Und du hast recht – wer sagt uns denn, dass nur die „Jungen" aufstrebende Künstler sein können? Wer entscheidet überhaupt, wer ein richtiger Künstler ist? Jetzt bin ich schon so wie du, ich hinterfrage alles.
S: Weißt du, ich möchte den Menschen helfen, ein bisschen mehr über Kunst zu erfahren – auch für ihre eigene Kreativität. Und ich möchte, dass sie ihre andere Gehirnhälfte dafür einsetzen.

J: Wenn du über die rechte Gehirnhälfte sprichst – meinst du damit die „kreative Seite"?
(Sumayyah nickt.)

J: Da gibt es ein Buch, „Writing on Both Sides of the Brain" von Henriette Anne Klauser. Dieses Buch lehrt, wie man die kreative Seite des Gehirns, die rechte Seite, von der logischen, analysierenden Seite, der linken Seite, separiert. Und es zeigt auch Möglichkeiten, wie man mit „dem Kritiker in uns" umgeht – der, der immer unsere Arbeit beurteilt, obwohl diese überhaupt noch nicht fertiggestellt ist. Wo findest du eigentlich deine Ideen? Unter der Dusche oder, wie viele Menschen, wenn du Joggen gehst?
S: Es ist einfach mein Hunger – der Hunger danach, etwas Neues zu schaffen. Ich hasse Routine. Und ich hasse die Tatsache, dass ich jeden Tag um sieben Uhr früh aufstehen und um acht Uhr in der Arbeit sein muss. Ich möchte jeden Tag schockiert werden, denn wir sind Menschen, keine Roboter.

J: Du hast mir von einer Frau erzählt, die für dich sehr wichtig in deinem Leben war – deine Tante Fatima Al Suwaidi. Sie war Künstlerin, sie war verrückt nach Mode und hat den Großteil ihres Lebens in Großbritannien verbracht. Und sie war auch die erste Frau aus den Emiraten, die bei einer Ölfirma in Abu Dhabi gearbeitet hat und in ihrem Büro keine Abaya (schwarzer, fließender Umhang) trug. Sie saß dort einfach nur mit ihrer Shayla (Kopftuch). Wir sprechen hier von 1984 – das ist also schon einige Zeit her. Wie hat denn die Gesellschaft darauf reagiert?

> *Es ist einfach mein Hunger – der Hunger danach, etwas Neues zu schaffen.*

S: Niemand hat irgendetwas gesagt, jeder hat nur Gutes über sie erzählt. Denn es kommt immer darauf an, wie man sich präsentiert, wie man mit Menschen spricht – dann respektieren sie einen auch. Meine Tante war auch die Erste, die mich, als ich sechzehn Jahre alt war, dabei unterstützte, als ich mich für Kunst interessierte. Meine Mutter sagte: „Sei realistisch! Konzentriere dich auf etwas, von dem du in Zukunft profitieren kannst!" Für sie war Kunst nur ein weiteres Hobby.

J: Jetzt bist du aber auch schon selbst Mutter. Kannst du ihren Standpunkt aus heutiger Sicht besser verstehen? Deine Mutter hat sich einfach Sorgen um dich gemacht, sie wollte dir sicherlich nur den besten Rat geben – Eltern lieben ihre Kinder, das weißt du.
S: Natürlich – und sie hatte schon recht! Es ist nicht einfach, hauptberuflich Künstlerin zu sein. Als hauptberufliche Künstlerin kannst du nicht einmal deine Telefonrechnungen zahlen; aber letztendlich ist es doch das, was du liebst. Das Land unterstützt jetzt die Kunstszene auch immer mehr – wir werden also sehen, wie sich das Ganze in den nächsten Jahren noch weiterentwickelt.

J: Ich gebe dir völlig recht! Vor allem hier in den VAE tut sich, speziell in diesem Bereich, ja einiges. Und es stellt sich auch die Frage: Ab welchem Zeitpunkt sollten wir beginnen, uns um unser eigenes Talent und unsere Kreativität zu kümmern? Erst dann, wenn wir genug Geld haben?
S: Viele Leute sagen mir: „Du bist eine Karrierefrau. Wann hast du eigentlich Zeit für deine Kinder?" Aber ich sage ihnen, dass ich mich sehr wohl um meine Kinder kümmere, aber die restliche Zeit ist für mich.

J: Denn eines Tages werden deine Kinder auch ihr eigenes Leben führen.
S: Natürlich! Sie werden erwachsen werden, heiraten und ihr eigenes Leben führen. Und

dann kommt auch der Tag, an dem du dich selbst fragst: Was habe ich eigentlich für mich getan? Weißt du, du wirst dich dann glücklich schätzen, wenn du sie wenigstens einmal in der Woche sehen kannst – ich kenne das aus meinen eigenen Erfahrungen. Ich sehe meine Eltern auch nicht so oft, wie ich es gerne hätte, denn ich bin einfach sehr beschäftigt. Deshalb kann ich mir auch vorstellen, wie es meinen Kindern gehen wird – es wird genauso sein. (lächelt) Daher ist es besser, auch für sich selbst etwas zu tun.

J: Da gibt es noch ein sehr interessantes Projekt, das dich beschäftigt und ich denke, dieses Projekt spiegelt auch einen Teil deiner Persönlichkeit wider: „No limits for anybody, The Ramadan Art Bazaar".
S: Dazu lade ich Künstler aus den gesamten VAE ein, damit sie dort ihre Bilder verkaufen können. Aber die Bilder dürfen nicht mehr als viertausend Dirham (ca. 1100 Dollar, 800 Euro) kosten. Und es ist nicht nur für prominente Künstler, sondern auch für aufstrebende.

J: Aber warum nur viertausend Dirham für ein Kunstwerk? Was ist die Idee dahinter?
S: Ich finde, dass jeder Mensch die Möglichkeit und das Recht haben sollte, sein eigenes „Stück Kunst" zu besitzen. Denn nur weil man nicht viel verdient, heißt das nicht, dass man deshalb kein originales Kunstwerk besitzen kann!

J: Sehr schön! Es ist dir also ein Anliegen, dass Kunst von der breiten Masse gewürdigt wird. Damit sie verschiedene Arten von Kunst kennenlernen und sich davon inspirieren lassen. So wie wir auch unsere Sinne trainieren – indem wir verschiedene Speisen oder Gerüche ausprobieren. Unsere Zunge und Nase schulen wir ja regelmäßig – warum sollte man das nicht auch mit seinen Augen machen? Auch, um einen besseren Zugang zur Kunst zu bekommen.
S: So ist es. Und bevor du in ein Möbelgeschäft gehst und dir dort eine Kopie für ungefähr dreitausend Dirham kaufst, ist es doch besser, wenn du in eine Galerie gehst und ein Original erwirbst. Denn dieses Kunstwerk ist dann deines! Und ich bin mir sicher, wenn Menschen anfangen, Bilder als Original zu kaufen, werden sie auch Freude bei einem solchen Kauf verspüren. Und sie werden dann auch nie wieder Kopien von Bildern in ihrem Haus oder an ihrem Arbeitsplatz aufhängen.

J: Jetzt verstehe ich dein Konzept – es ist langfristig angelegt: Du möchtest die Menschen unterstützen und dazu anregen, ihre eigenen Talente und auch die Kreativität der anderen zu fördern. Großartig!

⚜ Etwas, das man bedenken sollte:

In der Vergangenheit stand Kunst in den VAE vor allem in Verbindung mit Kultur, Tradition und Investition. Es war das Hobby von einer sehr kleinen Gruppe, von nur wenigen Sammlern. Diese Einstellung hat sich im letzten Jahrzehnt radikal geändert. In vielen Städten der VAE wurden Museen und kulturelle Orte geschaffen, die neben internationaler Kunst auch die aufstrebende lokale Kunstszene präsentieren.
Sumayyah ist eine junge, unkonventionelle Frau, ein „Freigeist", die mit ihren Werken ein neues Kapitel in der Geschichte der zeitgenössischen Kunst der VAE schreibt.

SUMAYYAH AL SUWAIDI

This dynamic woman has never followed the norms. Being the first female digital artist from the UAE, Sumayyah Al Suwaidi understands that 'experience' is something that can be captured in pictures. Her art, known throughout the world today, is very emotional. Sumayyah, following her inner guide, wants to give something back. As curator of her annual exhibitions, she supports our creativities and those of others. She encourages us to find our individual creative heights.

Judith: Good to see you, Sumayyah! I really enjoy looking at your art! Do you think you are creative?
Sumayyah: (Smiles) Nice question, Judith. I would like to believe that I am very creative and I have always followed what made sense to me. I always questioned everything and I never accepted the word no. Never tell me no – never! Give me a reason instead. I gave my family, especially my father, a hard time with this. He liked to say no and I always asked him why? I always came back with questions.

J: Poor father! Or maybe lucky father! You inspired him to rethink what he was saying.
S: I had the image of a child who liked to argue, but in reality I always liked to have the correct answers. It's not just yes or no. Give me a reason behind it! Give me an explanation!

J: So what are the answers for Sumayyah. Did you find them?
S: For me personally in my life, I think I found them. Before I got married, I was always restricted under my parents' rules, the house and all of these things, but the minute I got married there was more freedom for me. I got the chance to explore more, to prove myself in many other fields. Not only with my boutique, dealing with fashion designers, exhibiting my art work, but also by creating exhibitions and being creative. During this process I got my answers too. I am quite satisfied with my life, but the minute I become a full-time artist, curator, business woman – then my life will be perfect!

J: You are also a curator?
S: Yes, when an idea of an exhibition comes to my head, I make sure to implement it, even if it means that I have to pay from my own pocket.

J: 'Express yourself in 30"x30"' is one of your exhibitions. A very nice concept, where all artists from around the world are welcome to take part with any form of art, as long as the size of the artwork is not more than 30 inches by 30 inches. And as long as it can be hung on a wall.
S: That's right, and the person doesn't really have to be an artist, it's a chance for everyone. If you put in the effort, if you have the love for it – as long as you can frame it, you are more than welcome to join the exhibition! And all ages are accepted, from the youngest to the oldest, it doesn't matter. No limit!

J: So you want to motivate people to believe in their own talent. You are right, who says that only the young can be upcoming artists? Who decides who the real artist is? Now I am like you, I am questioning everything.
S: You see, I want to help people learn a little bit more about art, also in their creativity, and to use the other side of their brain.

J: So you're talking about the right side of the brain, the creative side?
(Sumayyah nods).

J: There is a book 'Writing on Both Sides of the Brain', written by Henriette Anne Klauser. This book teaches how to separate the creative part, the right part, from the logical, analytical, left part of your brain. It also shows you ways to deal with the 'critic' inside yourself, who wants to judge your work before you can even finish. Where do you get your ideas? In the shower, or maybe, like a lot of people, when you are jogging?
S: No, it's actually my hunger, my hunger for something new. I hate routine, I hate the fact that every day at 7 o' clock I have to wake up, and at 8 o' clock I have to be at work. I like to be shocked everyday! Because we are humans, not robots!

J: You told me about a very important woman in your life, your aunt, Fatima Al Suwaidi. She was an artist, she was a fashionista; she lived most of her life in the UK. And she was the first Emirati woman to work in an oil company in Abu Dhabi who didn't wear an abaya (thin, black, flowing gown) in the office. She only wore her shayla (headscarf). So we are talking about 1984. That was quite a long time ago. How did society react to her?
S: Nobody said anything; everybody said only good things. Because it's always the way you carry yourself, the way you talk to people, which makes people respect you. My aunt was also the first to support me when I was 16 years old and interested in art. My mother said, 'You should be realistic, major in something that will benefit you in the future.' To her, art was just another hobby.

J: Now that you are also a mother, do you understand your mother's point of view a little bit better? Your mother was worried and certainly only wanted to give you the best advice she could. Parents love their kids, you know this.
S: Yes, she was right! It is not easy to be a full-time artist. As a full-time artist you are not even able to pay your telephone bill, but that is what you love in the end. The country supports the art scene more seriously. So let's see what happens in the next few years.

J: You are a hundred percent right! Especially here, in the UAE, particularly in this field, there is a lot going on. So the question is, when should we start to take care of our own talent, our creativity? Only if we have enough money?

S: Many people tell me, 'You are a career woman. When do you have time for your kids?' But I tell them, that I care for my kids, but the rest is for me.

J: Because one day your kids will lead their own lives too.
S: For sure, they will become adults and get married and have their own lives. And then comes the day when you ask yourself: What did I do for myself, you know. And then you're lucky if you see them once a week. I know this from my own experience. I don't see my parents as much as I would like to because I lead a very busy life. So I can imagine how it will be with my kids in the future, the same thing (smiles). So it is better to have something for myself.

It's actually my hunger, my hunger for something new.

J: There is another interesting project you are engaged with and which I think again reflects a part of your personality: No limits for anybody! The Ramadan Art Bazaar.
S: There I invite artists from around the UAE to sell their paintings for not more than 4,000 dirham. Not only prominent, but also emerging artists.

J: But why only 4,000 dirham per artwork. What's the idea behind it?
S: The way I look at it, every person should have the ability and the right to own a piece of art! Just because they don't have a high income doesn't mean they can't own original artwork!

J: Very nice! You want art to be appreciated by the masses. To let them understand the expressions of different kinds of art, to inspire themselves. It's the same when we train our senses to taste different kind of meals, different food, or different smells. We all regularly train our tongues and noses. Why not do the same with our eyes, to get better access to art?
S: Exactly, and before you go to a furniture shop and buy a replica for something like 3,000 dirham, you'd better go to the gallery and buy an original piece of art. This piece will be only for you! I am sure that when people start buying original paintings, they will understand the enjoyment of doing this. They will never, ever have copied paintings in the house or in their work space any more.
J: Now I understand your long-term concept: support and encourage people's own talent and others' creativity. Great!

Something to consider:

In the past, art in the UAE was mainly recognized in conjunction with culture, tradition or investment. It was the hobby of only a few collectors - a small group. That sentiment has radically changed in the last decade. In many cities in the UAE, museums and cultural quarters have been created that display international art alongside the upcoming local art scene. Sumayyah is a young woman who displays an unconventional, free spirit and with her art will write a new chapter in the history of contemporary art in the UAE.

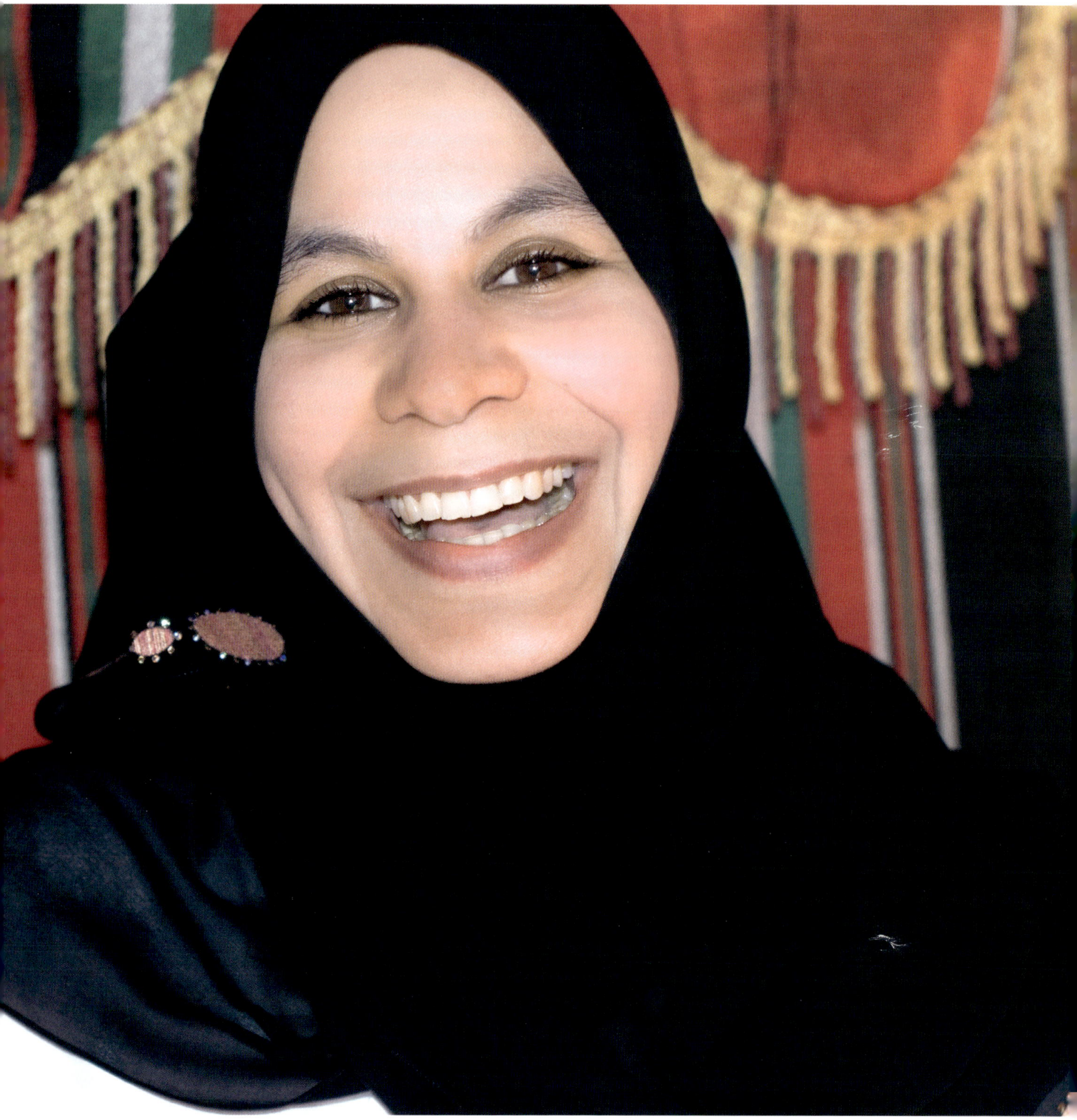

DR. AYSHA DARWISH AL KHAMIRI

Schon als Teenager konnte Aysha nicht ruhig auf einem Platz verweilen. Immer waren ihre Augen auf der Suche nach einem Platz, wo sie ihrer großen Leidenschaft nachgehen konnte – dem Operieren. In der Küche ihres Elternhauses beim Herd, wo die Hühnchen für das Kochen vorbereitet waren, wurde sie fündig. Heute ist Dr. Aysha Darwish Al Khamiri Leiterin der Notaufnahme des *Al Ain*-Spital. Und sie lässt ihre Patienten spüren, dass sie mit ihnen mitfühlt und sie versteht.

DR. AYSHA DARWISH AL KHAMIRI

Judith: Schön, dich zu sehen, Aysha! Es ist immer ein gutes Gefühl, ein Spital zu besuchen, ohne dass man gesundheitliche Probleme hat! Du bist also die Chefin der Unfallaufnahme. Was bedeutet eigentlich für dich persönlich „Gesundheit"?
Aysha: Es ist eine Freude, dich zu sehen, Judith! Gesundheit bedeutet für jeden Menschen das ganze Leben – denn wenn es dir gut geht und du gesund bist, kannst du dein Leben genießen. Aber wenn es ein Problem mit deiner Gesundheit gibt, wenn ein Teil deines Körpers nicht arbeitet, wenn du nicht normal essen oder sprechen kannst, nicht mit anderen Menschen kommunizieren kannst, dann wird es ein Problem. Das einzige, was ich im Leben finden konnte und dessen Wert man nicht mit Geld bezahlen kann, ist die Gesundheit.

J: Was denkst du, vielleicht wäre es ja ein gutes Training für gesunde Menschen – für die, die ständig mit ihrem Leben unzufrieden sind – diesem Platz hier, dem Spital, einen Besuch abzustatten. Sie könnten dann ein bisschen herumgehen und dafür dankbar sein, was sie haben. Und sich nicht Sorgen darüber zu machen, was sie nicht haben. Das könnte ein ganz guter Workshop für Menschen sein, damit sie verstehen, wie glücklich sie sich eigentlich schätzen können. Dass sie zwei Füße und Hände haben, die vollständig funktionieren.
A: Richtig, wie recht du hast! Das ist eine gute Idee, das wäre sehr hilfreich! Diese Menschen irritieren mich. Ich hätte eine Auseinandersetzung mit ihnen, denn ich würde ihnen sagen: „Das ist falsch!" Denn man sollte seinen Körper wirklich schätzen! Denkst du, wenn du dein Auto schlecht behandelst, dass es morgen noch funktioniert? Sicher nicht!

J: In meinen Gesprächen mit Ärzten und Schwestern, vor allem im Westen, habe ich bemerkt, dass es eine weitere ernst zu nehmende Krankheit gibt. Und jeden Tag verbreitet sie sich mehr: Stress. Immer mehr Menschen überladen sich selbst mit Arbeit. Und auch hier im Land habe ich beobachtet, dass viele Einheimische immer mehr auf ihren Tisch bekommen – mehr Projekte, mehr Mitarbeiter, mehr Verantwortung. Deshalb frage ich mich: „Passt das mit eurer traditionellen arabischen Kultur zusammen?" Wo ihr euch um eure Gäste kümmert und auch nie „nein" sagen würdet, wenn euch jemand treffen möchte?
A: Es ist auf jeden Fall stressig. Heutzutage sind alle Generationen gestresst. Gleichgültig, in welcher Art von Job sie tätig sind. Das ist „die Steuer", die wir für die Entwicklung bezahlen.

J: Und kannst du uns dazu als Ärztin irgendeinen Rat geben?
A: Es beginnt hier. (Tippt sich auf die Stirn.) Es beginnt in unseren Gedanken. Wenn du etwas ändern möchtest, musst du hier beginnen. Heute sind sogar Hausfrauen gestresst. Denn auch wenn sie zu Hause sind, haben sie immer Lärm um sich. Die Kinder und die Freunde der Kinder spielen mit Spielzeug, das laut ist. Und all dieser Lärm stresst die Frau. Wobei in der Vergangenheit, als sie in der Küche kochte, da gab es diesen Lärm nicht. Der einzige Lärm, den sie damals hörte, war das Schneiden des Messers.

J: Du hast ja so recht, Ruhe zu haben ist heutzutage sehr wichtig. Vielleicht sollten wir uns zwischendurch zurückziehen, um Ruhe zu erfahren. Und davon Abstand nehmen, mit anderen Menschen Gespräche zu führen oder fernzusehen. Ich hab's selbst versucht und anfangs war es richtig schwer: Der „interne Dialog" wird noch turbulenter. Man hat das Gefühl, unbedingt etwas sagen zu wollen. Man glaubt, verrückt zu werden; Aber wenn man durchhält, wird sich dieser Dialog langsam beruhigen. Und dann findet man sein wahres Potenzial, seine Kreativität. Das Problem ist, dass es heutzutage überall laut ist: In Kaffeehäusern läuft das

Radio, in Restaurants gibt es Musikgruppen. Überall im Hintergrund ist Lärm, es ist laut, laut und nochmals laut.
A: Richtig! Und schau dir einmal an, wie die Menschen heute miteinander sprechen – sie reden nicht, sie schreien sich an.

J: (lächelt) Und das hat nun wirklich nichts mit der traditionellen arabischen Mentalität zu tun.
A: Wirklich nicht! Gott gab uns Augen, um zu beobachten. Um zu verstehen. Und nichts ist ohne Grund! Also sieh hin, beobachte, verstehe! Und sei dankbar für das, was du hast. Dann kannst du das Schöne fühlen!

J: Du hast mir gesagt, die Chirurgie sei deine große Leidenschaft.
A: Ja, denn die Chirurgie hat mich eine Menge gelehrt: Zuallererst geduldig zu sein, Entscheidungen zu treffen, und genau zu wissen, wohin es geht. In der Chirurgie öffnest du immer etwas. Wenn du aber etwas aufmachst und nicht weißt, wo du hin möchtest und was du tun sollst, wenn du keine Entscheidung treffen kannst, dann wird das Ganze ein großes Durcheinander.

Das einzige, was ich im Leben finden konnte und dessen Wert man nicht mit Geld bezahlen kann, ist die Gesundheit.

J: Die Chirurgie schult einen also, einen Plan zu haben. Und organisiert zu sein.
A: Richtig. Und was noch schön an der Chirurgie ist – es ist eine Form von Kunst. Ein Porträt oder wie auch immer du es nennen möchtest. Es ist genau das Gleiche.

J: Du hast vollkommen recht. Die ganze Architektur unseres Körpers ist faszinierend – die „Inneneinrichtung", die Anlagen. Wir werden auch sofort informiert, wenn es irgendein Problem gibt – dann wird sofort der Sicherheitsdienst dorthin geschickt, um das Problem zu lösen. Was für ein perfektes Facility-Management (lacht). Dieser Bauunternehmer ist sicherlich der beste der Welt!
A: Und genau deshalb sollte man den Körper auch schätzen, deinen Körper! Und du musst ihn schützen! Denn der Körper, den Gott kreiert hat, ist großartig!

J: Hattest du eigentlich schon als kleines Mädchen eine Leidenschaft für die Chirurgie?
A: Ja, ich habe an Hühnern trainiert.

J: Dann haben wir ja das gleiche Hobby, die gleiche Leidenschaft – Hühner! Ich erinnere mich, wie sehr ich es genoss, mit meinen Eltern auf's Land zu fahren, um dort auf dem Bauernhof zu sein, mit all diesen Tieren. Ich war um die sechs Jahre alt und jeden Morgen galt mein erster Besuch den Hühnern. Mein Vater sagte mir, dass die Hühner schon nervös wurden, wenn sie meine Schritte von Weitem hörten (lächelt). Denn ich lief geradewegs in den Hühnerstall, schnappte mir dort ein Huhn und drückte es fest an mich. Die armen Hühner! Aber ich liebte sie halt so sehr!
A: So wie ich, ich holte sie mir, wenn sie bereits tot waren und in der Küche lagen – bereit für die Zubereitung. Und auch bereit für die Chirurgie! Zu dieser Zeit hatte ich auch schon mein eigenes kleines Chirurgie-Set, mit allem, was dazugehört, wie Nadeln etc. Zu dieser Zeit war ich um die vierzehn, fünfzehn Jahre alt. Die Chirurgie war schon immer meine große Leidenschaft!

J: Hier im Spital hast du mit allen Nationalitäten, allen Altersgruppen und auch Menschen aus den verschiedensten sozialen Schichten zu tun. Kannst du auch etwas von deinen Patienten lernen?
A: Weißt du, ich habe ein Prinzip: jeden Tag etwas Neues dazuzulernen. Nur so weiß ich, dass ich noch am Leben bin und dass es mir gut geht. Aber ein Tag, an dem man nichts dazulernt, ist eine Verschwendung! Eine Verschwendung!

J: Und lehrst auch du deine Patienten etwas?
A: Natürlich! Eines Tages kam ein Patient zu mir – er war sehr aggressiv, hat gebrüllt und mich angeschrien. Solche Sachen passieren sehr oft in der Notaufnahme. Und das Erste, was ich in einem solchen Moment mache ist – ich lächle! Wirklich! Denn sobald du lächelst, hören die Menschen sofort auf, denn sie fragen sich: „Was ist nun passiert?" Und sie tun dann auch genau das, was du möchtest. Denn sie wollen, dass diese Situation in den nächsten Sekunden beendet ist. So funktioniert das. Sie werden sich sofort beruhigen, ich kenne diese Art der Aggression. Sie müssen nur spüren, dass sie dir vertrauen können, und dass du sie verstehst. Du musst mitfühlend sein!

⚜ Etwas, das man bedenken sollte:

Aysha hat erkannt, dass man in einer sich schnell entwickelnden Gesellschaft, wie es die Vereinigten Arabischen Emirate sind, auf alte Traditionen achten muss. Vor allem Zeit wird ein rares Gut. Doch Zeit in seine Gäste zu investieren, gastfreundlich zu sein, gehören zu den wichtigsten Eigenschaften der arabischen Kultur. Während der gesamten Geschichte war es ein ungeschriebenes Gesetz in der Wüste, Reisenden Nahrung zu geben und ihnen Unterkunft zu gewähren. Nur so konnten sie in dem harten Klima überleben. Heute, in einem boomenden Land wie den VAE, tut sich die neue Generation schwer, diese Tradition zu wahren – vor allem, wenn die Arbeit ruft. Es ist eine große Herausforderung, die von vielen gemeistert wird – bewundernswert!

DR. AYSHA DARWISH AL KHAMIRI

Even as a teenager, Aysha never remained quietly in one place. She was constantly looking around to find a place where she could practice surgery, her great passion. In the kitchen of her parents' house, where the chicken had been placed near the oven, ready to be cooked, she was successful. Today Dr. Aysha Darwish Al Khamiri is the head of the emergency department of the Al Ain Hospital and she lets her patients know that she understands and shares their feelings.

Judith: Good to see you, Aysha! It's always nice visiting a hospital without having any health problems! So you are working here, in the emergency department of which you are the head. What does the word 'health' mean to you, personally?
Aysha: Nice to see you, Judith! Health means the whole life for every person, because if you are fine and healthy, you can enjoy your life. But if you lack good health, if there is a part of your body that is not working, if you are not eating normally, or are not able to talk or to communicate with people, then it will be a problem. The only thing in life I could find that you cannot estimate in price is health.

J: So, maybe it would be good training for healthy people who are always unhappy with their lives, to visit this place, the hospital. To walk around and appreciate what we have and not to worry about what we do not have. That could be a good workshop, letting people understand how lucky they are to have two legs and hands, fully operational.
A: Yes, yes, yes! That's a good idea; that would be very helpful! These people irritate me. I would clash with them, because I would tell them: 'That is not right!' You really have to appreciate your body! If you treat your car in a bad way, do you think it will still work tomorrow? No, for sure not!

J: Especially in the West, in my talks with doctors and nurses, I noticed there is another very serious illness increasing day by day: stress, because more and more people are overloading themselves with work. And here in this country, too, I noticed that a lot of locals are getting more work on their plate every year, more projects, more employees, more responsibility. So I ask myself, does this fit in with the traditional Arab culture, where you take care of your guests and, never say no when they want to see you?
A: Yes, it's stressful, by all means. All the generations today are stressed in any kind of job. This is what you are paying as tax for development.

J: As a doctor, is there any advice you could give us?
A: It starts from here (points at her forehead), it starts from your mind. If you want to change something you have to start from there. Today, even housewives are stressed, because when the housewife is at home, there is always noise. Also, the kids and friends of the kids are playing with their noisy toys. So, all this noise is stressing the lady. While in the past, when she was cooking in the kitchen, there wasn't that noise. She only heard the noise of her cutting knife.

J: You're so right, silence is very important today. Maybe once in a while we could sit aside to experience silence, withdrawing from activities, such as talking with other people, or watching television. I've tried it, and at the beginning it's quite hard. The internal dialogue becomes even more turbulent. You feel an intense need to say things and think you will go crazy. But if you persevere, the internal dialogues will begin to quieten. And you will find your true potential, your creativity. The problem is that there is noise everywhere today: in the coffee shop the radio is on, in the restaurant there is a music band playing. Everywhere in the background, noise, noise, noise ...
A: Yes! And look at the people now, how they talk to each other – always shouting, not talking.

J: (Smiles). And that is certainly not the traditional Arab mentality.
A: Not at all! God gives us those eyes to observe, to understand. So nothing is without a reason! Look, observe, understand and appreciate things to feel the beauty!

J: You told me your great passion is surgery.
A: Yes, because I learned a lot of things from surgery. First of all: being patient, how to take decisions and knowing where you want to go. In surgery you're always opening something. And if you open up something and you don't know where you are going, you don't know what to do and you cannot take decisions, it will be a big mess.

J: So surgery trained you to have a plan, to be organized.
A: Right, and the other nice thing about surgery is, it's an art. A portrait, or whatever you would name it. It is exactly the same.

J: You're totally right. Our body is fascinating – the whole architecture, the interior design and its facilities. We are informed immediately if there is a problem, then a security unit is sent there to fight it. That is perfect facility management (smiles). This 'building contractor' is certainly the best in the world!
A: And that is exactly what makes you really appreciate the body, your body! You have to save it! Because the body that is created by God is amazing!

J: Did you already have that passion for surgery when you were a little girl?
A: Yes, I trained on the chicken.

J: (Laughs). So, we shared the same hobby, the same passion – chickens! I remember how much I enjoyed going to the countryside with my parents, to stay on the farm with all these animals. I was around six years old. My first visit every morning was to visit the chickens. My father told me that the chickens got quite nervous when they heard my steps from far away (smiles), because I went straight to the henhouse, caught one of them and gave it a big hug. The poor chicken! But I just loved them so much!
A: Like me. I took them when they were already dead and placed them in the kitchen, ready for cooking and ready for surgery! By that time already I bought myself a small surgery set with everything in it, like needles etc. When I was doing this, I was around 14, 15 years old. Surgery was always my great passion!

J: So here, in the hospital, you're dealing with all types of nationalities, all ages; people from different social classes. Can you also learn something from your patients?
A: You see, I have a principle: Every day I have to learn something new. This is how I know that I am alive and fine! But a day which passes without learning anything is a waste! It's a waste!

The only thing in life I could find that you cannot estimate in price is health.

J: And do you also teach your patients something?
A: For sure. One day a patient came to me, very aggressive, shouting and screaming. This sort of thing happens very often in any emergency department. And the first thing I will do in such a situation is to smile, really! Because once you smile, people stop immediately, because they ask themselves what's happening. And they will do exactly what you want, because they want to finish this situation in the next seconds, that's it. So they will immediately cool down, I know that type of aggression. They only need to feel that they can trust you and that you understand them. You have to feel their feelings!

Something to consider:

Aysha recognizes that the old traditions must make way in the quickly developing society of the UAE. Especially time is becoming a rare commodity. Yet, to invest time in your guests and being hospitable is one of the key traits in Arab culture. Throughout history, it was an unwritten rule in the desert to offer people food and shelter enabling travelers to survive in the harsh climate. Today, in a booming country like the UAE, the new generation finds it hard to preserve this tradition when duty calls. It is a huge challenge, which is mastered by many admirably.

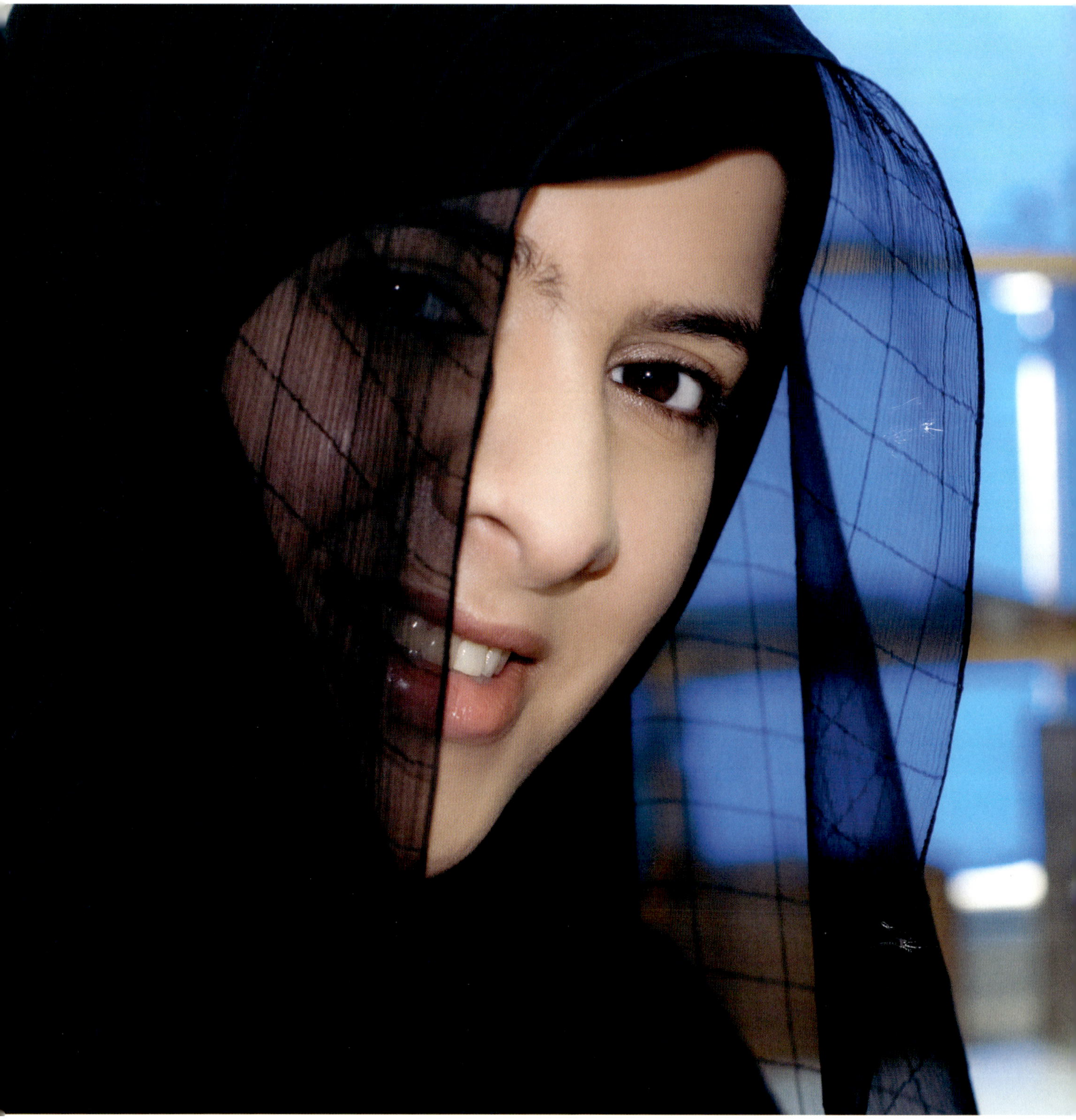

AZZA AL QUBAISI

Es ist die Liebe zu ihrer Nation, die Azza Al Qubaisi, Gründerin und Eigentümerin der Marke *ARJMST*, dazu bewegt, die Vereinigten Arabischen Emirate in der Welt der Kunst bekannt zu machen. Ihre Kollektionen, eine Vielzahl von Geschenkartikeln, Schmuck und Skulpturen, spiegeln ein Wechselspiel zwischen dem Stolz des Landes auf seine Vergangenheit und Visionen für die Zukunft wider. Azza möchte einheimischen Designern helfen, sich zu entwickeln und zu etablieren: Das Schaffen der Marke *Made in UAE* und die Gründung der ersten Gruppe von Designern in der westlichen Region Abu Dhabis, scheint ein weiterer Meilenstein auf Azzas Weg zu sein.

AZZA AL QUBAISI

Judith: Es ist schön, dich in deinem Studio zu treffen. Ich kann es riechen – hier liegt ein spezieller Hauch von Kreativität in der Luft. Ich denke, mit deinen Arbeiten machen wir eine Reise in die Vergangenheit.
Azza: Ja, denn meine Arbeit spiegelt meine Gefühle für das Land wider. Von der Wüste zu den Sanddünen. Einige Stücke erinnern an die Reisen während der Perlenernte und an das Leben der Taucher in der Vergangenheit. Nun, ich denke, es ist sehr wichtig, dass man unterschiedliche Menschen verschiedener Herkunft aus den Vereinigten Arabischen Emiraten erfasst. Die verschiedensten Stämme aus den unterschiedlichsten Gegenden. Das bedeutet, dass man unterschiedliche Erfahrungen sammelt.

J: Ich habe schon bemerkt, wie wichtig euch, den Menschen in den VAE, die eigene Familiengeschichte ist. Woher stammst du eigentlich?
A: Ursprünglich kommt meine Familie aus Liwa. Die Al Qubaisi sind ein Teil des großen Bani-Yas-Stamms und zwar aus einem speziellen Teil, dem Al Freh.

J: Du sagst, du kommst aus einem bestimmten Teil Abu Dhabis, Liwa. Wo ist das?
A: Liwa liegt in der Nähe des Empty Quarter (eine der größten Sandwüsten der Welt). Es war früher eine Hauptstadt und wird auch jetzt wieder die Hauptstadt der westlichen Region werden. Das ist großartig! Aber andererseits entwickelt sich dieser Ort, mit all seinen verschiedenen Gemeinschaften, langsam zu einer überfüllten Stadt. Es wird nie wieder so ein beruhigender und stiller Ort sein, wie das früher der Fall war. Wir müssen darauf achten, dass wir gewisse Dinge nicht verlieren, die man mit Geld nicht kaufen kann – wie etwa unsere eigenen Freiräume. In Europa gehen die Menschen in Wälder und Berge, hier haben wir unsere Wüsten, die ich als mein Zuhause empfinde. Deshalb denke ich, dass es auch für die Zukunft wichtig ist, sich immer selbst zu fragen: „Wie passen die Einheimischen in diese Entwicklung? Inwieweit sind die lokalen Künstler in Projekte involviert?"

J: Wie recht du hast. Niemand kann eure Kultur besser präsentieren als ihr selbst. Das ist auch, was viele Menschen aus dem Ausland interessieren wird und warum sie euer Land besuchen werden. Auch um dort Geld zu investieren, um mehr über eure Kultur und eure traditionellen Plätze zu erfahren – um diese besser fühlen und spüren zu können. Aber, liebe Azza, ich habe bemerkt, dass du die einheimischen Künstler ja bereits förderst und ermutigst, beispielsweise mithilfe deiner Ausstellung „Abu Dhabi in Colours". Diese findet an zwei verschiedenen Veranstaltungsorten statt und gibt Künstlern die Möglichkeit, ihre Arbeit zu zeigen.
A: Ja, denn ich denke, es ist wichtig, für aufstrebende Künstler da zu sein und damit auch die Kunstbewegung in den VAE zu unterstützen. Ich weiß selbst, wie schwer es ist, Künstlerin zu werden. Denn auch ich arbeitete anfangs auf eigene Kosten und mit minimaler Unterstützung von außen.

J: Das war auch bei mir so. Auch ich habe mein Buch über die Frauen aus den Emiraten auf eigene Kosten gemacht, niemand hat mich dafür engagiert. Einige haben an mein Projekt geglaubt und manche nicht. Einige haben mich unterstützt, andere haben es nicht getan.
A: Sicher, so ist das. „Anders" zu sein ist eben manchmal seltsam. Ich erinnere mich noch, als ich das erste Mal von meinem Studium in London an der renommierten London Guildhall University zurückkam, da haben sich die Leute gewundert, warum ich überhaupt Silberschmied, Juwelier und Handwerk studiert habe. Damals fragten mich die Leute, warum

ich mit meinem Bachelor-Studium für Juwelierarbeit und Kunsthandwerk das Geld meines Vaters verschleudere.

J: Ich weiß, das schmerzt. Aber ist es eigentlich nicht nur unser Ego, das enttäuscht wird? (Hört für einen Moment auf zu sprechen.) Weißt du, liebe Azza, das konnte ich bei mir selbst beobachten, das ist wirklich interessant: Es sind vor allem unsere Kritiker, die uns in unserem Leben noch stärker machen! Denn sie geben uns die Möglichkeit, uns selbst zu hinterfragen, ob wir auch wirklich von dem überzeugt sind, was wir tun. Sie motivieren uns, noch viel mehr an uns selbst zu glauben.
Meine beste Freundin Margarete Krause, eine Künstlerin, die in Österreich lebt, sagt immer: „Eines Tages werde ich für all meine Kritiker eine Party veranstalten. Denn sie haben mir geholfen, dort hinzukommen, wo ich heute bin!"
A: Du hast recht! Ihre Reaktionen haben mich noch stärker gemacht! Ich habe doppelt so hart gearbeitet und noch bessere Arbeit geleistet. Und von da an hat alles funktioniert – es war wie ein „Schneeballeffekt".

J: Was ist passiert?
A: Es war 2004 auf meiner ersten Ausstellung in den VAE. Ich empfand es als Ehre, dass Scheich Nahayan bin Mabarak, Minister für Höhere Ausbildung, Forschung und Wissenschaft, diese Veranstaltung eröffnete – das gab mir unglaublich viel Motivation, das fortzusetzen, woran ich glaubte, abgesehen von der unaufhörlichen Unterstützung meiner Familie. Weiteren Auftrieb bekam ich vom finnischen Botschafter in Abu Dhabi. Er gab mir die Möglichkeit, die VAE zu präsentieren und an *1001 Steps* in Helsinki/Finnland teilzunehmen. Ich stellte dort meine ersten drei Kollektionen *Emirates, Life* und *Eternity* aus. Dieser Schmuck bestand vorwiegend aus Silber, denn ich liebte dieses Metall – schon während meiner Studienzeit. Und ich hatte gerade erst mein Unternehmen aufgebaut, mit einer minimalen finanziellen Unterstützung meines Vaters.

Ich habe das Gefühl, dass ich die Wüste besitze und die Wüste mich besitzt.

J: Aber warum hast du deinen Vater nicht um mehr Unterstützung gebeten?
A: Natürlich hätte ich das tun können. Aber ich wollte es mir selbst beweisen, ich glaubte an mich. Und ich denke, die Basis dafür, dass man an sich selbst glaubt, muss schon sehr früh im Leben aufgebaut werden. In meinem Fall kommt sie von meinem Vater, Dr. Darwish Al Qubaisi. Er gab mir den Glauben an mich selbst. Er ist ein Mann, der überzeugt ist, dass es wichtig ist, Wissen zu verbreiten. Und das hat ihn auch dazu gebracht, mit dem *Encyclopedia of Life Support System* (EOLSS) zu beginnen. Dieses steht unter der Schirmherrschaft von UNESCO. Das war immer schon sein „Baby", seine große Mission – er wollte schon immer Wissen verbreiten.

J: Dein Vater hat also auch eine künstlerische Art des Denkens, so wie du?
A: Er ist kreativ auf seine ganz eigene Art und in seiner eigenen Welt. Als er begann, waren viele seinen Ideen gegenüber skeptisch und wunderten sich: „Wie kann ein solches Projekt nur funktionieren?" (Ihr Gesicht zeigt ein Lächeln.) Dasselbe ist mir passiert. Aber er war erfolgreich. Heute ist er sehr bekannt im Land und er arbeitet noch immer an seiner Mission. Nun, es ist schön, transparent zu sein, so zu sein, wie du bist. Es ist ein schönes Gefühl, innerlich erfüllt zu sein.

J: Das stimmt, man muss den Frieden in seinem Herzen spüren. Und manchmal sind es die kleinen Dinge des Lebens, die dich letztendlich glücklich machen. Vielleicht hatte auch euer Volk in der Vergangenheit dieses Gefühl. Vielleicht konnten sie mit ihrer einfachen Art zu leben viel leichter zufrieden sein.
A: Sicherlich, so waren wir. Ich bin glücklich, wenn ich in der Wüste bin. Ich weiß nicht – ich fühle einfach, dass ich mit der Umgebung verbunden bin. Ich habe das Gefühl, dass ich die Wüste besitze und die Wüste mich besitzt.

J: Hast du, wie dein Vater, eine Mission, eine besondere Idee?
A: Ich möchte einen beachtlichen Einfluss auf die lokale Kunstszene und die neuen, aufstrebenden Künstler haben. Abgesehen davon habe ich mein eigenes soziales Unternehmerprojekt, das lokales Kunsthandwerk in den VAE unterstützt. Ich bin stolz darauf, die Erste gewesen zu sein, die eine solche Initiative gestartet hat. Und ich habe auch noch zwei weitere Projekte gegründet, die ähnlich angelegt sind – sie sollen eine Art Vorbild sein, etwas, dem man folgt.

J: Das ist wirklich interessant. Erzähl mir mehr darüber!
A: Ich habe es *Made in UAE* genannt. Wir verkaufen *Made in UAE*-Produkte, traditionelle sowie moderne. Wir haben eine Datenbank mit Frauen in den VAE, die alles händisch anfertigen. Seit unserem Start haben wir an den meisten Kulturerbe-Ausstellungen in Abu Dhabi teilgenommen. Wir haben auch den ersten Wettbewerb für einheimische Handarbeit gestartet. Die Motivation hinter diesem Projekt war mein Glaube daran, dass das wahre Spiegelbild eines jeden Landes die einheimischen, handgemachten Produkte sind.

J: Gratuliere! Und was wäre ein weiterer wesentlicher Punkt für dich?
A: Wir Einheimischen sollten enger zusammenarbeiten! So haben wir schon in der Vergangenheit überlebt und es wäre schön, uns auf unsere Traditionen zu besinnen und diese im modernen Stil weiterzuführen.

J: Vielleicht kann dieses Buch ja helfen, all diese kreativen Köpfe zusammenzubringen. Aber meiner Ansicht nach sollten sie nicht nur aus den VAE sein, sondern aus der ganzen Welt. Ich würde mich sehr darüber freuen!

⚜ Etwas, das man bedenken sollte:

Azza spricht das aus, was sich viele der jungen Generation heutzutage denken. Sie alle lieben ihre Wüste und ihre Wadis, ihr Zuhause. So wie wir Westler unsere Wälder und Berge lieben. Sie möchten ihre Umwelt schützen. Viele arabische Familien verbringen die Wochenenden und Freizeit in der Wüste oder auf ihren Farmen und kümmern sich um ihren Palmenhaine und Tiere – Kamele, Schafe und Ziegen. Die Herausforderung, mit der die neue Generation konfrontiert wird, ist „auf ihr Kulturerbe zu achten und es für die Zukunft zu erhalten" – ungeachtet aller Technologien und kultureller Einflüsse der übrigen Welt. Auch Azza trägt ihren Teil dazu bei: Sie bewahrt die arabische Kultur und Tradition in der Welt der Kunst – vor allem im Kunsthandwerk. Denn ohne Unterstützung würde diese Kunst schnell verschwinden und nur noch in Museen zu sehen sein.

AZZA AL QUBAISI

It is the love for her nation that drives Azza Al Qubaisi, founder and owner of the brand ARJMST, to promote the United Arab Emirates in the world of art. Her collections, a variety of corporate gifts, jewelry and sculptures reflect the interaction between the country's pride of the past and the vision for the future. Creating the brand 'Made in UAE' and establishing the First Designing Cluster in the western region of Abu Dhabi to develop and establish Emirati designers seems to be another milestone on Azza's way.

Judith: It's nice meeting you in your studio. I can smell a special creativity in the air. And I think, with your pieces, we experience a journey through the past.
Azza: Yes, my work reflects my feelings for the country. From the desert to the sand dunes, some pieces commemorated the pearl harvesting journey and the life of divers in the past. Well, I think it is very important to capture different people with different backgrounds from the UAE; different tribes from different locations mean different experiences.

J: I noticed how important one's family history is to the people in the UAE. Which tribe do you come from?
A: My family originally comes from Liwa. The Al Qubaisi are a part of the Bani Yas tribe, which is a large tribe. We come from a specific part, Al Freh.

J: You say you come from a special part in Abu Dhabi, Liwa, where is that?
A: Liwa is close to the Empty Quarter (one of the largest sand deserts in the world). It used to be a capital in the past, and now, again, it is becoming the capital of the western region, that's great! But on the other hand, this place is going to become a crowded city with all these different communities, and will never be the calm and quiet place it used to be. We should be careful not to lose the things that cannot be bought with money: our own clear spaces. In Europe, people go to forests or mountains. Here we have our desert, where I feel 'that's my home.' So I think it's also important in the future always to ask ourselves: how do the locals fit in this development? How are the local artists involved in the projects?

J: For sure, nobody can present your culture better than you. And this will attract a lot of people from abroad to spend money on traveling to visit your place and to learn more about your culture. To feel and understand the traditions of your place. But what I've noticed, dear Azza, you already supported and encouraged local artists in your exhibit 'Abu Dhabi in Colours' in two different venues, so they got the opportunity to show their work, right?
A: Yes, I believe in giving a helping hand to upcoming artists in support of the art movement in the UAE, because I know how hard it is to become an artist. In the beginning, I worked at my own expense, with minimal external support.

J: But that was the same with me. I also did my book about Emirati women on my own account, nobody hired me for that. And some people believed in my project and others didn't, some supported me, others didn't.
A: Sure, it is like that. To be different sometimes is to be weird. I remember when I first came back after my studies in London at the prestigious London Guildhall University, people wondered why I studied silversmithing, jewelry and applied crafts. At that time people asked me why I was wasting my father's money by getting my B.A. degree in jewelry and arts.

J: I know that hurts! But isn't it not only our ego that is disappointed? (Pauses for a second). That is something really interesting, dear Azza, which I found out myself: It is our detractors who make us stronger in life! They give us the opportunity to question ourselves about whether we are really convinced of what we're doing. They motivate us to believe more in ourselves. My best friend, Margarete Krause, an artist living in Austria, always says: 'One day I'll have a party for all my detractors because they helped me to be where I am today!'
A: You're right, their reaction made me even stronger! I worked twice as hard and did much better work. And from there it came like a snowball effect.

J: What happened?
A: It was my first solo exhibition in the UAE in 2004, and I was honored that Sheikh Nahayan bin Mabarak, the Minister of Higher Education and Scientific Research, inaugurated it. This gave me a lot of motivation to continue what I believe in, beside my continuous support of my family. The other boost was from the Finnish ambassador in Abu Dhabi, who gave me the opportunity to represent the UAE and participate in '1001 Steps' in Helsinki, Finland. I exhibited my first three collections 'Emirates, Life and Eternity' where the jewelry was mainly made of silver, as I loved this metal during my studies. And I was just starting my business with minimum financial support from my father.

J: But why couldn't you ask your father for more support?
A: Of course I could have, but I wanted to prove myself. I believed in myself. And I think the basis for believing in yourself has to be built early in your life. In my case, the belief in myself comes from my father, Dr. Darwish Al Qubaisi. He is a man who believes in the importance of spreading knowledge, and this led him to start the Encyclopedia of Life Support Systems (EOLSS) which runs under the umbrella of UNESCO. It has always been his baby, with a great mission to spread knowledge.

J: So your father is quite artistic in his way of thinking, like you?
A: He is creative in his own way, in his own world. And when he started, a lot were skeptical

of his idea, they wondered, 'Why could such a project work?' (A smile shows on her face). The same happened to me. But he succeeded, today he is well-known in the country and he is still working on this mission. So it's nice being transparent, being you. It is nice to feel fulfilled inside.

J: That's right, you have to feel the peace in your heart. And sometimes it is the little things in life that make you happy. Maybe your people had that feeling in the old days. Maybe with their simple lives it was easier to feel satisfied?

> *I just feel that I own the desert and the desert owns me.*

A: We definitely had that. I feel happy when I am in the desert. I don't know, I just feel related with the surroundings, I just feel that I own the desert and the desert owns me.

J: Do you have a mission like your father, some kind of big idea?
A: I want to have a remarkable impact in the local art scene and the new upcoming artists. Besides that, I have my own social entrepreneur project that supports local handicrafts in the UAE. I'm so proud to be the first to start such an initiative. And I established two other similar projects using my project as a model to follow.

J: That's really interesting. Tell me more about it.
A: I called it 'Made in UAE' and we sell made in UAE products ranging from the traditional to the modern; we have a database of women making handicrafts in the UAE. We've participate in most of the heritage exhibitions in Abu Dhabi since our start, and we started the first competition for local handicrafts. The motivation behind this project was my belief that the true reflection of any country is a local handmade product.

J: Congratulations! And what is the second thing that's essential for you?
A: We, the locals, should work closer together! That's how we survived in the past, and I want us to go back to the old way, but in a modern style.
J: Maybe this book can help to bring all these creative minds together. But from my side it should be not only the UAE, but also worldwide. I would be delighted!

Something to consider:

Azza says what many of the young generation of today think. They love the desert and the wadis – their home – the same way we Westerners love our forests and mountains. And they want to preserve their environment. Many Arab families spend their weekends and spare time in the desert or on their farms tending to the ground, their palm trees and the local animals, such as camels, sheep and goats. The challenge that this new generation faces is keeping their heritage and preserving it for the future, despite emerging technologies and cultural influences from the rest of the world. Azza is doing her part to preserve Arabic culture and tradition in the world of arts and especially handicrafts, which, if not supported, would otherwise disappear very quickly and only be seen in museums.

172

DANKSAGUNG

Bei der Entstehung eines Buches ist es wie bei einem Mosaik, es benötigt viele einzelne wertvolle Steinchen, um ein schillerndes Gesamtkunstwerk zu ergeben.
Beginnen möchte ich mit einem Mann, ohne dessen Unterstützung dieses Buch nicht realisiert werden hätte können: *Herr Rashid Mohammed Abdulla Al Mazroui*, Inhaber der *Al Mazroui Group in Abu Dhabi*, Geschäftspartner und guter Freund. „Danke für deine Unterstützung, Rashid!" Schon die Ministerin der Vereinigten Arabischen Emirate für Außenhandel Sheikha Lubna sagt in ihrem Porträt in diesem Buch: „Die Reichtümer sind Freunde!" Und sie hat recht Rashid, du bist der beste Beweis dafür!

Auch möchte ich allen Menschen, die mich auf meinem Lebensweg begleitet haben und damit auch mitverantwortlich für die Entstehung dieses Buches sind, danken – allen voran meiner Mutter und meinem Vater, meinem langjährigen Geschäftspartner, Dr. Christian Baillou, der genau das erfüllt, wovon Geschäftsfrau Badria Mulla in diesem Buch erzählt: „Du musst leidenschaftlich und geduldig sein" – das ist die Formel für Erfolg! „Danke für deine Ausdauer und Unterstützung, lieber Christian!" Meiner besten Freundin Margarete Krause, die mich immer ermutigt hat, dass ich mit der Arbeit an diesem Buch auf dem richtigen Weg bin: „Danke Margarete, du bist ein wichtiger Teil meines Lebens!" Dank auch meiner Freundin und Geschäftspartnerin Sonja Ohly, ein fantastischer Mensch! Mit ihr halte ich Seminare und Workshops für Unternehmen, um die arabische Kultur, Tradition und Religion besser zu verstehen. „Sonja, vielen Dank für deine unglaubliche Unterstützung für die Arbeit an diesem Buch! Ich freue mich schon auf unsere nächsten Seminare!" Ein Dankeschön auch an Paulus Jakob für die Bearbeitung meiner Bilder. Großer Dank gilt auch dem gesamten Team der Verlagsgruppe Styria für die Unterstützung – allen voran Johannes Sachslehner! Und bedanken möchte ich mich auch bei allen smarten Menschen, die mich entscheidend in meinem Denken beeinflusst haben. Einige habe ich schon in meinen Porträts genannt, wie Design *Thinker* Prof. David Kelley von der *d.school*, Stanford University in Silicon Valley. Unbedingt nennen möchte ich aber auch noch den Geschäftsmann Ahmed Hassan Bilal aus Qatar, seine Lebensweisheiten haben mich für das Schreiben meiner Porträts inspiriert sowie Hussa Ahmed Al Khaledi, eine faszinierende Frau aus Abu Dhabi, die mir viel über die Kultur und Tradition ihres Landes beigebracht hat.
Abschließend gilt mein Dank auch allen einheimischen Familien aus den Golfstaaten, die über die vielen Jahre zu meinen Weggefährten geworden sind: „Von euch allen habe ich viel für mein eigenes Leben gelernt! Toleranz, Geben und Nehmen, aufeinander achten, Ehre und Respekt und vor allem, nichts erzwingen zu wollen!" Etwas, das mir als Europäerin am schwersten gefallen ist. Aber heute, nach all den Jahren des Lebens und Arbeitens in der arabischen Welt, kann ich sagen: „Das Leben geht immer seinen Weg, man muss nur loslassen und vertrauen können. Dann wird alles viel schöner, leichter und lebenswerter!"

Danke schön!
Judith Hornok

174

ACKNOWLEDGMENT

Writing a book is like putting together a mosaic; it takes many individual precious parts to complete a dazzling work of art.
I would like to start with a man, without whose support this book would not have been realized, *Mr. Rashid Mohammed Abdulla Al Mazroui*, owner of the *Al Mazroui Group, Abu Dhabi*, business partner and good friend. Thank you for your support, Rashid. The UAE Minister for Foreign Trade, Sheikha Lubna, said in her portrait in this book: „The riches are friends!" And she's right Rashid, you're the best proof!

I would also like to thank all the people who have accompanied me on my path, and are thus responsible for the creation of this book. Above all, my mother and my father, my longtime business partner, Dr. Christian Baillou, who realizes exactly what the business woman Badria Mulla tells us in this book: „You have to be passionate and patient" – that is the formula for success! Thank you for your patience and support, dear Christian. My best girlfriend, Margarete Krause, has always encouraged me to work on this book and told me I was on the right track, Thank you, Margarete, you're an important part of my life. Thanks also go to my friend and business partner Sonja Ohly, a fantastic person! With her, I hold seminars and workshops for companies to help them to learn about Arab culture, tradition and religion and to understand the Arab world better. Sonja, thank you for your incredible support and help with this book! I'm looking forward to our next seminar. A thank-you also to Paulus Jakob for editing my pictures. Many thanks also go to the entire team of the Styria publishing house, led by Johannes Sachslehner, for their support.
I would also like to thank all the smart people who have significantly influenced my thinking. Some I've already mentioned in my portraits, such as the „Design Thinker" Prof. David Kelley of the d-school, at Stanford University in Silicon Valley. By all means, I need to thank Ahmed Hassan Bilal, a businessman from Qatar, whose wisdom has inspired me to write my portraits, and Hussa Ahmed Al Khaledi, a fascinating woman from Abu Dhabi, who has taught me a lot about the culture and traditions of her country.

Finally, my thanks also go to all local families from the Gulf states, who have become my companions over the years. I have learned so much from all of you for my own life: tolerance, give and take, to look after one another, honor and respect, and above all, not trying to force things   something that for me as a European, was the most difficult thing. But today, after all these years of living and working in the Arab world, I can say: "Life always goes its way. Trust in it and let go. Then everything is much nicer, easier and more worth living!"

Thank you!
Judith Hornok

IMPRESSUM

978-3-85485-294-0

styria

© 2011 by *Molden Verlag* in der
Verlagsgruppe Styria GmbH & Co KG
Wien · Graz · Klagenfurt
Alle Rechte vorbehalten

Bücher aus der Verlagsgruppe Styria
sind erhältlich in jeder Buchhandlung
und im Online-Shop

styriabooks.at

Korrektorat/proofreader:
Bianca Okresek

Buchgestaltung/book design:
Christine Klell-Kulturdesign
www.christine-klell.com

Bildrechte/credits:
Alle Photos im Buch/all photos within the book by:
© Judith Hornok

Mit Ausnahme von/except:
• Wüstenphoto/photo of the desert „Rub' al Khali": © Gloria Kifayeh
• Image „Interdimensional dream" (story Lateefa bint Maktoum):
© Lateefa bint Maktoum

Design of the logo
(story Sheikha Alyazia bin Nahyan Al Nahyan) by: © Anasy

Reproduktion/reproduction:
Pixelstorm, Wien

Druck und Bindung/printing & binding:
Druckerei Theiss GmbH,
St. Stefan im Lavanttal

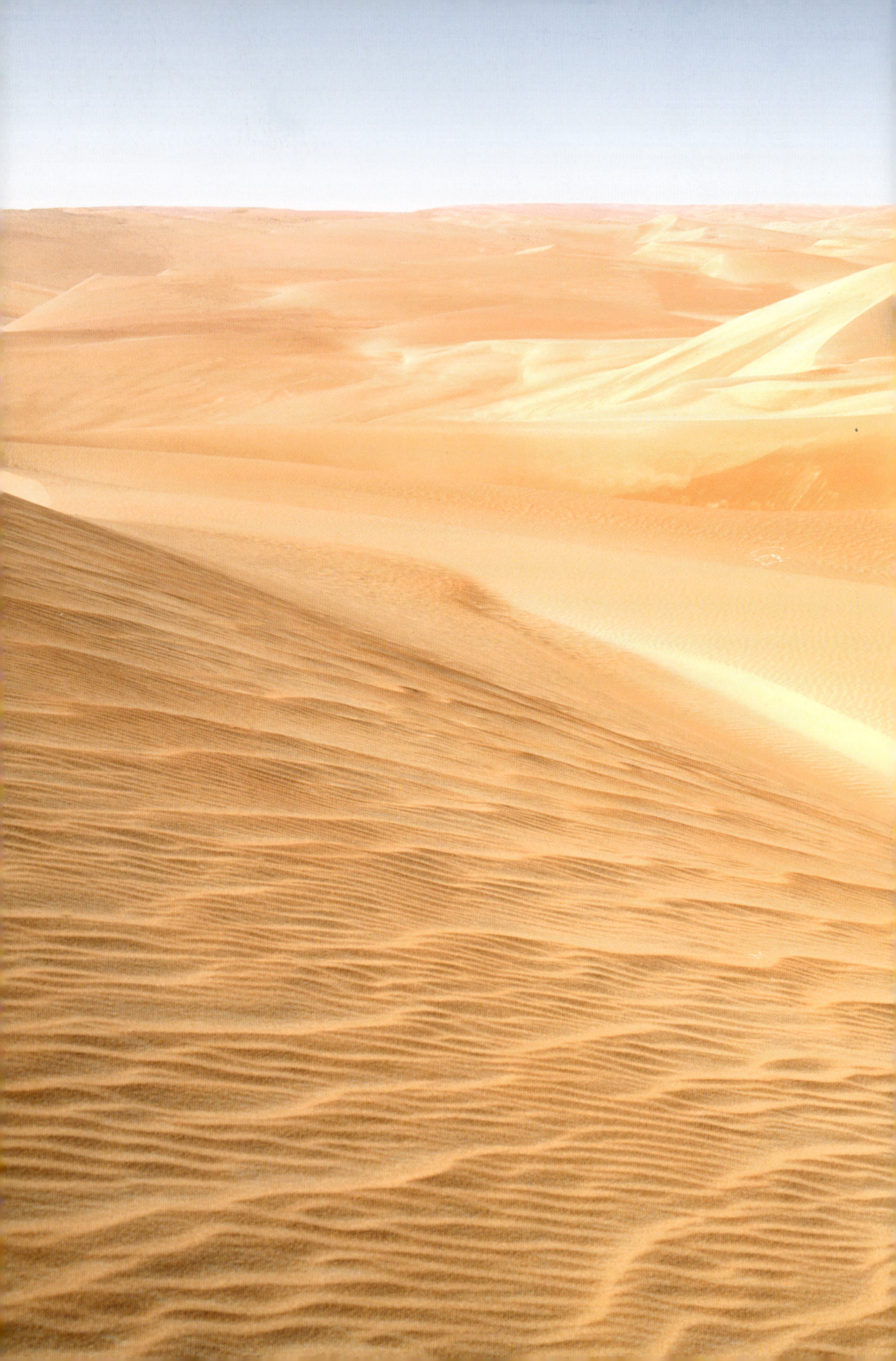